Alla mia famiglia

Desidero ringraziare il mio amico e scrittore Claude Klotz che ha voluto gentilmente rileggere il mio manoscritto e correggerlo con la sua mano tanto sicura.

PROLOGO

Questo libro non è opera di uno storico.

È attraverso i miei ricordi di bambino di dieci anni che ho raccontato la mia avventura ai tempi dell'occupazione.

Sono passati trent'anni. La memoria e l'oblio possono aver trasformato qualche infimo dettaglio. Ma l'essenziale c'è, nella sua autenticità, nella sua tenerezza, la sua ridicolaggine e l'angoscia vissuta.

Per non urtare suscettibilità, numerosi nomi di persone che attraversano questo racconto sono stati trasformati. Racconto che narra la storia di due bambini in un universo di crudeltà, di assurdità e anche, talvolta, di aiuti del tutto inattesi.

I

Faccio rotolare la biglia tra le dita, in fondo alla tasca.

È la mia preferita, l'ho sempre con me. E lo strano è che si tratta della più ordinaria di tutte: niente a che vedere con le agate o con quelle grosse di piombo che ammiro nella vetrina di papà Ruben, all'angolo della rue Ramey; è una biglia di terracotta con la vernice scheggiata che crea sulla sua superficie delle asperità, dei disegni, come il mappamondo che abbiamo in classe, in piccolo.

Mi piace, è bello avere la Terra in tasca, ben in fondo con le montagne, i mari e tutto.

Sono un gigante e porto su di me tutti i pianeti.

"E allora, accidenti, ti decidi?"

Maurice aspetta, seduto sul marciapiede proprio davanti alla salumeria. Come sempre ha i calzini a fisarmonica, come dice papà.

Tra le sue gambe c'è il mucchietto di quattro biglie: una in cima alle altre tre disposte a triangolo.

Sulla soglia della porta, Mémé Epstein ci guarda. È una vecchia bulgara tutta grinzosa, ha più rughe di quanto sia lecito. Stranamente, ha conservato il colorito da cuoio che il vento delle grandi steppe dà al viso, e là, in quel vano di porta, sulla seggiola impagliata, è un frammento vivo del mondo balcanico che il cielo grigio della porta di Clignancourt non riesce ad appannare.

Sta lì ogni giorno e sorride ai bambini che se ne tornano da scuola.

Si racconta che è fuggita a piedi attraverso l'Europa, di pogrom in pogrom, per approdare in quest'angolo del XVIII distretto dove ha ritrovato i fuggiaschi dell'est: russi, rumeni, cechi, compagni di Trotzky, intellettuali, artigiani. Sta lì da vent'anni e i ricordi si devono essere appannati anche se il colore della fronte e delle guance non è mutato.

Ride vedendomi incerto. Passa le mani sulla tela logora del suo grembiule nero quanto il mio; a quei tempi tutti gli scolari erano in nero, un'infanzia in lutto stretto, era una premonizione nel 1941.

"Dio mio, cosa aspetti?"

Certo che esito! È furbo, Maurice, ho già tirato sette volte e ho sempre mancato. Con quel che si è incamerato, gli sono venute le tasche come due palloni. Riesce a stento a camminare, gronda biglie e a me resta solo l'ultima, la preferita.

Maurice protesta:

"Non voglio mica restare col sedere per terra fino a domani..."

Mi decido.

Nel cavo della mia mano, la biglia tremola. Tiro con gli occhi ben aperti. Di lato.

Ecco fatto, non c'è stato miracolo. Adesso bisogna tornare a casa.

La salumeria Goldenberg ha uno strano aspetto, sembra in un acquario, le facciate della rue Marcadet ondeggiano.

Giro la testa a sinistra perché Maurice è alla mia destra e così non mi vede piangere.

"Smettila di frignare" dice Maurice.

"Non frigno mica."

"Quando guardi dall'altra parte so che frigni."

Un colpo con la manica del grembiule e ho le guance asciutte. Non rispondo e accelero. Ci sgrideranno: dovremmo essere a casa già da mezz'ora.

Arriviamo: laggiù, in rue de Clignancourt, c'è la bottega con le lettere dipinte sulla facciata, grandi e larghe, scritte in bella calligrafia come quelle che traccia la maestra di prima, con i grossi e i fini: "Joffo – Parrucchiere".

Maurice mi dà una gomitata.

"Prendi, sciocco."

Lo guardo e prendo la biglia che mi restituisce.

Un fratello è uno a cui si rende l'ultima biglia che gli si è appena vinta.

Recupero il mio pianeta in miniatura; domani, nel cortile di scuola, grazie a questa ne vincerò un mucchio e gli porterò via le sue. Mica deve credere che bastino quei dannati ventiquattro mesi in più a dargli il diritto di dettar legge.

Dopo tutto, io ho dieci anni.

Mi ricordo che siamo entrati nella bottega ed ecco che gli odori mi invadono.

Senza dubbio, ogni infanzia ha i suoi odori e io ho avuto diritto a tutti i profumi, dalla lavanda alla violetta, tutta la gamma, rivedo i flaconi sulle mensole, l'odore pulito degli asciugamani e il ticchettio delle forbici, anche quello sento, è stata la mia prima musica.

Quando siamo entrati Maurice e io era l'ora di punta, tutte le poltrone erano occupate. Duvallier, come sempre, mi ha dato una tirata d'orecchio al passaggio. Ho idea che quello lì ci passasse la vita in negozio, doveva piacergli l'ambiente, le chiacchiere... Si può capirlo: vecchio e vedovo, nei suoi tre locali al quarto piano della rue Simart doveva essere tremendo, e così scendeva la strada e passava il pomeriggio dagli ebrei, sempre sulla stessa sedia, vicino agli attaccapanni. Quando tutti i clienti se ne erano andati, si alzava e si sistemava lui:"La barba, per piacere", diceva.

Era papà a raderlo. Papà dalle meravigliose storie, il re della strada, papà del crematorio.

Abbiamo fatto i compiti. A quell'epoca non possedevo un orologio ma non credo che ci abbiamo messo più di quarantacinque secondi. Ho sempre saputo le lezioni prima di impararle. Siamo rimasti un po' in camera perché la mamma o uno dei fratelli non ci rimandassero a studiare e poi siamo usciti di nuovo.

Albert che si stava occupando di un grosso tutto ricci e sudava sangue sul taglio all'americana, si è ugualmente voltato.

"Già finito con i compiti?"

Anche papà ci ha guardati ma abbiamo approfittato del fatto che era alla cassa a dare il resto per filarcela in strada.

Era il momento buono.

Porta di Clignancourt nel 1941.

Era un angolo di sogno per dei ragazzini. Oggi non mancano di meravigliarmi le "realizzazioni per l'infanzia" di cui parlano gli architetti, negli spiazzi tra i nuovi edifici ci sono recinti con la sabbia, toboga, altalene, un sacco di arnesi. Concepiti apposta per loro, da esperti con trecentomila diplomi in psicologia infantile.

Eppure non servono. I bambini si annoiano, la domenica e anche gli altri giorni.

Allora mi domando se quegli esperti non farebbero bene a chiedersi perché noi, invece, eravamo felici in quel quartiere di Parigi. Una Parigi grigia, con le luci delle botteghe, i tetti alti e le strisce di cielo sopra, i nastri dei marciapiedi ingombri di pattumiere da scalare, di portoni dove nascondersi e di campanelli, c'era di tutto, portinaie che saltavano fuori, carrozze a cavalli, la fiorista e i tavolini dei caffè all'aperto, in estate. E tutto questo a perdita d'occhio, un dedalo, un'immensità di strade che si incrociavano... Si andava alla scoperta. Una volta, mi ricordo, avevamo trovato un fiume, si apriva ai nostri piedi, dietro l'angolo di una strada sporca. Ci eravamo sentiti esploratori. Ho saputo, molto più tardi, che era il canale dell'Ourcq. Eravamo stati a guardar scorrere i turaccioli e le chiazze di nafta prima di rincasare a sera.

"Dove si va?"

È quasi sempre Maurice a fare le domande.

Sto per rispondere quando i miei occhi si portano verso il viale, proprio in alto.

E li ho visti arrivare.

Bisogna dire che erano vistosi.

Erano due, vestiti di nero, due uomini grandi stretti nei cinturoni. Portavano degli stivali alti che dovevano sfregare per giorni interi tanto erano brillanti.

Maurice si è voltato.

"SS" mormorò.

Li guardavamo avanzare, non andavano in fretta, avevano un'andatura lenta e rigida come se fossero in una piazza immensa piena di trombe e tamburi.

"Scommettiamo che vengono per i capelli?"

Non credo che l'idea sia venuta a uno prima che all'altro.

Ci siamo schiacciati contro la vetrina come se fossimo due siamesi, e i due tedeschi sono entrati.

È stato allora che abbiamo incominciato a ridere.

Nascosto dai nostri corpi c'era un piccolo avviso fissato al vetro, fondo giallo e lettere nere:

"Yiddish Gescheft"

Nel negozio, nel silenzio più profondo che mai negozio di parrucchiere abbia potuto conoscere, due teste di morto SS aspettavano compostamente in mezzo a clienti ebrei di affidare le loro nuche al mio padre ebreo o ai miei fratelli ebrei.

Fuori gongolano due piccoli ebrei.

II

Henri ha dato una spazzolata al colletto di Bibi Cohen che si è alzato dalla poltrona e si è diretto alla cassa. Stiamo dietro, Maurice e io, a seguire gli avvenimenti.

Sento una certa inquietudine nel cavo dello stomaco: forse abbiamo esagerato. Introdurre quei due armigeri nel cuore della colonia ebraica era forte. Un po' troppo forte.

Henri si è girato verso il tedesco.

"Signore, se non le spiace."

L'SS si è alzato, si è sistemato tenendo il berretto sulle ginocchia. Si guardava allo specchio come se il suo viso fosse stato un oggetto senza interesse, persino un po' ripugnante.

"Taglio alto?"

"Sì, e la riga a destra, per piacere."

Resto di sasso, dietro il registratore di cassa. Un tedesco che parla francese! E per di più con meno accento di tanta gente del quartiere.

Lo guardo. Ha la fondina della rivoltella molto piccola, lustra, si scorge il calcio con un anello che dondola un poco. Tra un momento capirà dov'è e la tirerà fuori, urlerà e ci massacrerà tutti, anche la mamma, là di sopra che fa da mangiare e non sa che ci sono due nazisti in negozio.

Duvallier legge il giornale nel suo angolo. Accanto a lui c'è Crémieux, un vicino che lavora nelle assicurazioni, porta suo figlio per la tosata mensile. Lo conosco, il figlio di Crémieux, va alla mia stessa scuola e giochiamo durante la ricreazione. Non si muove, è piccolo ma in questo momento dà l'impressione di volerlo essere ancora di più.

Non mi ricordo più degli altri, certo li conoscevo ma ho dimenticato, avevo sempre più paura.

So soltanto una cosa, che è stato Albert a attaccare cospargendo di lozione i capelli corti del suo cliente.

"Brutto affare la guerra, eh?"

L'SS sussulta. Doveva essere la prima volta che un francese gli rivolgeva la parola e si è lanciato sull'occasione come su un'eredità.

"Sì, brutto affare..."

Hanno continuato a parlare, gli altri sono intervenuti, l'atmosfera diventava amichevole. Il tedesco traduceva per il suo amico che non capiva e partecipava con cenni del capo che Henri cercava di dominare. Non bisognava mica dargli una tagliata al gran signore della razza germanica, la situazione era già abbastanza complicata così.

Lo vedevo intento, mio padre, con la lingua fuori e già mi sentivo bruciare il sedere per la sculacciata che sarebbe arrivata tra poco, quei due tizi non avrebbero fatto in tempo a varcare la porta che mi sarei trovato steso sulle ginocchia di Albert, Maurice su quelle di Henri e si sarebbe dovuto aspettare che le mani gli facessero troppo male per continuare.

"A lei, per piacere."

È stato mio padre a prendere il secondo.

Il momento in cui ho riso ugualmente, malgrado la fifa, è stato quando è entrato Samuel.

Passava spesso la sera a dare un saluto, così, da

amico. Era robivecchi al mercato delle pulci, a duecento metri di lì, specializzato in vecchie pendole, ma al suo banchetto si trovava di tutto, ci andavamo a frugare anche Maurice e io.

È entrato tutto allegro.

"Salute a tutti."

Papà aveva la salvietta in mano, l'aprì con un colpo secco prima di metterla al collo dell'SS.

Samuel aveva fatto appena in tempo a vedere l'uniforme.

I suoi occhi divennero più tondi delle mie biglie e tre volte più grossi.

"Oh, oh" esclamò. "Oh, oh, oh..."

"Eh sì," disse Albert "abbiamo gente."

Samuel si lisciò i baffi.

"Non fa niente, ripasserò quando ci sarà più calma."

"D'accordo, mi saluti sua moglie."

Samuel non si muoveva, impietrito a fissare i due strani clienti.

"Sarà fatto," mormorò "sarà fatto."

Rimase immobile ancora qualche secondo, e poi sparì incerto come se camminasse sulle uova.

Trenta secondi dopo, dalla rue Eugène Sue ai confini di Saint-Ouen, dal fondo dei ristoranti yiddish fino al retrobottega delle macellerie casher, tutti sapevano che papà Joffo era diventato il parrucchiere ufficiale della Wehrmacht.

Il colpo del secolo.

Nel negozio, la conversazione continuava sempre più amichevole. Mio padre si stava riprendendo.

Nello specchio, l'SS ha scorto le nostre due teste che spuntavano.

"Sono suoi i bambini?"

Papà ha sorriso.

"Sì, sono due diavoli."

L'SS ha scosso la testa intenerito. È buffo come le SS potevano intenerirsi nel 1941 sui bambini ebrei.

"Ah" riprese "la guerra è terribile, ed è tutta colpa degli ebrei."

Le forbici non si sono fermate, poi è stata la volta della macchinetta.

"Lei crede?"

Il tedesco ha scosso la testa con una certezza che si capiva incrollabile.

"Sì, ne sono sicuro."

Papà diede gli ultimi tocchi sulle tempie, chiudendo un occhio come un artista.

Un gesto del polso per togliere la salvietta, la presentazione dello specchio.

L'SS ha sorriso soddisfatto.

"Molto bene, grazie."

Si sono avvicinati alla cassa per pagare.

Papà è passato dietro per dare il resto. Stretto contro mio padre, vedevo il suo viso molto in alto, molto sorridente.

I due soldati si rimettevano il berretto.

"Siete soddisfatti? Siete stati pettinati bene?"

"Molto bene, ottimamente."

"E allora," ha detto mio padre "prima che ve ne andiate, devo dirvi che tutti i presenti, qui, sono ebrei."

Aveva fatto del teatro in gioventù e alla sera, quando ci raccontava delle storie, mimava con dei gesti ampi, alla Stanislavsky.

In quel momento nessun attore avrebbe potuto avere, alla ribalta, più maestà di papà Joffo dietro al suo banco.

Nel negozio il tempo si era fermato. Poi Crémieux si è alzato per primo, stringeva la mano di suo figlio che si è alzato anche lui. Gli altri lo hanno imitato.

Duvallier non ha detto niente. Ha posato il suo giornale, ha riposto la pipa e François Duvallier, figlio di Jacques Duvallier e di Noémie Machegrain, battezzato a Saint-Eustache e cattolico praticante, si è alzato anche lui. Eravamo tutti in piedi.

L'SS non si è scomposto. Improvvisamente le sue labbra mi sono parse più sottili.

"Intendevo parlare degli ebrei ricchi."

Il denaro ha tintinnato sul piattino di vetro vicino alla cassa, e c'è stato rumore di stivali.

Dovevano già essere in fondo alla strada e noi eravamo ancora immobili, impietriti e per un momento mi è parso che, come nelle favole, una fata cattiva ci avesse trasformati in statue di pietra e che mai saremmo ritornati alla vita.

Quando l'incantesimo fu rotto e tutti tornarono a sedersi lentamente, sapevo di aver scampato la sculacciata.

Prima di riprendere il lavoro, la mano di mio padre sfiorò la testa di Maurice e la mia e io chiusi gli occhi perché mio fratello non potesse dire di avermi visto piangere per due volte nella stessa giornata.

"Volete star zitti?"

Mamma grida attraverso la tramezza.

Come ogni sera è venuta a controllare i nostri denti, le orecchie, le unghie. Una sprimacciata al guanciale, ci ha rincalzato le coperte, baciati ed è uscita dalla stanza; e come ogni sera la porta non aveva fatto a tempo a richiudersi che già il mio guanciale volava nella stanza buia e colpiva Maurice che sacramentava come un carrettiere.

Ci battiamo spesso. Specie alla sera, cercando di fare meno rumore possibile.

In genere sono io che attacco.

Ascolto, con l'orecchio teso. Sento il fruscio di lenzuola alla mia destra: Maurice è uscito dal suo letto. Lo so dal canto modulato delle molle, in questo momento si sta certo preparando a saltarmi addosso. Irrigidisco i miei bicipiti filiformi ansimando di terrore e di gioia: sono pronto a una battaglia forsennata e...

Luce.

Abbagliato, Maurice si getta nel suo letto e io mi sforzo di assumere l'apparenza del riposo totale.

È papà.

Inutile fingere, non casca mai nei nostri trucchi.

"Seguito della storia" annuncia.

È fantastico, è la cosa migliore che possa succedere.

Di tutti i miei ricordi d'infanzia, ma si vedrà che è stata corta, ecco uno dei migliori.

Certe sere entrava, si sedeva sul mio letto o su quello di Maurice e incominciava i racconti del nonno.

Ai bambini piacciono le storie e gliene leggono, ne inventano apposta per loro, ma per me fu diverso. L'eroe era mio nonno di cui potevo vedere in salotto un dagherrotipo dentro una cornice ovale. Con il tempo, il viso severo e baffuto aveva preso un color rosa slavato, come quello dei corredini per bambino. Sotto la giacca di buon taglio si indovinava una muscolatura accentuata dalla posa impettita che doveva avergli imposto il fotografo. Si appoggiava allo schienale di una sedia che pareva comicamente fragile e sul punto di crollare sotto il peso del gigante.

Dei suoi racconti mi resta il ricordo confuso di

una serie di avventure concatenate tra loro in un panorama di deserti bianchi di neve, di strade tortuose nel cuore di città disseminate di campanili dorati.

Mio nonno aveva dodici figli, era un uomo ricco e generoso, noto e stimato dagli abitanti di un grande villaggio a sud di Odessa, Elysabethgrad nella Bessarabia russa.

Viveva felice e regnava sulla tribù fino al giorno in cui incominciarono i pogrom.

Quei racconti hanno cullato la mia infanzia; vedevo i calci dei fucili sfondare le porte, spezzare i vetri, la fuga disordinata dei contadini, le fiamme che correvano lungo le travi delle isbe, c'era nei miei occhi un turbinio di lame di sciabola, il fiato dei cavalli lanciati, il brillare degli speroni e, su tutto, stagliata tra il fumo, la figura gigantesca del mio avo Jacob Joffo.

Mio nonno non era uomo da lasciar massacrare i suoi amici senza far niente.

Alla sera lasciava la sua bella vestaglia a fiorami, scendeva in cantina e alla luce di una lanterna cieca indossava abiti e stivali da mugik. Sputava sui palmi delle mani, le passava sul muro e poi sulla sua faccia. Nero di polvere e sporcizia, se ne usciva da solo nella notte in direzione del quartiere delle caserme e degli alloggi dei soldati. Spiava nell'ombra e quando ne vedeva tre o quattro, senza fretta e senza collera, con l'anima pura del giusto, li assaliva sbattendone le teste contro i muri, poi rientrava a casa, soddisfatto, canticchiando un motivo yiddish.

E poi i massacri si ingrandirono e il nonno comprese che le sue spedizioni punitive non erano più efficaci, e vi rinunciò con rimpianto. Convocò la famiglia e la informò con tristezza che gli era impossibile, da solo, far fuori i tre battaglioni che lo zar inviava nella regione.

Bisognava quindi scappare, e presto.

Il resto della storia è una cavalcata animata e pittoresca attraverso l'Europa, la Romania, l'Ungheria, la Germania in cui si succedono notti di tempesta, bevute, risa, lacrime e morte.

Quella sera ascoltammo come sempre: a bocca aperta. I suoi dodici anni non impedivano a Maurice di restare affascinato.

La lampada faceva delle ombre sulla tappezzeria e le braccia di papà si agitavano sul soffitto. I muri si popolavano di fuggiaschi, di donne terrorizzate, di bambini tremanti dagli occhi d'ombra inquieta, lasciavano città tetre e piovose dalle architetture arzigogolate, un inferno di passati tortuosi e di steppe glaciali, e poi, un giorno, varcavano un'ultima frontiera. Allora il cielo si schiariva e la coorte scopriva una bella pianura sotto un sole tiepido, c'erano canti di uccelli, campi di grano, alberi e un villaggio chiaro, con i tetti rossi e un campanile, delle vecchie con i capelli ben pettinati sedute su delle seggiole, e gentili.

Sulla casa più grande c'era una scritta: "Libertà – Uguaglianza – Fratellanza". Allora tutti i fuggiaschi posavano i loro fagotti o mollavano i loro carretti e la paura lasciava i loro occhi perché sapevano di essere arrivati.

La Francia.

Ho sempre trovato senza grande interesse l'amore dei francesi per il loro paese; è talmente comprensibile, è certo naturale, non ci sono dubbi, ma io so che nessuno ha amato quel paese quanto mio padre nato a ottomila chilometri di lì.

Come i figli di maestri all'inizio della scuola laica, gratuita e obbligatoria, ho avuto fin dai miei primi anni diritto a una lista infinita di discorsi-sermone in cui morale, istruzione civica, amore per il paese entravano a piene mani.

Non sono mai passato davanti al municipio del XIX distretto senza che stringesse un po' la mia mano nella sua. Con il mento accennava alle lettere sul frontone dell'edificio.

"Sai cosa vogliono dire quelle parole?"

Ho imparato presto a leggere, a cinque anni già gli leggevo le tre parole. "Proprio così, Joseph, proprio così. Finché staranno scritte lassù vorrà dire che qui si può stare tranquilli." Ed era vero.

Una sera, a tavola, parlando dell'arrivo dei tedeschi, la mamma chiese:

"Non credi che avremo delle noie, adesso che sono qui?"

Si sapeva quello che Hitler aveva già fatto in Germania, in Austria, in Cecoslovacchia, in Polonia. Laggiù il treno delle leggi razziali andava di buon passo. Mia madre era russa, anche lei doveva la sua libertà solo a dei documenti falsi, aveva vissuto l'incubo e non possedeva il bell'ottimismo di mio padre.

Io stavo lavando i piatti e Maurice li asciugava. Albert e Henri mettevano in ordine il negozio, li si sentiva ridere.

Papà aveva fatto il suo gran gesto pacificatore, il suo gesto da attore della Comédie Française.

"Non qui, non in Francia. Mai."

Da qualche tempo la sua bella fiducia era stata seriamente scossa. Dopo le formalità per la carta di identità e soprattutto quando due tipi in impermeabile erano venuti ad applicare l'avviso sulla vetrina senza dire niente. Rivedo il più grande, aveva un berretto, dei baffi, avevano incollato l'avviso e poi erano scappati come due ladri nella notte.

”Buonanotte, bambini.”

Ha richiuso la porta, siamo al buio. Si sta bene sotto le coperte, ci arrivano delle voci soffocate che poi tacciono. È una notte come tutte le notti, una notte del 1941.

III

"Tocca a te, Jo."

Mi avvicino con la giacca in mano. Sono le otto e fuori è ancora notte. Mamma è seduta sulla seggiola dietro al tavolo. Ha un ditale, del filo nero e le sue mani tremano. Sorride solo con le labbra.

Mi volto. Sotto il paralume della lampada, Maurice è immobile. Con il palmo della mano liscia sul suo risvolto sinistro la stella gialla cucita a grossi punti:

EBREO

Maurice mi guarda.

"Non piangere, l'avrai anche tu la tua medaglia."

Certo che l'avrò, tutto il quartiere l'avrà. Stamattina quando la gente uscirà sarà primavera in pieno inverno, una fioritura spontanea: ognuno ha il suo grande fiore all'occhiello.

Una volta che lo si ha, non si può più fare molto: non si entra nei cinema e neppure nei treni, forse non si avrà più nemmeno il diritto di giocare con le biglie, forse non si avrà più il diritto di andare a scuola. Questa, come legge razziale, non sarebbe neanche male.

Mamma tira con il filo. Un colpo di denti a livello del tessuto ed ecco fatto, sono stampigliato; con due dita della mano che ha appena cucito, la mamma dà un colpetto sulla stella, come una sarta di lusso che termina un punto difficile. È stato più forte di lei.

Papà apre la porta mentre mi infilo la giacca. Si è appena rasato, l'odore di sapone e di alcool è entrato con lui. Guarda le stelle e poi sua moglie

"E va be', ecco" dice, "ecco, ecco..."

Prendo su la cartella, dò un bacio alla mamma. Papà mi ferma. "E adesso sai cosa devi fare?"

"No."

"Devi essere il primo a scuola. Sai perché?"

"Sì" risponde Maurice, "per far incazzare Hitler."

Papà ride.

"Se proprio vuoi" dice "è un po' così."

Faceva freddo fuori, le nostre scarpe con la suola di legno battevano sul lastricato. Non so perché, mi sono voltato, le nostre finestre si aprivano sopra al negozio e li ho visti tutti e due che ci guardavano da dietro i vetri, avevano l'aria un po' consunta da qualche mese.

Maurice andava svelto davanti a me soffiando forte per fare il fumo. Le biglie risuonavano tutte insieme nelle sue tasche.

"La terremo per molto, la stella?"

Si ferma per guardarmi.

"Non lo so. Perché, ti dà fastidio?"

Alzo le spalle.

"Perché dovrebbe darmi fastidio? Mica pesa, mica mi impedisce di correre, e allora..."

Maurice ridacchia.

"E allora, se non ti dà fastidio, perché ci metti davanti la sciarpa?"

Vede sempre tutto quello là.

''Non ci metto davanti la sciarpa. È il vento che l'ha mandata lì.''

Maurice mi prende in giro.

''Ma certo, piccolo, è il vento.''

A meno di duecento metri c'è il cancello della scuola, il cortile con i castani, neri in questa stagione. Del resto, i castani della scuola di rue Ferdinand Flocon mi sono parsi sempre neri, forse erano morti da molto a forza di premere contro l'asfalto, stretti tra cancellate di ferro, non è una vita da albero.

''Ehi... Joffo!''

È Zérati che mi chiama. Siamo insieme dalla prima classe e a tre pantaloni all'anno ne abbiamo usati due buone dozzine tra tutti e due su quei benedetti banchi.

Corre per raggiungermi, il naso rosso dal freddo gli esce dal passamontagna. Ha i guanti ed è avvolto nella mantella grigia che gli ho sempre visto.

Mi guarda, fissa il mio petto e i suoi occhi si sgranano. Deglutisco la saliva.

È lungo il silenzio, quando si è piccoli.

''Mio Dio,'' mormora ''hai una bella fortuna, fa un grande effetto.''

Maurice ride e io pure, sono invaso da un gran sollievo. Tutti e tre entriamo nel cortile.

Zérati non riesce a mandarla giù.

''Ma guarda'' dice ''è come una decorazione. Avete proprio fortuna.''

Ho voglia di dirgli che non ho fatto niente per meritarmela ma la sua reazione mi rassicura, in fondo è vero, è come una grande medaglia, non brilla ma la si vede ugualmente.

Ci sono dei gruppi sotto il portico, altri corrono, girano a tutta velocità tra i piloni che sostengono il tetto.

"Ehi, ragazzi, avete visto Joffo?"

Non era per cattiveria, anzi, voleva esibirmi un po', Zérati, farmi brillare agli occhi dei compagni come se da un giorno all'altro avessi compiuto un atto eroico e lui volesse farlo sapere a tutti.

Si è formato un cerchio e io ne ero il centro.

Kraber ha sorriso subito, la lampada gli illuminava il viso.

"Non sei mica il solo, in seconda ce ne sono che l'hanno uguale."

Dall'ombra, dietro, viene un movimento e compaiono due visi, non sorridenti questi.

"Sei un giudeo, tu?"

Difficile dire di no quando lo porti scritto sul risvolto della giacca.

"Sono i giudei che hanno fatto venire la guerra."

Guarda, questo mi ricorda qualcosa, non molto tempo fa...

Zérati non si è ancora ripreso. Non deve superare i trentacinque chili e quando si fa la gara dei bicipiti è sempre l'ultimo, anche se contrae i muscoli al massimo non riesce a produrre più di un impercettibile rigonfio. Eppure si gira verso il grande.

"Sei un coglione, tu! È forse colpa di Joffo se c'è la guerra?"

"Certo, bisogna tenerli a bada i giudei."

Mormorii.

Ma cosa sta succedendo? Ero un bambino, io, con delle biglie, delle manate, delle corse, dei giocattoli, delle lezioni da studiare, papà era parrucchiere, i miei fratelli pure, la mamma cucinava, alla domenica papà ci portava a Longchamp a vedere i ronzini e prendere aria, durante la settimana andavo a scuola, ecco tutto, e improvvisamente mi appiccicano qualche centimetro quadrato di stoffa e divento ebreo.

Ebreo. Cosa vuol dire, in primo luogo? Che cos'è un ebreo?

Sento la collera che raddoppia per la rabbia di non capire.

"Hai visto il suo naso?"

In rue Marcadet c'era un manifesto sopra il negozio di scarpe, proprio all'angolo, un manifesto molto grande, a colori. Ci si vedeva su un ragno che strisciava sul globo terrestre, un grosso ragno peloso con la testa d'uomo, una brutta faccia con gli occhi stretti, le orecchie a sventola, la bocca labbruta e un naso orribile a lama di scimitarra. Sotto, c'era scritto qualcosa come: "L'ebreo che cerca di possedere il mondo". Ci si passava spesso davanti con Maurice. Non ci faceva né caldo né freddo, non eravamo noi quel mostro! Non eravamo ragni e non avevamo la faccia così, grazie al cielo: io ero biondiccio, con gli occhi azzurri e il naso come tutti gli altri. Quindi era semplice: l'ebreo non ero io.

Ed ecco che, improvvisamente, quel cretino mi diceva che avevo il naso come sul manifesto! E tutto perché avevo una stella.

"Cos'ha il mio naso? Non è lo stesso di ieri?"

Non ha trovato niente da rispondere, quel bestione, vedevo che stava ancora cercando la risposta quando è suonato il campanello.

Prima di mettermi in fila ho visto Maurice all'altro capo del cortile, c'erano una dozzina di scolari accanto a lui e avevano l'aria di discutere forte, quando è andato a mettersi in fila dietro agli altri aveva la faccia dei giorni brutti. Ho avuto l'impressione che era un bene che suonasse il campanello perché la rissa non avrebbe tardato molto a scoppiare.

Ho perso un po' di tempo, cosa che di solito

non facevo, e mi sono messo indietro, in coda alla fila.

Siamo entrati due a due davanti al vecchio Boulier e ho raggiunto il mio posto accanto a Zérati.

La prima ora c'era geografia. Era molto che non mi interrogava più e avevo un po' di fifa, ero sicuro che mi sarebbe toccata. Ha passato il suo sguardo su di noi come ogni mattina ma non si è fermato su di me, i suoi occhi sono scivolati avanti ed è stato Raffard che, alla fine, è andato alla lavagna a cavarsi dai guai. La cosa mi ha fatto una cattiva impressione: forse non contavo già più, forse adesso non ero più uno scolaro come tutti gli altri. Solo qualche ora fa ne sarei stato felice ma adesso la cosa mi seccava, perché ce l'avevano tutti con me? O cercavano di rompermi la faccia o mi trascuravano.

"Prendete i vostri quaderni. La data in margine. Come titolo: la valle del Rodano."

Come gli altri ho obbedito ma mi scocciava che non mi avesse interrogato. Bisognava che mi togliessi quel peso dal cuore, che sapessi se esistevo ancora oppure se non contavo più niente.

Il vecchio Boulier aveva una mania: il silenzio. Voleva sentir volare le mosche, quando sentiva un mormorio, una penna che cadeva o qualunque altra cosa, non perdeva tempo, il suo indice si puntava sul colpevole e la sentenza calava secca: "Durante la ricreazione, trenta righe per castigo: coniugare il verbo 'in avvenire fare meno rumore' al passato prossimo, piuccheperfetto e futuro anteriore."

Ho posato la mia lavagna sull'angolo del banco. Era una vera lavagna e all'epoca era una rarità, la maggior parte di noi aveva delle specie di rettangoli di cartone nero che non bisognava inumidire troppo e su cui si scriveva male.

La mia era vera, con la cornice di legno e un

buco da cui passava il cordino che tratteneva la spugna.

Con la punta del dito, l'ho spinta. Ha oscillato per un attimo e poi è caduta.

Patapum.

Stava scrivendo alla lavagna e si è voltato.

Ha guardato la lavagnetta per terra e poi me. Tutti gli altri ci fissavano.

È raro che uno scolaro cerchi di essere punito. Forse non è mai successo e, invece, io, quella mattina, avrei dato non so cosa perché il maestro mi puntasse l'indice addosso e mi dicesse: "Ti fermerai dopo le quattro e mezza." Sarebbe stata la prova che niente era cambiato, che ero sempre lo stesso, uno scolaro come gli altri che si può complimentare, punire, interrogare.

Il signor Boulier mi ha guardato e poi il suo sguardo si è fatto vuoto, completamente vuoto come se tutti i pensieri se ne fossero improvvisamente andati. Lentamente ha preso dalla cattedra la lunga riga e ne ha puntato l'estremità sulla carta della Francia appesa al muro. Ha mostrato una linea che scendeva da Lione fino a Avignone e ha detto:

"La valle del Rodano separa gli antichi massicci del Massiccio Centrale dalle montagne più giovani..."

La lezione era incominciata e ho capito che, per me, la scuola era finita.

Ho scritto il riassunto, meccanicamente, e poi ho sentito il campanello della ricreazione.

Zérati mi ha dato una gomitata.

"Vieni, sbrigati."

Sono uscito e mi sono trovato in cortile e, improvvisamente, è stato un turbine.

"Giudeo! Giudeo! Giudeo!"

Mi ballavano attorno, in girotondo. Uno mi ha

spinto sulla schiena e sono rimbalzato su un petto, c'è stato un nuovo colpo e sono ripartito all'indietro, sono riuscito a non cadere e mi sono lanciato per rompere la catena. Ci sono riuscito e ho visto Maurice a venti metri di lì e altri ragazzi che si picchiavano. Ci sono state delle grida e ho colto a caso: "Giudeo! Giudeo! Giudeo!"

Il mio pugno è partito e ho preso un colpo violento sulla coscia, ho creduto che la scuola mi crollasse addosso, che sarei rimasto soffocato sotto l'orda che caricava.

Il mio grembiule si è strappato e ne ho presa una secca sull'orecchio. Il fischietto del sorvegliante ha fermato tutto.

L'ho visto venire in una nebbia.

"E allora, cosa sta succedendo? Volete andarvene, sì o no?"

Sentivo l'orecchio che si gonfiava a vista d'occhio e ho cercato Maurice. Si era legato il fazzoletto intorno al ginocchio. Il sangue già si seccava in chiazze brune. Non abbiamo potuto parlare, bisognava tornare in classe.

Mi sono seduto. Davanti a me, sopra alla lavagna, c'era la testa del maresciallo Petain. Una bella testa dignitosa con il chepì. E sotto c'era una frase seguita dalla sua firma: "Io mantengo le promesse, anche quelle degli altri." Chissà a chi aveva promesso di farmi portare una stella. A cosa gli giovava? E perché gli altri mi malmenavano?

Quel che mi rimane di quella mattina, più che i colpi, più che l'indifferenza degli adulti, è quella sensazione di impotenza a comprendere. Avevo lo stesso colore degli altri, la stessa faccia, avevo sentito parlare di religioni diverse e mi avevano insegnato a scuola che della gente si era battuta per cose del genere, in passato, ma io non avevo religione, il giovedì andavo addirittura all'oratorio con gli altri ragazzini del quartiere, si giocava a pallacanestro dietro alla chiesa, mi piaceva quello e anche l'ora della merenda, l'abate ci dava un abbondante spuntino, del pane nero con la cioccolata ripiena, la cioccolata dell'occupazione con dentro una pasta bianca, un po' collosa e vagamente dolce. Certe volte ci aggiungeva anche una banana disidratata, una mela... La mamma era tranquilla quando ci sapeva lì, preferiva così che vederci correre per le strade o gironzolare tra i robivecchi della porta Saint-Ouen o cercar legna nei cantieri in demolizione per costruirci delle capanne o delle spade.

E allora, dov'era la differenza?

Le undici e mezza.

L'orecchio mi fa sempre male. Mi vesto e esco. Fa freddo, Maurice mi aspetta. Il suo ginocchio non sanguina più.

Non ci parliamo. Non ne vale la pena.

Assieme, risaliamo la strada.

"Jo!"

Qualcuno mi corre dietro. È Zérati.

Ha il fiato corto. In mano tiene un sacco di tela chiuso con un cordino. Me lo tende.

"Facciamo cambio."

Non capisco subito.

"Con che cosa?"

Con un dito eloquente indica il risvolto del mio cappotto.

"Con la tua stella."

Maurice non dice niente, aspetta sbattendo uno contro l'altro i tacchi delle scarpe.

Mi decido improvvisamente.

"D'accordo."

È cucita a grossi punti e il filo non è molto solido. Passo un dito, poi due e strappo.

"Ecco."
Gli occhi di Zérati brillano.
La mia stella per un sacchetto di biglie.
Fu il mio primo affare.

Papà appende il camice al gancio dietro la porta della cucina. Non mangiamo più in sala da pranzo per economizzare sul riscaldamento. Prima che ci sediamo a tavola, ci ispeziona. Il mio orecchio gonfio, il grembiule strappato, il ginocchio di Maurice e il suo occhio che sta diventando lentamente violaceo.

Affonda il cucchiaio nella pasta, si riscuote e si strappa un sorriso che fatica ad arrivargli alle labbra.

Mastica, inghiotte con difficoltà e guarda le mani di mia madre che tremano ai due lati del piatto.

"Niente scuola, questo pomeriggio" decreta.

Maurice e io lasciamo cadere i cucchiai. Mi riprendo io per primo.

"Davvero? E la mia cartella?"

Papà fa un gesto distratto.

"Andrò a riprenderla, non pensarci. Questo pomeriggio siete liberi ma rientrate prima che sia notte, ho qualcosa da dirvi."

Mi ricordo della gioia, del sollievo che mi avevano invaso.

Tutto un pomeriggio per noi mentre gli altri lavoravano! Gli stava bene, ci avevano escluso e adesso toccava a noi prenderci una rivincita, mentre loro marcivano sui problemi e i participi passati noi ci saremmo presi una scorpacciata di strada, la miglior scorpacciata delle migliori strade, le strade del nostro regno.

Abbiamo risalito di corsa le strade che portano al Sacro Cuore. Ci sono scale terribili da quelle parti, con ringhiere fatte apposta perché i bambini le scendano in volata, con il sedere bruciato dal freddo del metallo. Ci sono anche delle piazze, degli alberi, dei gatti affamati, i sopravvissuti che non erano stati ancora trasformati in salmì dalle portinaie delle case.

E abbiamo corso tra tutto questo, attraversato le strade vuote in cui passavano rari tassì a gasogeno e qualche bici. Davanti al Sacro Cuore c'erano degli ufficiali tedeschi con lunghe mantelle che gli arrivavano ai tacchi e piccoli pugnali fissati alla cintura. Ridevano, facevano fotografie. Abbiamo fatto una deviazione per evitarli e siamo tornati verso casa correndoci dietro.

In Boulevard Magenta ci siamo fermati per riprendere fiato seduti sotto il portone di uno stabile.

Maurice ha tastato la fasciatura che gli aveva fatto la mamma.

"Si fa un colpo, stasera?"

Chino la testa.

"D'accordo."

Lo facevamo, ogni tanto. Quando tutti dormivano. Con precauzioni infinite, aprivamo la porta della nostra camera e dopo aver lanciato un'occhiata al corridoio, rassicurati dal silenzio, scendevamo in negozio, a piedi nudi, senza far scricchiolare i gradini. È una cosa che bisogna saper fare. Si tasta un po' con la punta dell'alluce, poi con la pianta ma senza posare il tallone. Arrivati in negozio, costeggiavamo le poltrone e là avveniva la cosa più impressionante.

Nessuna luce filtrava dalla strada su cui la saracinesca era abbassata. Nel buio totale le mie dita riconoscevano il banco, i pacchetti di lame, il piattino di vetro su cui mio padre dava il resto e arrivavano al cassetto. C'erano sempre delle monete gettate là alla rinfusa. Le prendevamo e tornavamo di sopra, a letto. Non ci è mai mancata la liquerizia nella nostra infanzia. Bastoncini neri e gommosi che ci si appiccicavano ai denti e ai budelli e ci provocavano ostinate stitichezze.

È inteso, anche stanotte faremo i ladri.

Durante quelle ore di bighellonaggio abbiamo dimenticato tutti gli avvenimenti del mattino, adoravamo vagabondare per la città fumando sigarette all'eucalipto.

Quella sì era una bella trovata. In una Francia privata di tabacco dove gli uomini erano costretti alla razione prevista ogni dieci giorni, io entravo in una farmacia e alzavo uno sguardo triste sullo speziale.

"Vorrei delle sigarette all'eucalipto, mio nonno è asmatico."

Certe volte bisognava insistere non poco ma il più delle volte la cosa funzionava, uscivo trionfante con il mio pacchetto e l'aprivamo dieci metri più in là. Allora, la sigaretta in bocca, le mani in tasca, tra nubi di fumo odoroso, passeggiavamo come imperatori sotto le occhiate furibonde degli adulti razionati. Ne regalavamo spesso, a Duvallier, a Bibi Cohen, ai robivecchi dell'angolo che accettavano con riconoscenza ma che alla prima boccata rimpiangevano il loro tabacco nazionale. Era pestifero ed è forse a quelle false sigarette di ieri che devo di non fumarne di vere oggi.

In piazza, sulla Butte, Maurice ha detto improvvisamente:

"Dobbiamo tornare a casa, sta venendo sera."

Era vero. Dietro la cupola si alzavano le prime ombre della sera.

In basso si stendeva la città, già grigiastra come la capigliatura di un uomo che invecchia.

Abbiamo guardato per un momento senza dire niente. Mi piacevano quei tetti, quei monumenti che si sfumavano in lontananza. Non sapevo ancora che non avrei più rivisto quel paesaggio così familiare. Non sapevo che tra qualche ora non sarei stato più un bambino.

In rue de Clignancourt, il negozio era chiuso. Molti dei nostri amici erano partiti da qualche tempo. Papà e mamma parlavano tra loro e coglievo dei nomi tra i loro sussurri, erano quelli dei clienti abituali, di quelli che venivano al negozio, che si ritrovavano alla sera per il caffè, erano quasi tutti partiti.

C'erano altre parole che ritornavano spesso: Aussweiss, Kommandantur, linea di demarcazione... Anche i nomi di città: Marsiglia, Nizza, Casablanca.

I miei fratelli erano partiti all'inizio dell'anno. Io non avevo ben capito perché e i tagli di capelli si facevano rari.

Certe volte nel negozio un tempo pieno non c'era più che l'eterno Duvallier, sempre fedele.

Eppure era la prima volta che, in piena settimana, papà aveva tirato giù la saracinesca.

In fondo alle scale ci ha raggiunto la sua voce, veniva dalla nostra camera.

Era disteso sul letto di Maurice con le mani sotto la nuca e guardava il nostro regno come se stesse tentando di vederlo con i nostri occhi.

Si riscosse vedendoci e si mise a sedere.

Maurice e io ci sistemammo davanti a lui sull'altro letto. Allora incominciò un lungo monologo che sarebbe risuonato a lungo alle mie orecchie, e che ci risuona ancora.

Lo ascoltavamo, Maurice e io come non avevamo mai ascoltato nessuno.

"Molte sere" incominciò, "da che avete l'età di capire le cose, vi ho raccontato delle storie, storie vere nelle quali avevano una parte membri della vostra famiglia. Mi accorgo oggi che non vi ho mai parlato di me."

Sorrise e continuò:

"Non è una storia molto interessante e non vi avrebbe appassionato per molte sere, ma ve ne dirò l'essenziale. Quando ero piccolo, molto più piccolo di voi, vivevo in Russia e in Russia c'era un capo onnipotente chiamato zar. Questo zar era come i tedeschi oggi, gli piaceva fare la guerra e aveva immaginato questa cosa: mandava degli emissari..."

Si fermò aggrottando la fronte.

"Sapete cosa sono degli emissari?"

Feci di sì con la testa anche se non ne avevo la minima idea; sapevo comunque che dovevano essere qualcosa di non molto piacevole.

"Mandava dunque degli emissari nei villaggi e là raccoglievano dei ragazzini come me e li portavano nei campi dove diventavano dei soldati. Gli davano un'uniforme, gli insegnavano a marciare al passo, a obbedire agli ordini senza discussione e anche a uccidere i nemici. Allora, quando ho avuto l'età per partire e quegli emissari stavano per venire al nostro villaggio per portarmi via con dei compagni piccoli quanto me, mio padre mi ha parlato come..."

La sua voce si arrochì e continuò:

"Come faccio io a mia volta, questa sera."

Fuori la notte era scesa quasi del tutto e lo distinguevo appena sul fondo della finestra ma nessuno di noi tre fece un gesto per illuminare la stanza.

"Mi ha chiamato nella stanzetta della fattoria dove gli piaceva chiudersi per riflettere e mi ha detto: 'Ragazzo, vuoi diventare soldato dello zar?' Io ho detto di no. Sapevo che sarei stato maltrattato e non volevo fare il soldato. Si crede spesso che tutti i ragazzi sognino di fare i militari, be', vedete che non è vero. Ad ogni modo, non era il caso mio.

"'Allora,' mi ha detto, 'non hai molta scelta. Sei un ometto, te ne andrai e te la caverai benissimo perché non sei uno sciocco.'

"Io ho detto di sì e dopo aver abbracciato lui e le mie sorelle me ne sono andato. Avevo sette anni."

Durante quelle parole sentivo la mamma camminare e preparare la tavola. Accanto a me, Maurice pareva diventato una statua di pietra.

"Mi sono guadagnato la vita pur dovendo sfuggire ai russi e, credetemi, non è stato sempre facile. Ho fatto tutti i mestieri, ho spalato la neve per un tozzo di pane con un badile che era due volte più grande di me. Ho incontrato delle brave persone che mi hanno aiutato e delle altre che erano cattive. Ho imparato a servirmi delle forbici e sono diventato parrucchiere, ho camminato molto. Tre giorni in una città, un anno in un'altra e poi sono arrivato qui dove sono stato felice.

"Vostra madre ha avuto un po' la mia stessa storia, in fondo tutto questo è abbastanza banale. L'ho conosciuta a Parigi, ci siamo amati, sposati e siete nati voi. Niente di più semplice."

Si fermò e potevo immaginare che le sue dita giocavano nell'ombra con le frange del mio copriletto.

"Ho messo su questo negozio, molto piccolo all'inizio. Il denaro che ho guadagnato lo devo soltanto a me..."

Dà l'impressione di voler continuare ma si ferma e la sua voce diventa improvvisamente meno chiara.

"Sapete perché vi racconto queste cose."
Io lo sapevo ma esitavo a dirlo.
"Sì" ha detto Maurice, "è perché anche noi dovremo partire."
Papà tirò un profondo respiro.
"Sì, ragazzi, partirete oggi, è il vostro turno."
Le sue braccia si mossero in un gesto di tenerezza controllata.
"Sapete perché: non potete più tornare a casa ogni giorno in questo stato, so che vi difendete bene e che non avete paura ma bisogna sapere una cosa, quando non si è il più forte, quando si è due contro dieci, venti o cento, il coraggio è lasciare da parte l'orgoglio e filarsela. E poi, c'è di peggio."
Sentivo uno gnocco salirmi in gola ma sapevo che non avrei pianto, forse solo il giorno prima le mie lacrime sarebbero scese ma adesso era diverso.
"Avete visto che i tedeschi sono ogni giorno più duri con noi. C'è stato il censimento, il cartello sul negozio, le irruzioni nel negozio, oggi la stella gialla, domani saremo arrestati. Quindi bisogna scappare."
Ho sussultato.
"Ma tu, tu e la mamma?"
Intravvidi un gesto tranquillizzante.
"Henri e Albert sono in zona libera. Partirete stasera. Vostra madre e io sistemeremo qualche faccenda e poi partiremo anche noi."
Fece una risatina e si chinò per posare una mano su ciascuna delle nostre spalle.
"Non prendetevela, i russi non mi hanno beccato quando avevo sette anni e non saranno i tedeschi a mettermi nel sacco adesso che ne ho cinquanta."
Mi rilassai. In fondo ci separavamo ma era evidente che ci saremmo ritrovati dopo la guerra che non sarebbe durata per sempre.

"Adesso" disse mio padre "cercate di ricordarvi bene quello che vi dirò. Partite stasera, prendete il métro fino alla stazione di Austerlitz e comprate un biglietto per Dax. Lì dovrete passare la linea di demarcazione. Naturalmente non avrete documenti per passarla, dovrete cavarvela in qualche modo. Vicinissimo a Dax andrete in un villaggio che si chiama Hagetmau, là c'è della gente che fa passare la linea. Una volta dall'altra parte siete salvi. Siete nella Francia libera. I vostri fratelli sono a Mentone, vi mostrerò tra poco sulla carta dove si trova, è proprio vicino alla frontiera italiana. Lo troverete."

La voce di Maurice si leva.

"Ma per prendere il treno?"

"Non aver paura. Vi darò dei soldi, farete attenzione a non perderli e a non farveli rubare. Avrete cinquemila franchi a testa."

Cinquemila franchi!

Nemmeno nelle sere di grande furto ho mai avuto in tasca più di dieci franchi! Che fortuna!

Papà non ha finito, dal tono che prende capisco che sta per arrivare la parte più importante.

"Infine", dice "bisogna che sappiate una cosa. Voi siete ebrei ma non confessatelo mai. Mi avete sentito: MAI."

Le nostre due teste assentono assieme.

"Non lo direte al vostro migliore amico, non lo mormorerete nemmeno sottovoce, negherete sempre. Mi avete sentito bene: sempre. Joseph, vieni qui."

Mi alzo e mi avvicino, ormai non lo vedo più del tutto.

"Sei ebreo, Joseph?"

"No."

La sua mano si è abbattuta sulla mia guancia

con un colpo secco. Fino a questo momento non mi aveva mai toccato.

"Non mentire, tu sei ebreo Joseph."

"No."

Avevo gridato senza rendermene conto, un grido definitivo, sicuro.

Mio padre si è alzato.

"Ecco" ha detto, "credo di avervi detto tutto. Adesso la situazione è chiara."

La guancia mi bruciava ancora ma avevo una domanda che mi frullava in testa fin dall'inizio del colloquio e per la quale mi occorreva una risposta.

"Vorrei chiederti: cos'è un ebreo?"

Questa volta papà ha acceso la lampadina dal paralume verde che stava sul tavolino da notte di Maurice. Mi piaceva, lasciava filtrare una luce diffusa e amichevole che non rivedrò più.

Papà si è grattato la testa.

"Be', mi secca un po' dirtelo, Joseph, ma in fondo non lo so bene."

Lo guardavamo e dovette capire che bisognava continuare, che la sua risposta poteva apparire ai bambini che eravamo come un indietreggiamento.

"Un tempo" disse "abitavamo un paese, ne siamo stati cacciati e allora siamo andati dappertutto e ci sono dei periodi, come quello in cui siamo, in cui la cosa continua. È stata riaperta la caccia e quindi bisogna ripartire e nascondersi in attesa che il cacciatore si stanchi. Andiamo, è ora di mettersi a tavola, partirete subito dopo."

Non mi ricordo più del pasto, mi rimangono solo dei suoni tenui di cucchiai contro il piatto, dei mormorii per domandare da bere, il sale, cose così. Su una sedia impagliata, accanto alla porta, c'erano le nostre due sacche, ben gonfie, con dentro della biancheria, le nostre cose da toeletta, dei fazzoletti piegati.

All'orologio del corridoio sono suonate le sette.

"Ecco qua" ha detto papà, "siete sistemati. Nella tasca dei vostri zaini, quella con la chiusura lampo, ci sono i soldi e un foglietto di carta con su l'indirizzo esatto di Albert e Henri. Vi darò due biglietti per il métro, salutate la mamma e andate."

La mamma ci ha aiutati a infilare i cappotti, ad annodarci le sciarpe. Ci ha tirato su le calze. Senza fermarsi mai sorrideva e senza fermarsi mai le sue lacrime scendevano, ho sentito le sue guance umide contro la mia fronte, le sue labbra anche loro umide e salate.

Papà l'ha tirata su e si è messo a ridere, il riso più falso che abbia mai sentito.

"Ma insomma," esclamò "si direbbe che partano per sempre e che siano due poppanti! Andiamo, filate, a presto ragazzi."

Un bacio e le sue mani ci hanno spinto verso la scala, la sacca mi pesava al braccio e Maurice ha aperto la porta sulla notte.

Quanto ai miei genitori, erano rimasti di sopra. Ho saputo più tardi, quando tutto fu finito, che mio padre era rimasto in piedi dondolandosi leggermente, ad occhi chiusi, cullando un dolore immemorabile.

Nella notte senza luce, nelle strade deserte dell'ora in cui stava per incominciare il coprifuoco, sparimmo nelle tenebre.

Era finita con l'infanzia.

IV

"Per di qua, sbrigati!"

Maurice mi afferra per la manica e mi strappa alla coda. Scavalco un mucchio di valige, di sacchi da montagna, ci intrufoliamo tra i bagagli, tra gli uomini sudati.

"Vieni, c'è un altro ingresso."

Siamo nella stazione di Austerlitz. Pochi treni in partenza ma i marciapiedi sono invasi. Chi è tutta questa gente? Ebrei anche loro?

Maurice volteggia, si scansa, corre, lo si direbbe un calciatore che spinge un invisibile pallone in una foresta di giocatori immobili. Lo seguo stringendo la mia sacca al fianco perché non mi sbatta sulle gambe.

"Da quella parte è più lungo ma c'è meno gente."

Sotto la vetrata, i carrelli sferragliano. Molte biciclette appese. Attraverso i vetri sporchi si possono indovinare il lungofiume, la Senna come un abisso nero con la traccia bianca del ponte che la scavalca. Più lontano, contro il cielo, c'è Notre-Dame, più lontano ancora, casa nostra.

Ma a questo non bisogna pensare. Per il momento bisogna prendere il treno.

Ci sistemiamo dietro un facchino deciso che si avventa tra la folla spingendo davanti a sé il carretto come se fosse un apparecchio destinato a respingere la gente sui due lati. È una buona tattica perché un secondo dopo, con la testa piena di grida, di richiami, di fischi, di altoparlanti, lo sportello della biglietteria è davanti a noi. Davanti si snoda la coda.

"Tra i primi cinque, quale ha l'aria più cortese?"

Guardo i visi. Facce contratte, tese. Una signora in cappotto chiaro cerca di risistemarsi ciocche di capelli sotto il cappello. Ha qualcosa di severo nella bocca, una piega che non mi piace. No, quella no.

Quello grosso pare simpatico ma non è sicuro.

"Il giovane in terza fila, quello con il collo alto."

Maurice si avvicina, già non esitava molto prima ma adesso va deciso.

"Signore, è per il mio fratellino, ha male a un piede... Veniamo da lontano, non potrebbe..."

Il tizio ci guarda, per un istante ho paura che rifiuti e poi fa un gesto stanco, un gesto in cui si mischiano generosità e fatalismo.

"Avanti, ragazzini," dice "non abbiamo il tempo contato."

Maurice ringrazia e tocca subito a lui.

"Due andate per Dax, terza classe."

Prendo i biglietti mentre lui raccoglie il resto. Il buffo è che nessuno fa caso a noi, due ragazzini sballottati dalla folla, tutti hanno un mucchio di fastidi e devono pensare che ci siano anche i nostri genitori, da qualche parte.

Maurice apre la marcia e indica il tabellone.

"Binario sette," dice "manca più di mezz'ora, cerchiamo di trovarci dei posti."

La stazione è piena di vapore. Le colonne di ferro salgono e la loro estremità si perde nel fumo.

Ci siamo, ecco il treno.

Maurice sacramenta. Ne ha ben motivo, i vagoni sono zeppi: ovunque, nei corridoi, nei passaggi a soffietto. Non riusciremo mai a entrare. Dagli sportelli aperti si vedono mucchi di valige, di sacchi. Scorgo un uomo sdraiato nella reticella che discute con calore.

"Proviamo più avanti."

Risaliamo il treno nella speranza di trovare posti vuoti vicino alla locomotiva, ma dappertutto c'è la stessa folla, lo stesso agglomerato umano. Sussulto: tre scompartimenti vuoti ma sono riservati ai soldati tedeschi. Quei posti vuoti ci tentano ma non bisogna lasciarsi tentare dal diavolo.

"Forza, andiamo lì."

I predellini sono molto alti, mi infiltro tra la parete e la gente schiacciata contro il vetro. Ci sono discussioni sui posti prenotati, due uomini si affrontano brandendo lo stesso numero, il tono sale. È inutile cercare posti a sedere.

"Guarda, qui non staremo male."

È un piccolo interstizio, una valigia fa muro da una parte, una grande valigia di fibra marrone con la maniglia di metallo. Potremo posare le nostre sacche per terra e sedercisi sopra appoggiando la schiena al tramezzo che separa lo scompartimento dal corridoio.

Ci sistemiamo uno accanto all'altro. Ispeziono la mia sacca e brandisco trionfalmente un pacchetto. C'è un panino enorme con burro e prosciutto, una vera meraviglia. Maurice controlla per vedere se ha anche lui la stessa cosa.

"Nasconditi per mangiarlo o provocherai invidie."

Dopo due bocconi ho sete. Dieci anni della mia vita per una granatina ghiacciata. È la prima volta che ho in tasca una fortuna e non posso offrirmi una granatina. Bisogna dire che la fortuna è stata parecchio erosa dal prezzo del viaggio. Tra poco non ci resterà più molto dei nostri diecimila franchi. Dovremmo viverci su un bel po' di tempo. Ma il denaro si può guadagnare. Quando saremo nella Francia libera troveremo bene un modo per vivere.

Sul binario di fronte a noi c'è un altro treno, quasi vuoto, quello, certo un treno locale e lentamente, senza scosse, il treno vuoto parte. Va in direzione della stazione, verso Parigi. Apro la bocca per comunicare a mio fratello la mia stupefazione quando capisco l'errore: quel treno non si muove, siamo noi che siamo partiti. Questa volta è fatta. Mi alzo e appoggio la fronte al vetro.

Ci sono binari che si intersecano, passiamo sotto delle passerelle, dei ponti di ferro. Blocchi di carbone brillano sotto la luna, andiamo ancora adagio. Il pietrisco tra i binari segue una linea ondulante.

Attorno a noi, la gente parla. Seduta sul valigione di fibra, una donnetta ci guarda, ha un'aria dolce, somiglia alle nonne delle illustrazioni del mio libro di lettura, c'è tutto: capelli bianchi fissati in una crocchia, occhi azzurri, merletti al collo, calze grige.

"Andate lontano, bambini?"

Sorride sempre, ci guarda uno dopo l'altro.

"Viaggiate da soli? Non avete genitori?"

Sento subito che ormai bisognerà diffidare di tutto l'universo, anche di quella gentile nonnina da libro di scuola che non deve sapere niente, assolutamente niente.

Maurice soffoca la risposta nel suo panino.

"Sì, andiamo a raggiungerli, sono ammalati. Insomma, mia madre è malata."

La nonnina sembra rattristata, quasi ce l'ho con

Maurice che le mente ma ha ragione lui. Adesso siamo condannati alla menzogna e mi ricordo del corso di morale del vecchio Boulier: "Non bisogna mai mentire." "Un bugiardo non viene mai creduto" ecc. Benedetto Boulier, non ha mai avuto la Gestapo alle calcagna se può raccontare cose del genere.

"E tu come ti chiami?"

"Joseph Martin. E lui è Maurice Martin."

Sorride ancora, si china verso la borsa che tiene stretta contro la sottana.

"Maurice, scommetto che hai sete dopo quel pane."

Tiene in mano una bottiglia di gazzosa.

Maurice si sgela.

"Un po'" dice.

Gli occhi della nonnina mi fissano, sorride.

"E scommetto che anche tu hai sete."

"Sì, signora."

Ha di tutto nella sua borsa, ne ha tirato fuori un bicchiere di celluloide avvolto in un tovagliolo.

"E allora berremo, ma poco perché la bottiglia ci deve durare fino alla fine."

È buona, frizza sulla lingua e contro il palato con un'infinità di bollicine dolci che esplodono contro le mie mucose. Il liquido oscilla leggermente, regolarmente, sale e scende lungo la parete del bicchiere seguendo il rollio del treno. Adesso andiamo in fretta. Mi vedo nel vetro e al di là c'è la campagna, una campagna piatta che gira su se stessa a ogni curva.

Lei beve per ultima, asciuga il bicchiere con il tovagliolo e ripone tutto nella borsa.

Maurice ha chiuso gli occhi, la sua testa è contro la porta dello scompartimento e oscilla con le vibrazioni. Più in là, dietro alla nonna, ci sono risa, canti che mi arrivano a frammenti sommersi dal fracasso delle ruote e dei binari.

Si sta bene qui in questo spazio. Fino a Dax possiamo stare tranquilli. A Dax c'è un controllo tedesco che bisognerà superare. Non devo ancora pensarci, dormirò, proverò almeno, in modo da essere in forma domani.

Mi giro. Dietro al vetro ci sono otto persone nello scompartimento, i fortunati che hanno avuto dei posti a sedere. E l'uomo che ha il viso illuminato appena dalla lampadina azzurrata, mi guarda.

Deve fissarmi da molto. Ci sono molte cose nei suoi occhi. Pena, soprattutto. È molto serio, con la tristezza di chi non osa sorridere. Ha uno strano colletto, dei bottoni molto fitti. I miei occhi scivolano su di lui, sulla tonaca. Questo mi rassicura, non so bene perché. So che mi addormenterò in questo treno che mi porta verso la vita o la morte sotto la protezione di quel vecchio; non ci siamo detti niente e ho avuto l'impressione che sapesse tutto di me. Era là e vegliava, in mezzo al frastuono. Dormi, ometto.

Di notte, il cielo è più chiaro della terra. Il vetro trema nell'intelaiatura e due uomini stanno davanti a me, si chinano, hanno berretti di pelliccia, grandi stivali rossi e pantaloni come gli zuavi, lunghi baffi neri incurvati e rigidi al tempo stesso dividono in due le loro facce. Sono dei russi.

"Sei tu Joseph? Allora vieni con noi, lo zar vuole vederti, sarai soldato."

Mi butto per il corridoio per fuggire, è strano, volo sopra le teste, è piacevole, plano come un uccello, loro mi corrono dietro sguainando lunghe sciabole affilate. Devo essere saltato giù dal treno perché corro sul marciapiede di una stazione, ma non sono i russi perché è una voce di bambino che mi chiama. Mi fermo e vedo là Zérati, senza fiato.

"Presto, vieni, voglio mostrarti una cosa..."

Corriamo lungo strade che non conosco, la stazione è sparita, corriamo sempre per strade deserte, è notte ma una notte che non finirà mai, il sole deve essere scomparso per sempre, non tornerà più a illuminare queste facciate, quegli alberi... e improvvisamente la riconosco: è la rue Ferdinand Flocon, la mia scuola, e c'è il vecchio Boulier là sulla porta, ha una grande stella sul petto, gialla, e fa dei gran gesti con le braccia.

"Vieni, Joffo, vieni a bere un po' di gazzosa."

Il cortile è pieno di bottiglie, ce ne sono a migliaia tutte appannate, ce n'è fin nelle classi, persino sul tetto e brillano alla luce della luna. C'è qualcuno dietro al vecchio Boulier, si stacca dall'ombra e vedo brillare la sua uniforme. È l'SS che un giorno papà ha pettinato, lo riconosco bene.

"Hai i documenti per bere questa gazzosa?"

Boulier ride sempre più forte e non capisco perché, l'SS ha un'aria terribile. Le sue dita mi stringono sempre più forte il braccio.

"Mostra i tuoi documenti, presto, siamo a Dax e ci vogliono i documenti."

Devo scappare, a qualunque costo, altrimenti mi porterà via, il porco, mi arresterà, devo gridare aiuto, che qualcuno mi liberi, Boulier si rotola per terra dal ridere, Zérati è scomparso.

"Aiu..."

Il mio grido deve avermi svegliato, mi guardo attorno: nessuno mi ha sentito, Maurice dorme con la bocca aperta, un braccio di traverso sulla sua sacca, la nonna sonnecchia con il mento tra le mani, ci sono sagome indistinte nel corridoio, devono dormire anche loro.

Ho una sete atroce, se solo potessi rientrare nel

mio sogno e impadronirmi di una delle bottiglie e bere a garganella, d'un fiato, con grandi gluglu.

No, non devo pensarci, bisogna dormire ancora, dormire il più possibile.

DAX.

Il nome ha schioccato nelle mie orecchie come un colpo di frusta: il treno fa ancora qualche metro, i freni sibilano, le ruote strette a morte scivolano qualche metro ancora sui binari e poi si fermano.

Maurice è in piedi, la luce sporca che il vetro rende ancora più sinistra gli dà un colorito di alluminio e io devo essere uguale.

Mi guardo attorno stupefatto: il corridoio è quasi vuoto. Nello scompartimento dietro ci sono dei posti vuoti. Il prete è sempre lì.

Maurice previene la mia domanda.

"Molti sono saltati in corsa, mentre il treno rallentava."

Guardo all'altra estremità del vagone: accanto alla porta una coppia aspetta, sono pallidi. Vedo la mano della donna stringere convulsamente il manico di una valigetta.

L'altoparlante risuona, c'è una lunga frase in tedesco e improvvisamente li vedo, sono una decina sul marciapiede, attraversano i binari e vengono verso di noi. Sono gendarmi tedeschi, hanno una placca di metallo, come una grossa collana del Medio Evo, che gli pende sul petto. Ci sono anche dei civili in impermeabile.

La coppia è indietreggiata, l'uomo è davanti, corre, mi oltrepassa e sento il suo respiro corto.

Maurice mi prende per il braccio.

"Entra."

La porta dello scompartimento scorre e noi entriamo. C'è un posto vuoto accanto al prete.

Ci guarda sempre, è anche lui pallido e durante

la notte gli è cresciuta la barba. Stupidamente, la cosa mi sorprende, non pensavo che i preti avessero la barba, tutti quelli che ho conosciuto alla parrocchia erano così lisci che credevo...

Accanto al finestrino una signora molto magra stringe già in mano il suo lasciapassare, vedo il foglio bianco che tremola, ci sono dei timbri rotondi e neri con degli angoli al centro, delle firme, tutte in inchiostro pesante.

Come ci si deve sentir bene a tener tra le dita tante firme, tante autorizzazioni, tante...

"Alt!"

Il grido viene da fuori e ci precipitiamo al finestrino.

Laggiù in fondo c'è un uomo che corre!

Sono una decina che si sparpagliano attraverso i binari. Un civile dà degli ordini in tedesco, corre anche lui, sale sul predellino del vagone accanto e tira fuori di tasca un fischietto, i colpi striduli mi trapanano i timpani. Improvvisamente spunta un uomo, proprio sotto di me, deve essere passato sotto al treno, tra le ruote, oltrepassa un marciapiede, due marciapiedi, inciampa.

"Alt!"

Si ferma a un colpo d'arma da fuoco ma non è colpito, sono sicuro che non è colpito.

Alza bruscamente le braccia e due soldati lo trascinano a tutta velocità verso la sala d'aspetto, lo vedo ricevere un colpo con il calcio del fucile, il civile seguita a fischiare.

Vedo ancora la coppia di poco fa che ritorna tra due SS, sono molto piccoli adesso e la donna stringe sempre la valigetta come se ci fosse dentro la sua vita, cammina in fretta, ci passano davanti e mi domando cosa vede nei suoi grandi occhi sperduti.

Anche altri sono stati presi laggiù, il giorno illumina gli elmetti e i fucili.

Allora mi accorgo che la mano del prete è posata sulla mia spalla, che è stata lì fin dal principio.

Torniamo lentamente ai nostri posti. Adesso il treno è silenzioso, i tedeschi bloccano le uscite.

Le parole vengono da sole alle mie labbra.

"Signor curato, non abbiamo documenti."

Mi guarda e, per la prima volta da che siamo partiti da Parigi, un sorriso gli distende le labbra.

Si china e fatico a comprendere il suo sussurro.

"Se hai un'aria così spaventata i tedeschi se ne accorgeranno senza che tu lo dica. Mettetevi vicino a me."

Ci stringiamo a lui.

C'è lì anche la nonna, riconosco la sua valigia nella reticella sopra la sua testa. Sembra dormire.

"Documenti..."

Sono ancora lontani, all'inizio del vagone, sembrano numerosi, parlano tra loro e capisco qualche parola. Papà e mamma ci parlavano in yiddish abbastanza spesso e somiglia molto al tedesco.

"Documenti..."

Si avvicinano. Si sentono le porte scorrere quando le aprono e le chiudono.

La nonna tiene sempre gli occhi chiusi.

"Documenti..."

Adesso è la volta dello scompartimento accanto. Sento un'impressione curiosa nel ventre, è come se i miei intestini fossero improvvisamente indipendenti e volessero uscire dal loro sacco di pelle. Soprattutto non bisogna dare l'impressione che ho paura di qualcosa.

Frugo nella mia sacca e ne tiro fuori quel che resta del panino. Lo addento nel momento in cui si apre la porta. Maurice lancia loro uno sguardo pieno di distacco, di innocenza e ammiro la padronanza da attore consumato di mio fratello.

La signora magra tende il foglio bianco. Vedo una manica di uniforme, delle spalline, gli stivali sono a qualche centimetro dalle mie scarpe. Il mio cuore lontano batte a colpi regolari e potenti. Il più difficile è ingoiare, prendo un nuovo boccone.

Il tedesco legge, spulcia, rende il foglio e allunga la mano verso nonna gazzosa che tende un documento verde, una carta di identità.

Il tedesco la guarda appena.

"Tutto qui?"

Lei sorride e fa di sì con la testa.

"Prenda la sua valigia e esca in corridoio."

Altri aspettano dietro il vetro chiacchierando. Tra loro c'è un SS.

Il prete si alza, tira giù la valigia e la nonna esce. Uno dei gendarmi le prende la borsa e le fa segno di seguirlo. La crocchia bianca e piatta brilla per un attimo alla luce del giorno e poi sparisce dietro delle spalle.

Addio, nonna, grazie di tutto e buona fortuna.

Il prete presenta i suoi documenti e torna a sedersi. Io seguito a masticare. Il tedesco guarda la fotografia e la confronta con l'originale. Seguito a masticare.

"Sono un po' dimagrito," dice il curato "ma sono proprio io."

Un'ombra di sorriso passa sul viso del nostro controllore.

"La guerra," dice, "le restrizioni..."

Non ha accento, o appena, su certe consonanti. Restituisce il documento e dice:

"... ma i preti non mangiano molto."

"È un errore, almeno nel caso mio."

Il tedesco ride e tende la mano verso di me.

Sempre ridendo, il prete mi dà un pizzicotto sulla guancia.

"I bambini sono con me."

La porta si è già richiusa dopo un saluto lampo del tedesco ilare.

Le mie ginocchia hanno incominciato a tremare.

Il prete si alza.

"Adesso si dovrebbe poter scendere. E dato che siete con me, andremo a fare la prima colazione assieme al bar della stazione. Vi va?"

Mi accorgo che Maurice è più commosso di me, quello lì lo si può prendere a cazzotti senza strappargli una lacrima ma basta mostrarsi un po' gentili con lui che subito fa una faccia tutta sconvolta. In quel caso, c'era di che esserlo.

Abbiamo potuto scendere sul marciapiede. Ci fu ancora la perquisizione dei bagagli e poi abbiamo dato i biglietti al controllore e seguendo il nostro salvatore siamo entrati al caffè.

Era un luogo molto funerario con un alto soffitto a cassettoni, divani di finta pelle neri, pesanti tavolini di marmo dalle gambe sagomate; camerieri in giacca nera e lungo grembiule bianco stavano appoggiati contro le colonne tenendo tra le mani vassoi lucidi e vuoti.

Adesso il nostro curato pareva tutto contento.

"Prenderemo caffè e latte con pane," disse "ma vi avverto che il caffè è orzo, lo zucchero è saccarina, il latte non c'è e quanto al pane ci vorranno i tagliandi della tessera ma voi non dovete averne e io nemmeno. Ma ci scalderà ugualmente."

Tossicchio per schiarirmi la voce.

"Prima di tutto vorremmo ringraziarla, Maurice e io, per quello che ha fatto."

Resta un attimo interdetto.

"Ma cosa ho fatto?"

È Maurice che continua e c'è un fondo di malizia nella sua voce.

"Ha mentito, per salvarci, dicendo che eravamo con lei."

Dolcemente la testa del prete si muove in un segno di diniego.

"Non ho mentito," mormora "eravate con me come lo sono tutti i bambini del mondo. È proprio una delle ragioni per cui sono prete, per essere con loro."

Maurice non risponde, rigira con il cucchiaino la sua pastiglia di saccarina.

"In ogni caso, senza di lei ci portavano via. È quel che conta."

C'è un istante di silenzio e poi il prete interroga.

"E adesso, dove andate?"

Sento che Maurice esita a parlare ma la sola idea che quel prete possa credere per un istante che diffidiamo di lui dopo quello che è successo mi è insopportabile.

"Andiamo a Hagetmau e lì cercheremo di passare la linea di demarcazione."

Il prete beve e posa la tazza sul piattino facendo una smorfia. Doveva essere un patito del vero caffè, prima della guerra, e ha l'aria di non sapersi abituare a questo surrogato.

"Capisco", dice.

Maurice interviene a sua volta.

"Dopo raggiungeremo i nostri genitori che sono nel Mezzogiorno."

Ha sentito la nostra ritrosia? La cosa era così comune che ogni domanda diventava inutile? In ogni caso, adesso non fa più domande.

Tira fuori di tasca un grosso portafogli tenuto chiuso da un elastico. Prende un foglietto bianco tra alcune immagini pie, una matita dalla punta consumata, scarabocchia un nome, un indirizzo e ce lo porge.

"Se riuscirete a passare," dice "mi farà piacere saperlo. E poi se un giorno avrete bisogno di me, non si può mai sapere, potrete scrivermi."

Maurice prende il foglietto, lo piega e se lo mette in tasca.

"Noi andiamo, signor curato, forse tra poco ci sarà una corriera per Hagetmau e dobbiamo arrivarci alla svelta."

Ci guarda mentre passiamo sopra la testa la tracolla delle nostre sacche.

"Avete ragione, bambini, bisogna andar svelti in certi momenti della vita, è necessario."

Aspettiamo, imbarazzati da quello sguardo malinconico che mi trafigge fino all'anima. Ci tende la mano e la stringiamo uno dopo l'altro.

Maurice passa per primo e si dirige verso la porta girevole all'altro capo della sala, ma qualcosa mi preoccupa e bisogna che lo domandi al prete.

Faccio un mezzo giro e mi avvicino di nuovo a lui.

"Signor curato, cosa hanno fatto alla nonna?"

I suoi occhi si illuminano, mormora una frase che non capisco e poi:

"Niente, non le hanno fatto niente, solo che, siccome non aveva documenti, l'hanno rimandata a casa sua. Ecco tutto."

È vero, come non averci pensato? L'immaginavo già in prigione, in un campo di transito, che so. L'hanno riportata a casa sua, ecco tutto, niente di grave.

Fuori Maurice mi aspetta. C'è un raggio di sole freddo e improvvisamente ha perduto il suo colorito di piombo di poco fa. Anch'io mi sento meglio, come se quella luce ci avesse liberati improvvisamente e sbarazzati di tutta la stanchezza del viaggio.

La stazione delle corriere non è lontana, una piazza da attraversare, con degli alberi dalla corteccia gibbosa di cui non conosco il nome. Bisogna dire che di generi d'albero tra la rue Marcadet, il gasometro di Saint-Ouen e la basilica del Sacro Cuore non ho avuto occasione di incontrarne molti.

"La corriera per Hagetmau?"

Dietro il banco, l'uomo non ha nemmeno alzato la testa.

"Tra due ore."

"Due posti, allora."

E rieccoci con due biglietti in tasca. Il nostro malloppo si è maledettamente ridotto ma non ha importanza. Camminiamo sul selciato di Dax, la Francia libera non è lontana. Passeremo.

V

La corriera si è fermata all'ingresso del villaggio. Lungo la strada ci ha superati un'auto tedesca piena di ufficiali. Mi si è mozzato il fiato per qualche secondo ma sono filati via senza riservare la minima attenzione al nostro veicolo sferragliante.

Il cielo è sgombro e l'odore del fumo che esce dai camini arriva fino a noi. È un paese molto piatto e le case si stringono attorno al campanile della chiesa.

Maurice si rimette in spalla la sua sacca.

"Avanti."

Superiamo di buon passo uno stretto ponte sopra un minuscolo fiume, un filo d'acqua che sparisce sotto i ciottoli.

La strada centrale è un po' in salita. Mal lastricata, fa risuonare i nostri tacchi finché arriviamo a una fontana sotto un portico. Non c'è nessuno per le strade, certe volte compare un cane che poi sparisce in un vicolo dopo averci annusato i polpacci. C'è odore di vacca e di legno bruciato, l'aria è frizzante, sembra non incontrare ostacoli e arriva con violenza fin in fondo ai nostri bronchi.

Due drogherie stanno una di fronte all'altra in quella che deve essere la strada principale, e sono tutte e due chiuse.

"Accidenti," ringhia Maurice "sembrano tutti morti, qui."

Quel silenzio incomincia a impressionare anche me. Dopo il fracasso del treno, la confusione della partenza, dell'arrivo, ci sentiamo improvvisamente privi di uno dei sensi, come se ci avessero ficcato nelle orecchie due enormi batuffoli di cotone.

"Saranno nei campi..."

Sopra le nostre teste suona l'orologio della chiesa e Maurice si gratta la testa.

"È vero," dice "è mezzogiorno e tutti mangiano."

Ecco una parola che non avrebbe dovuto assolutamente pronunciare, i panini sono finiti da molto, il caffè è ormai lontano e quello stare all'aria aperta mi fa sentire sempre più vuoto, se chiudessi gli occhi vedrei sorgere bistecche.

Giriamo a caso per il villaggio, c'è un viottolo che dà nei campi deserti al limite dei quali incominciano le foreste.

Torniamo indietro ed eccoci in una nuova piazza, più piccola della prima. Di fronte a un edificio che deve essere il municipio, c'è un caffè ristorante.

Lo scopriamo assieme e guardo Maurice con ansia.

"Forse si potrebbe mangiare qualcosa..."

Maurice esita un attimo, ha certo ancora più fame di me. A casa non la smetteva mai, lo sapevo capace di passare direttamente dalla frutta del pranzo alla cioccolata di merenda e di proseguire poi senza intervallo con la minestra della sera.

"Andiamo," dice "non è il caso di crollare per la fame."

Apriamo la porta e ci fermiamo sulla soglia. Se le strade sono vuote, il caffè non lo è certo. Nella sala tutta in lunghezza in fondo alla quale troneggia il banco sormontato da un'antica macchina da caffè, si ammassano attorno ai tavolini un centinaio di persone. Tre cameriere corrono portando piatti, caraffe d'acqua, posate. Fa caldo grazie a un'enorme stufa di ceramica il cui tubo attraversa a zig-zag la sala, a mezza altezza. Dietro la porta ci sono tre attaccapanni sovraccarichi.

"Cosa volete, bambini?"

Una delle cameriere, rossa e spettinata, cerca di risistemarsi in cima alla testa una ciocca che ricade sulle altre. Si accanisce ancora un attimo e poi lascia perdere.

Ancora attonito, Maurice risponde:

"Vorremmo mangiare."

"Venite da questa parte."

Ci trascina e attraversiamo la sala dove il tintinnio delle forchette e dei coltelli è intenso. Contro il banco c'è un tavolino senza tovaglia sul quale lei posa due piatti.

"Ci sono lenticchie al lardo e melanzane farcite. Per finire formaggio allo 0% di grasso e un frutto, vi va? Per incominciare posso darvi ravanelli col sale."

"Va benissimo."

Corre già verso la cucina da dove esce un'altra cameriera con un piatto di lenticchie per mano. Non hanno l'aria di averci molto lardo dentro.

Guardo i commensali. Non sono contadini: offrono quella varietà che si trova nelle sale d'aspetto o nelle stazioni, ma sono uomini e donne di città. Ci sono pure dei bambini, anche molto piccoli.

Maurice si sporge in avanti sopra il piatto.

"Ritroveremo tutta la rue Marcadet in questo ristorante."

Sono dunque gente come noi, in fuga, ebrei sicuramente che aspettano di passare la frontiera. Ma cosa aspettano? Forse è più difficile di quanto supponiamo noi.

La nostra cameriera torna con tre ravanelli dentro a una fondina. Mette la saliera tra noi.

"Buon appetito, bambini."

Maurice ringrazia e io chiedo:

"Avete spesso tanta gente come oggi?"

Lei alza le braccia al cielo.

"Tutti i giorni, da sei mesi e più! Credetemi, il giorno in cui i crucchi hanno sistemato quella linea a un chilometro di qui hanno contribuito a arricchirne parecchi."

Seguo il suo sguardo e scopro la padrona che sta asciugando con delicatezza una tazza da caffè dietro al banco. È una donna riccia, rossa e lustra.

"Lei non rischia niente a farsi fare la permanente e la messa in piega ogni quindici giorni, con quello che intasca qui potrebbe passarci tutta la vita dal parrucchiere."

Tenta ancora una volta di rimettere a posto la sua ciocca e raccoglie i nostri piatti vuoti. Quando si ha fame non c'è niente che si mangi più in fretta di tre ravanelli, soprattutto quando su tre due sono vuoti.

"E... è facile passare?"

Lei alza le spalle.

"Sì, abbastanza, in genere va tutto bene, solo che bisogna aspettare la notte perché di giorno è troppo pericoloso. Scusatemi."

Torna quasi subito con le lenticchie, le posa, se ne va senza che possiamo farle altre domande.

Maurice guarda la gente che ci sta attorno.

"Sarebbe buffo," dice "se incontrassimo qualcuno del nostro quartiere."

Le melanzane che seguono sono filacciose e il ripieno inesistente. Il formaggio è piatto e secco. Le mele sono appassite ma dato che la cameriera commette l'errore di lasciare il cestino vicino al nostro tavolo, tutte si ritrovano in fondo alla mia sacca.

Maurice piega il tovagliolo e constata:

"Non ci conviene restare troppo tempo qui se non vogliamo finire scheletri."

Poco a poco la sala si vuota. Alcuni indugiano ancora attorno a tazze d'orzo e di cicoria, ma gli altri sono spariti.

Paghiamo il conto che ci pare terribilmente salato e rieccoci per le strade di Hagetmau con le nostre sacche, le mani in tasca. Adesso soffia un vento abbastanza aspro e sgradevole.

"Senti," dice Maurice "cercheremo di passare stasera, non vale la pena di restare qui. Quindi la prima cosa che dobbiamo fare è informarci per sapere dove trovare uno che ci fa passare e quanto prende."

Sembra una proposta ragionevole. A una cinquantina di metri un ragazzo di una quindicina d'anni passa su un'immensa bicicletta nera. Sul portapacchi ha un cesto di vimini. Si ferma davanti a una casa, suona, porge un pacchetto che ha tolto dal suo cesto, saluta a voce alta.

"Buongiorno signora Hudot, ecco la sua spesetta."

La signora Hudot, invisibile, mormora un ringraziamento, si allontana, ritorna e vedo la mano che posa una moneta in quella del fattorino.

"Grazie signora Hudot, arrivederci signora Hudot, alla prossima volta signora Hudot."

Risale in sella fischiettando e ci guarda venire verso di lui. Ha due guance piene e dure, le mani rosse coperte di peluria bionda e le unghie sporche.

"Vorremmo una piccola informazione."

Ride e così noto che ha delle splendide carie alla maggior parte dei denti.

"Ve la darò prima che me la chiediate. Volete sapere dove si trova quello che fa passare. È così?"

Maurice lo guarda fissamente. Non si lascia mai impressionare dai grandi.

"Sì."

"Be', è facile, dovete lasciare il villaggio per la strada principale, fare trecento metri e, alla prima fattoria sulla vostra destra, domandate del vecchio Bédard. Solo, vi avviso che sono cinquemila franchi per persona."

Impallidisco. Anche Maurice accusa il colpo. Il fattorino ci guarda ridendo.

"Adesso, se vi va c'è un'altra soluzione, posso farvi passare io, per cinquecento franchi. Preferite così?"

Ridiamo per il sollievo. Che simpatico, quel fattorino.

"Be', allora vi propongo una cosa: vi do il mio cesto e voi finite il giro. È carne e c'è l'indirizzo sui pacchetti. Troverete i posti facilmente e prenderete le mance. Io mi riposerò, intanto, e stasera alle dieci ci ritroviamo sotto il ponte, vicino all'arco. Non potete sbagliare, non ce n'è che uno."

Maurice mi passa la sua sacca che infilo rapidamente e prende il cesto.

Soddisfatto, il garzone risale in sella e sorride con tutti i suoi denti marci.

Arrivato alla curva si volta e grida:

"A proposito, badate di averli i vostri cinquecento a testa perché, vi avviso, si paga in anticipo."

Sono io a rispondere.

"Sì, sì, li abbiamo."

Il garzone sparisce pedalando con lena.

Mi giro verso Maurice.

"Li hai, mille franchi?"

Fa di sì con la testa, pensoso.

"Certo che li ho, ma contati, una volta che lo avremo pagato non ci resterà praticamente più niente."

Agito le sacche con entusiasmo.

"Ma non ha nessuna importanza! Una volta in zona libera ce la sbrigheremo sempre, pensa che se non fossimo capitati su questo tizio, a cinquemila franchi al passaggio eravamo costretti a restare qui! Ti rendi conto!"

"E intanto" mi interrompe lui, "abbiamo della carne da consegnare."

A quel punto incomincia uno dei pomeriggi più strani e più allegri della mia vita. Andavamo di fattoria in fattoria, c'erano galline, anitre in pozze nere come l'inchiostro, il cielo era azzurro e sgombro con appena una frangia di nuvole proprio giù all'orizzonte.

Eravamo ebbri.

Due parigini cresciuti tra il puzzo dei tombini che improvvisamente respiravano il vento della campagna, mentre Maurice consegnava al contadino il suo arrosto, la sua costata, la sua bistecca, il che lasciava capire che il mercato nero non funzionava poi male nella zona, io andavo verso i conigli nelle loro gabbie e mentre le contadine andavano a cercare gli spiccioli, giocavo con dei cagnolini, dei porcelli in mezzo alla paglia marcia. E poi c'erano i cavalli. Non ne restavano molti, la maggior parte erano stati requisiti all'inizio della guerra ma ne restavano pur sempre uno o due, dei vecchi del tipo ronzino, immobili, con il naso che sfiorava il legno della mangiatoia alla ricerca di un nutrimento che non c'era. Entravo nelle stalle e li grattavo sulla fronte; muovevano le lunghe code dal crine arruffato misto a paglia; e poi ripartivamo... In una casupola vicino alla chiesa c'era un vecchietto che ci ha fatto entrare in una stanza bassa dalle travi affumicate. C'era una foto sopra il caminetto che raffigurava un soldato dell'altra guerra, con la mantellina, le mollettiere e la maschera antigas. Ci ha mostrato i suoi anatroccoli, una fila di bestioline gialle fracassone e vacillanti che avanzavano una dietro l'altra... Ero affascinato.

Il cesto era quasi vuoto. I soldi tintinnavano nella tasca di Maurice, la gente si sorprendeva di non vedere il suo solito commesso che si chiamava Raymond ma poi ci davano ugualmente i soldi.

Dopo lo spezzatino per la guardia campestre non ci restava più che una consegna da effettuare: un mezzo cosciotto da portare a casa del maestro, una casa isolata dietro a un boschetto.

Chiacchieravamo, Maurice e io. Incominciavo a sentirmi le gambe pesanti ma andavamo di buon passo quando arrivammo all'altezza degli alberi.

"Psst..."

Il fischio mi gelò il sangue nelle vene. Maurice si fermò di botto.

Da dietro un tronco, un uomo ci fece segno ma, vedendoci impietriti sul ciglio della strada, salì la breve scarpata e avanzò verso di noi.

Dai suoi abiti, dal suo viso, capii che non era uno del paese, era un fuggiasco come noi. I suoi occhi spauriti, le mani agitate, tutto in lui designava il candidato al passaggio in zona libera.

Era un uomo tarchiato, con un fisico da pugile e i capelli radi sulla fronte. Ci guardò per un attimo.

"Scusatemi, siete di qui?"

"No."

Deglutì la saliva scrutandoci come se cercasse qualcosa sui nostri visi.

"Siete ebrei?"

Maurice passò il cesto nell'altra mano.
"No."
Contrasse brevemente le mascelle.
"Io sì. Ho mia moglie e mia suocera nel bosco. Cerco di passare."
Picchiò di piatto la mano sulle ginocchia dei pantaloni che erano macchiati di verde dall'erba mentre tutto un lato della giacca era coperto di fango secco e screpolato.
"Cosa le è successo?"
Agitò la mano in aria con un gesto disperato.
"È stato ieri l'altro, a una trentina di chilometri da qui, seguendo l'Adour, avevo l'indirizzo di uno che fa passare, me lo avevano dato a Bordeaux. Ho trovato il tizio, ci ha preso ventimila franchi per noi tre e ci ha condotti di notte. Avevamo camminato per molto e a un certo punto si è accucciato e ha detto: 'Aspettatemi, vado a vedere se il terreno è sgombro.' Io gli ho detto che sarei andato con lui, che in due ce la si cavava meglio. In quel momento mi ha colpito con il suo bastone e si è messo a correre. Ho tentato di raggiungerlo ma sono caduto. Siamo rimasti tutta la notte in un bosco e poi abbiamo camminato dal sorgere del sole."
Maurice sembra soppesare il pro e il contro. Da dietro un albero escono due donne con l'aria esausta.
"Senta," dice Maurice "anche noi dobbiamo passare ma non so se il tizio che ci guiderà accetterà di prendere anche voi. Comunque, venite a domandarglielo alle dieci sotto al ponte, all'altro capo del villaggio."
"Grazie. Grazie di cuore, siamo così stanchi che... insomma, spero che questa volta riusciremo a varcare la linea e..."
Balbetta parole sconnesse, ci stringe le mani e

rientra nel bosco dove lo sentiamo dare la notizia alle due donne che lo accompagnano.

Purché Raymond non si rifiuti!

Maurice ha ripreso la strada e volta verso di me una faccia preoccupata.

"Si fa sempre bene a diffidare, ci sono strani modi di guadagnarsi la vita in questo paese."

"Credi che quel Raymond sarebbe capace di..."

Scuote la testa.

"Non lo so e siccome non lo so farò attenzione."

Camminiamo per qualche minuto in silenzio.

"La prima cosa," dice "è di non lasciare che si allontani di un passo."

"D'accordo, e poi, se vuole andarsene, gli si salta addosso. Credi che riusciremo a batterlo, se ci mettiamo assieme?"

Smorfia dubitativa.

"Vedremo. Può darsi che ci conduca senza fare storie. Facciamo una corsa?"

"Aspetta che metto giù i sacchi."

Ci inginocchiamo.

"Fino all'albero giallo, quello grande, all'angolo."

"D'accordo. Ai vostri posti... Pronti? Via!"

Le nostre gambe tempestano il terreno, sento la lingua che mi esce di bocca, resto indietro, cinquanta centimetri, un metro, riguadagno, riperdo, mi butto, troppo tardi.

Seduto, con la testa fra le ginocchia, mi rimetto a fatica.

"Per forza, sei più grande di me."

Maurice ansima.

"Non è una buona ragione, conosco dei piccoli che sono maledettamente veloci."

Torniamo a passi lenti a riprendere le sacche e il cesto che sono rimasti sulla strada.

"Tu, non hai fame?"

"Sì, trasportare carne per tutto il pomeriggio quando si sono mangiate solo lenticchie, è dura."

Maurice rastrella le sue tasche.

"Con gli spiccioli che ci restano dalla corriera si potrebbe comprare qualcosa."

Abbiamo bussato a una porta.

È un vecchio in berretto che ci apre. Non c'erano più giovani in quel paese.

Abbiamo discusso qualche minuto e finalmente ci ha dato due uova che ci siamo inghiottiti subito. Buone.

Già scendeva la notte.

L'erba è umida e le nostre scarpe brillano sotto la luna. Presto suoneranno le dieci. Non distinguo più l'orologio sul campanile ma sento nel vuoto dello stomaco che il momento è venuto.

E dire che solo qualche giorno fa sarei stato pazzo di gioia a trovarmi in una situazione del genere. C'è tutto: la notte, il fruscio delle foglie, l'attesa, gli indiani lì di fronte con le loro sentinelle nascoste e io, il cowboy disarmato che sta per varcare il passaggio al limite del loro campo. E la mia vita sulla punta del loro fucile... Rimpiango quasi di non sentire i loro lenti tamburi di guerra, i tedeschi non hanno piume. La notte è chiara. È bene o male? Non lo so.

Sposto lentamente, molto lentamente, le gambe per evitare lo scricchiolio dei rami, non si sa mai, un rumore anche minimo può andar lontano e far drizzare un orecchio attento. Maurice accanto a me trattiene il fiato. Dall'altra parte dell'arco distinguo le tre sagome rannicchiate degli ebrei che abbiamo incontrato sulla strada.

I tedeschi sono di fronte, dall'altra parte del bosco. Strano che non abbiano già sparato, mi sento enormemente visibile e vulnerabile.

"Ascolta..."

Di notte le bici fanno rumore, è per via dello sfregamento della rotella della dinamo sul pneumatico. Ma la cosa incredibile è che il ciclista fischietta. Un fischiettare leggero, un motivo allegro... Lo riconosco, è una canzone di Tino Rossi.

Questa è incoscienza, quel ciclista notturno ci farà scoprire, non bisognerebbe... Si è fermato vicinissimo a noi. Sento lo sfregare del manubrio e di un pedale contro il muretto di pietra. L'uomo scende, fischiettando, viene verso di noi. Lo scorgo contro il cielo. Si ferma: è Raymond.

Ha l'aria allegra, per niente nello stile dell'esploratore comanche. Tiene le mani in tasca e la sua voce si leva senza ritegno quando si rivolge a noi.

"Allora, andiamo?"

Maurice gli porge i nostri soldi che Raymond si ficca nella camicia e indica le tre sagome a qualche metro di distanza.

"È gente che vorrebbe passare, sono sfiniti e hanno denaro."

Raymond guarda nella direzione indicata.

"D'accordo, digli di venire. Quanti sono?"

"Tre."

Raymond si frega le mani.

"Buona serata" dice. "Di solito gli altri non me ne lasciano tanti. In marcia."

Mi rialzo con precauzione, attento a non far crocchiare una sola articolazione. Sento Raymond che ridacchia:

"Non prendertela, piccolo, non vale la pena di fare il sioux, vienimi dietro, fa' quello che faccio io e non preoccuparti del resto."

Siamo partiti. Sudavo come un matto sotto il

cappotto e sui campi la nostra piccola colonna mi parve qualcosa di visibile a migliaia di chilometri di distanza. Un genio maligno ficcava sotto le nostre suole i sassi più rumorosi di cui sia mai stato cosparso un sentiero ed ebbi l'impressione di un frastuono abominevole. Hitler stesso doveva sentirci dal suo appartamento berlinese. Finalmente entrammo nella foresta. Raymond avanzava tra le felci facendo scricchiolare gli steli. Quando fummo sotto gli alberi, ebbi l'impressione che non fossimo soli, che ci fossero altri che camminavano alla nostra sinistra. Tentai di scrutare nell'oscurità tra i tronchi ma non vidi niente.

Raymond si fermò. Cozzai contro la sua schiena e trattenni il respiro. Doveva aver sentito anche lui ma non potei fare a meno di informarlo:

"C'è qualcuno sulla sinistra."

Raymond non si voltò.

"Lo so, una dozzina. È il vecchio Branchet che li fa passare. Li lasceremo andare avanti e li seguiremo. Possiamo sederci un momento."

I rovi e le cortecce scricchiolarono sotto i nostri sederi e restammo immobili ad ascoltare il rumore del vento tra i rami più alti.

"Siamo ancora lontani?" chiese Maurice in un sussurro.

Raymond fece un gesto vago.

"In linea retta ci si arriverebbe subito ma gireremo attorno alla radura."

Il cammino riprende, non ci fermiamo più. Adesso la sabbia mi sembra più fine e si eleva in basse colline. Sul suolo ci sono aghi di pino e scivolo varie volte sulle mie suole umide.

Da quanto tempo siamo partiti, due minuti o tre ore? Impossibile dirlo, ho perso ogni possibilità di valutazione.

Davanti a noi il bosco si dirada, gli alberi si fanno più lontani e formano un viale. Con un gesto, Raymond ci raggruppa attorno a sé.

"Vedete il viale, laggiù? Lo seguirete: duecento metri appena. Incontrerete un fossato. State attenti, è abbastanza profondo e c'è dell'acqua. Passate il fossato e arrivate a una fattoria, potete entrare anche se non ci sono luci, il fattore è al corrente. Potrete dormire nella paglia, non avrete freddo."

Maurice parla:

"Perché... È la zona libera, quella?"

Raymond si volta e ride piano.

"La zona libera? Ma ci siamo già!"

Il mio primo sentimento è stato di frustrazione. Avevamo passato la linea e non me ne ero accorto! Era quello lo scopo da raggiungere, eravamo partiti per quello, tutti ne parlavano, era la fine del mondo, e io, senza averne nemmeno il sospetto, ero passato come un fiore, totalmente incosciente, attraverso quel tratto di matita che tagliava in due la carta della Francia che papà ci aveva mostrato una sera.

La linea! Me l'immaginavo come un muro, uno spazio fitto di garitte, di mitragliatrici, di cannoni, di fili spinati, con pattuglie che scivolavano nella notte e grandi riflettori che frugavano ogni filo d'erba. In cima a torrette, ufficiali dalla faccia di avvoltoi, sorvegliavano con i binocoli che nascondevano i loro occhi feroci. E invece di tutto questo niente, assolutamente niente. Nemmeno per un secondo avevo avuto l'impressione di avere un apache alle calcagna, roba da disgustarmi per sempre del Far West.

Accanto a noi il terzetto di ebrei si congratulava, ringraziava Raymond che assumeva un'aria modesta.

Ero ugualmente contento perché sapevo di essere al sicuro ma la mia amarezza non passava. Non ho potuto trattenermi dal domandare a Raymond se tutto andava sempre così liscio.

"Di solito, va tutto bene. In questo abbiamo fortuna. I posti di guardia sono lontani uno dall'altro e soprattutto ci sono angoli morti, né il posto della strada né quello del villaggio di Carmot possono vederci. Il pericolo sarebbe se mandassero delle pattuglie, ma se lo fanno sono obbligati a passare il guado, vicino alla fattoria Badin, altrove è impossibile, dovrebbero attraversare delle foreste di rovi, ma appena Badin li vede, spedisce suo figlio che conosce le scorciatoie e ci avverte."

Raymond si assesta i pantaloni e ci stringe la mano.

"Ma non mettetevi in testa che sia dappertutto così facile, ci sono angoli, a meno di venticinque chilometri di qui, dove ci sono stati dei morti non molto tempo fa, e si fa sempre più difficile. Be', arrivederci e buon viaggio."

È già sparito, i tronchi ci nascondono la sua figura, se ne torna al villaggio.

Riprendiamo la strada, soli questa volta. Maurice mi dà la mano, bisogna stare attenti a non perdersi, di notte in questa foresta non sarebbe piacevole tanto più che il freddo aumenta di minuto in minuto.

"Attenzione!"

Ha fatto bene a avvisarmi: il fossato è lì, in basso, un'acqua chiazzata sciaborda sotto il groviglio dei rami e gli ammassi di pietre.

"Prendi la mia sacca."

Maurice scende per primo, al suo fischio sommesso gli passo i nostri bagagli e scendo a mia volta aggrappandomi ai ciuffi d'erba. Le spine uncinate di un cespuglio mi trattengono per il calzino. Mi libero, risalgo il versante ed ecco davanti a noi la fattoria: massiccia, un blocco di granito posato sulla nuda terra.

Aiutiamo anche il terzetto che ci accompagna e siamo già nel cortile interno.

Sussulto.

Un uomo sta lì, immobile nel buio. Mi sembra grandissimo, ha un collo di pelliccia che gli nasconde le orecchie e i suoi capelli si muovono al vento che soffia dalla pianura.

Avanza verso di noi, con passo meccanico. Ha una voce rauca, una voce come fanno gli attori che devono interpretare il ruolo del gendarme al teatro delle marionette. Una vociona che smuove sassi e parole.

"Siete arrivati, piccoli, c'è della paglia nella rimessa, là, dietro di voi. Dietro la porta ci sono le coperte, non sono belle ma pulite. Potete dormire quanto volete. Vi chiedo solo una cosa, se avete dei fiammiferi o un accendino, datemeli subito perché non vorrei veder andare in fiamme il mio raccolto con voi dentro."

Faccio cenno di diniego e Maurice fa lo stesso.

"Allora va bene, se avete bisogno di qualcosa bussate a quella finestrina, la vedete? La prima vicino al pollaio. Io dormo là. Buona notte."

"Senta, signore, che ora è?"

Fatica ad estrarre l'orologio di sotto il vecchio giaccone, sembra sepolto sotto una quantità di gilet e pullover. Finalmente il quadrante brilla nella sua mano.

"Le undici e un quarto."

"Grazie."

La porta di legno cigola sui suoi vecchi cardini e l'odore caldo mi viene subito alle narici. Solo a sentire quella buona paglia secca mi si chiudono gli occhi. Che giornata! Dopo una notte in treno!

Do la scalata a una balla e mi affondo in un'altra, non ho il coraggio di andare a prendere la coperta. Un chiarore grigiastro entra dal lucernario del tetto.

I nostri tre compagni parlottano, ammassati all'altra estremità del pagliaio.

Sento Maurice che ritorna e una stoffa ruvida mi raspa la guancia.

"Avvolgiti qui dentro."

Stento a riuscirci; fino a questo momento la sovreccitazione, l'angoscia mi hanno tenuto sveglio ma, con il sollievo dell'arrivo, la tensione è caduta d'un tratto e il peso delle mie palpebre mi tira con sé, due fardelli inesorabili mi trascinano in un mondo nero e pesante in cui affondo vertiginosamente, sempre più lontano, sempre più profondo. Ancora uno sforzo e distinguo sopra la mia testa il rettangolo più chiaro del lucernario, constato persino che è ornato a ognuno dei suoi angoli di ragnatele argentee e flessibili, e mi addormento di botto, con un sospiro da boscaiolo.

Non dormirò molto, un'ora, forse due. Riapro bruscamente gli occhi e la mia mano non ha bisogno di tastare il posto accanto a me: so già che mio fratello non c'è più.

Da quando la mamma non ha più ritenuto necessario tenere la mia culla accanto a sé, Maurice e io abbiamo diviso la stessa camera. E si è sempre prodotto uno strano fenomeno di cui ignoro se sia reciproco perché non ne ho mai parlato: senza che lui abbia fatto il minimo rumore, senza lo scricchiolio di una sola asse del parquet a mettermi in guardia, ho sempre "sentito" la sua assenza. Ogni volta che scendeva in cucina a bere un bicchier d'acqua, ogni volta che scivolava fuori dal suo letto per una ragione qualunque, io ne ho avuto perfetta coscienza!

Come mi avvisava? Che istinto nascosto svolgeva quel sorprendente compito?

Ad ogni modo, nel momento che ci interessa, non mi ponevo il problema di sapere quale ingranaggio inconscio o subconscio mi avesse avvertito della partenza di mio fratello. Il fatto era lì.

A qualche centinaio di metri dalla linea di demarcazione, mentre, spossato quanto me da quelle ultime ventiquattro ore, Maurice Joffo avrebbe dovuto sprofondare nelle delizie di un sonno riparatore, se ne era andato.

Niente panico. Non può essere lontano. La spiegazione più plausibile: quando qualcuno si alza durante la notte, novanta volte su cento è per andare a fare pipì. Dunque, nessun problema: Maurice è andato a fare pipì.

Il mio ragionamento, per brillante che sia, non mi rassicura a lungo. Abbiamo fatto pipì assieme contro il muro della fattoria prima di entrare qui, dopo che il fattore se ne è andato. Ora, gli sfinteri di famiglia sono di buona qualità: quando abbiamo fatto pipì alla sera, non la facciamo più fino alla mattina dopo. Dunque, problema: Maurice non è andato a fare pipì. E allora, dove è andato? Senza dirmelo?

È questo soprattutto che non capisco, perché se ne è andato di nascosto senza dirmelo?

Forse è andato a domandare da bere al contadino, o forse... La mia testa si turba davanti a tutte le supposizioni possibili.

Un rumore di voci che sussurrano. Drizzo l'orecchio e scosto la coperta facendo frusciare la paglia. È da fuori che viene.

Un pensiero mi raggela: e se fossero i tedeschi? No. Impossibile, siamo nella Francia libera, non possono venire... O forse dei ladri? Sembra che bande di delinquenti seguano i rifugiati, rubino tutto quello che possiedono: gioielli, valige, denaro... Forse Maurice li ha sentiti e in questo momento li sta spiando nel buio.

Attraverso, sui calzini che non fanno nessun rumore, il suolo di terra battuta coperto di polvere di paglia secca. Riconosco con le dita il legno della porta, il pesante catenaccio che sollevo con precauzione. Guardo dalla fessura e faccio un salto indietro: i sussurri vengono verso di me, le loro forme agglutinate avanzano verso di me.

I respiri si levano, hanno tutta l'aria di aspirare a invisibili sigarette. Riconosco uno degli uomini che, a mezzogiorno, stavano accanto a noi al ristorante. Ci sono due bambini, nel gruppo, uno piccolo che uno di loro porta in braccio e una bambina in calzini bianchi. Che errore quei calzini bianchi, la si vede a cento metri di distanza. Decisamente siamo ridiventati dei fuggiaschi ma abbiamo perso il senso del camuffamento. Mi sfiorano nel buio e crollano sulla paglia. Ci sono mormorii soffocati di conversazione.

E niente Maurice! Cosa mai starà facendo?

L'ansia cresce in me, bisogna che agisca prima che diventi un panico che potrebbe indurmi a gridare il suo nome o a partire alla sua ricerca nel buio. È una cosa che non servirebbe a niente se non ad attirare l'attenzione degli altri.

Esco. La notte è sempre più chiara e fredda.

Infilo le mani nelle tasche del cappotto.

Un pezzo di carta.

Le mie dita hanno toccato un pezzo di carta che non c'era. A toccarlo, riconosco le piccole perforazioni lacerate di un blocchetto a spirale. È quello che Maurice ha portato con sé, o meglio è stata la mamma a darglielo prima di partire. Saggia precauzione, un blocchetto e una matita possono diventare, in certi casi, l'oggetto più utile del mondo. Deve aver scritto al buio e poi ha infilato il suo messaggio nella mia tasca prima di andarsene.

La luna fa luce abbastanza perché riesca a leggere le righe scarabocchiate in diagonale.

"Ritorno, non dire niente a nessuno. M."

Ha scritto M. come nelle storie di spionaggio in cui i personaggi sono indicati con un codice o un'iniziale.

Mi sento sollevato. Non so ugualmente dove è andato ma ritornerà, questo è l'essenziale. Torno al mio giaciglio, ritrovo la coperta e mi ci avvolgo dentro di nuovo, felice di quel calore odoroso che mi aspetta. A qualche metro, qualcuno dorme gemendo dolcemente, una musica molto tenue, cantilenante, quasi gradevole che contribuisce ad addormentarmi.

"Scusi."

Un corpo mi scavalca e affonda vicinissimo a me. Sento un profumo di acqua di Colonia misto a sudore. È una donna; ha un cappotto di lana pesante che mi ricopre la mano.

Si direbbe che è l'alba. Devo aver dormito parecchie ore.

Mi sollevo su un gomito: il chiarore è sufficiente adesso perché possa constatare che il pagliaio è pieno di profughi, non riesco a contarli ma sono dappertutto, buttati giù in ogni posizione. Non valuto bene, siamo cinquanta, forse più. I viaggi devono essere continuati tutta la notte. Altri arriveranno forse ancora e Maurice continua a non esserci.

Dormono tutti. Accanto a me la donna con il

cappotto è illuminata dal lucernario. Sulla sua guancia tremola una lacrima. Piange dormendo. Forse non ha mai smesso di piangere da quando è arrivata.

Ed eccone degli altri. Meno numerosi questa volta. Mi rannicchio nel mio calore e seguo con gli occhi socchiusi la sistemazione dei viaggiatori. Sento bestemmiare sommessamente in yiddish e subito tutto ripiomba nel silenzio.

"Dormi?"

Improvvisamente, eccolo lì, non l'avevo visto arrivare. Mi siedo d'un tratto.

"Ma cosa..."

Il suo dito si posa sulla mia bocca.

"Non così forte. Ti spiegherò."

È molto difficile sgridare qualcuno quando si è costretti a dei sussurri quasi inudibili, così ascolto attonito Maurice.

Quel che aveva fatto era molto semplice, me lo ha raccontato tutto contento di sé, con delle risa soffocate, ma può riassumersi in poche parole: aveva rifatto il tragitto in senso inverso, ripassato otto volte la linea, portato qui quaranta persone e guadagnato ventimila franchi.

Adesso è giorno alto. Ancora qualche nuvola che si sfilaccerà ben presto verso occidente e il sole sarà su di noi. L'erba è ancora un po' umida ma noi siamo seduti sulle nostre sacche. Ventimila franchi! Vuol dire il Perù: di che mangiare, di che viaggiare fino a Mentone tranquillamente.

Eppure, in quell'avventura c'è qualcosa che mi addolora.

"Maurice, e se ti prendevano?"

Si gratta in testa.

"Hai sentito anche tu quello che ci ha detto

Raymond: nessun pericolo. Passando la prima volta avevo osservato bene la strada: sempre in linea retta, poi un semicerchio sulla nostra sinistra attorno alla radura, il ponticello ed era fatta. Meno difficile che andare dalla porta di Clignancourt a Ornano. C'è meno rischio di perdersi."

La cosa non mi soddisfa del tutto.

"C'è un'altra cosa, non credi che far passare tutta quella gente per denaro sia un po' una porcheria?"

Maurice mi guarda fissamente.

"Primo punto: non ho costretto nessuno. Secondo: a cinquecento franchi invece di cinquemila non credo che si possa dire che li ho derubati. Del resto li ho guidati bene e senza incidenti. C'è stata sì una brava donna che ha perduto una scarpa e ho dovuto ritrovargliela in un cespuglio, ma a parte questo tutto ha marciato a perfezione. E poi c'è una cosa che dimentichi, amico mio: abbiamo bisogno di grana se vogliamo arrivare in porto."

"Ma avremmo potuto..."

Ma lui è lanciato e niente può interromperlo.

"Perché credi che in zona libera potremo vivere tranquilli? Credi che la gente ci nutrirà per i nostri begli occhi? E se i poliziotti ci domandano i documenti e non abbiamo denaro, credi che ci faranno i complimenti?"

Sento che ha ragione, anche questa volta.

"... E io devo pensare a guadagnare denaro, stanotte sono stato io, la prossima volta toccherà a te sbrigartela perché non credere che perché sei il più piccolo hai il diritto di startene lì a rigirare i pollici mentre io sgobbo come un..."

"Non gridare così, Dio mio, va bene, ho capito!"

Adesso Maurice urla:

"Perché credi che mi sia divertito a ritornare sette volte con dieci persone dietro di me? Non credi che avrei preferito dormire tranquillo? E adesso vieni a farmi il gran signore e a dirmi che non avrei dovuto?"

Salto in piedi.

"Non ho detto niente di simile! Non capisci niente!"

Violentemente, tira fuori di tasca il pacchetto di banconote ciancicate.

"Prendi, va' a ridarglieli, se vuoi."

Interdetto, guardo i soldi che adesso stanno tra le mie mani. Quel denaro che ha guadagnato, rischiando la vita e che ci permetterà di continuare la strada, quel denaro che mi ha dato un bambino sfinito.

Liscio i biglietti, li spiano e glieli rendo senza una parola. Si è calmato, tiene il mento sulle ginocchia, guarda il sole che è appena comparso.

Passa un momento che sembra molto lungo. Domando:

"Riprendiamo il treno?"

Deve capire dalla mia voce che sto cercando di riprendere la conversazione, di farmi perdonare.

"Sì, è la cosa migliore, ne ho parlato con uno che ho fatto passare stanotte. La stazione più vicina è a Aire-sur-l'Adour. Bisogna fare attenzione perché ci sono poliziotti un po' dappertutto e hanno l'ordine di arrestare gli ebrei."

Questa, poi, mi mozza il fiato. Perché abbiamo fatto tutta questa strada, per ritornare nello stesso inferno?

Maurice sente che incasso male. Scuote la testa e aggiunge:

"Comunque non è proprio la stessa cosa perché sono dei francesi, ce ne sono che lasciano perdere, altri che si possono corrompere, e poi ci sono quelli che eseguono gli ordini, ma da quel che mi ha detto quell'uomo mentre camminavamo, si dovrebbe poter passare con le mani in tasca."

Ho fame. Le lenticchie sono lontane, i ravanelli ancora più lontani.

"Non credi che potremmo chiedere al contadino di darci del pane e del latte? Adesso potremmo offrircelo."

Maurice si sgranchisce le gambe anchilosate.

"D'accordo, credo che ne abbiamo bisogno."

Dieci minuti dopo eravamo in una grande stanza bassa che serviva da cucina, da camera da letto e da sala da pranzo. Sul tavolo coperto da una tela cerata con i cerchi rossastri dei bicchieri e delle bottiglie, stavano posate due scodelle di grossa ceramica piene di latte, e due grandi fette di pane nero coperte, lusso supremo, di uno strato di burro bianco alto mezzo dito. Eravamo soli con il contadino, tutti gli altri erano partiti all'alba o anche prima dell'alba.

Il padrone di casa ci guardava mangiare. Indossava sempre il suo giaccone e mi domandavo se gli capitava mai di toglierselo. In primavera, forse, ma ci aveva sicuramente dormito dentro. Di giorno pareva più vecchio, una ciocca rada gli passava sul cranio e i baffi seguivano le rughe agli angoli della bocca.

"E andate lontano?"

Con la bocca piena, rispondo:

"Prenderemo il treno fino a Marsiglia."

Ho fiducia in lui, è senza dubbio un brav'uomo, ma ho già preso l'abitudine, meno si dice e meglio è.

Scuote la testa.

"Eh, ne vedrete di paesi!"

Ci guarda un po' intenerito e soggiunge:

"Quando andavo a scuola da piccolo, era più a sud, un paesino dell'Hérault dove mio padre aveva dei castagneti, il maestro ci faceva leggere un libro che si chiamava *Il giro di Francia di due bambini.* C'erano dei disegni al principio di ogni capitolo. Voi gli somigliate un poco."

Maurice deglutisce.

"E cosa gli succedeva?"

Il contadino fa un gesto vago con la mano.

"Non mi ricordo più, avventure di tutti i generi, mi ricordo solo che finiva bene."

Fa una pausa e aggiunge:

"Ma non c'erano tedeschi nella storia."

Abbiamo finito e Maurice si alza. L'uomo tira fuori di tasca un temperino, un coltellino con il manico di legno. La lama è consumata e forma una piccola sciabola. Prende il pane sul tavolo e taglia due grosse parti facendo girare il pane attorno al coltello. Ce le porge.

"Mettetelo nei vostri sacchi, servirà per il viaggio."

Ancora una volta, ci mettiamo in viaggio.

È una strada provinciale che serpeggia anche quando il terreno è piatto. I campi sono vuoti, la terra è ancora grigia e gli arbusti formano delle chiazze più dense. Ci sono delle fattorie sparpagliate ma in lontananza. Un cane salta fuori da un sentiero e ci segue, è un botolo sporco fino alla schiena, sembra apprezzare particolarmente la nostra compagnia e la sua coda sventola quando, dopo aver preso un po' di vantaggio, ci aspetta immobile in mezzo alla strada.

"Ventisette chilometri a piedi, consumano, consumano..."

"Ventisette chilometri a piedi consumano le suole..."

Non abbiamo fatto ventisette chilometri, appena tre, ma è la ventisettesima volta che riprendiamo il ritornello. Cantare a squarciagola libera un meccanismo che vuota lo spirito e fa sì che i nostri muscoli funzionino da soli. Se non avessi quel dolore al tallone che si va accentuando, mi sentirei capace di andare a piedi fino a Marsiglia e oltre ma sento che si sta formando una vescica, è molto tempo che non mi tolgo le scarpe. Troppo.

Ecco di nuovo una pietra miliare: Aire-sur-l'Adour, 19 Km.

Ancora diciannove pietre miliari da ingoiare.

"Vuoi un pezzo di pane?"

Maurice fa cenno di no.

"Non durante lo sforzo. Qualunque sportivo sa che non bisogna mangiare durante lo sforzo, taglia il fiato."

"Mica siamo degli sportivi!"

Alza le spalle.

"No, ma abbiamo ancora della strada da fare e quindi è meglio non mangiare."

Continuiamo a camminare mentre il cielo si copre gradatamente, le nostre ombre, fino a poco fa nitide e precise, sono divenute imprecise poi sono sparite, poco a poco.

"Ventisette chilometri a piedi..."

Se non tocco terra con il tallone è meglio, devo camminare sulla punta del piede sinistro. È un'andatura da imparare.

"Zoppichi?"

"Non impicciarti."

Mi sembra che i cubi bianchi affondati nel bordo della strada e che segnano i cento metri siano sempre più distanti uno dall'altro. Segnavano sì i cento metri, all'inizio, ma adesso sono almeno a trecento e forse più.

Adesso è la caviglia che si stanca. A camminare in punta i muscoli lavorano di più e diventa più forte di me, il tallone ricade a terra. La mia gamba trema fino alla coscia. Subito dopo sento pungere la vescica che sfrega contro la calza.

Non mi fermerò, neanche parlarne. Terminerò su un moncherino ma non sarà mai detto che avrò ritardato la marcia. Stringo i denti e fischietto, il gomito preme la sacca contro il fianco per impedirle di sballottare.

Aire-sur-l'Adour, 18 Km.

Improvvisamente Maurice si stacca dalla strada e va a sedersi ai piedi della pietra miliare. Appoggia la faccia pallida sulla punta della pietra.

"Devo fermarmi, non ce la faccio più. Non ho dormito abbastanza."

Ecco una cosa che mi va bene.

"Dormi un po'. Dopo andrà meglio. Non abbiamo fretta."

Sento che non ha la forza di rispondermi. Ha i lineamenti tirati e si rannicchia sulla scarpata.

Ne approfitto per allentare i lacci della mia scarpa. Ho fatto un nodo, come sempre, e faccio una fatica del diavolo a toglierla.

È proprio quello che temevo: la lana è appiccicata alla pelle, c'è un piccolo cerchio roseo nel punto dello sfregamento, un cerchio grande quanto una moneta da un franco.

Se la scollo, la farò sanguinare ancora di più. Meglio non farlo.

Agito piano le dita dei piedi per scacciare il dolore.

Siamo ridotti bene, uno morto di fatica e l'altro con la vescica. Non arriveremo mai in quel maledetto posto. Andava tutto troppo bene.

Tiro fuori dalla sacca un fazzoletto. Ben piegato, ben stirato, è a quadrati chiari verdi e marrone attorno al bordo. Con quello mi confeziono una fasciatura di fortuna sopra la calza premendola bene contro la ferita. Così sentirò meno lo sfregamento.

Faccio fatica a rimettere la scarpa ma finalmente ci riesco. Faccio qualche passo esitante sulla strada. Sembra che così vada meglio.

Con il muso sulle zampe, il cane mi guarda, la lingua penzoloni. Ha una bella testa da bastardo parigino come quelli che si incontrano ai piedi dei lampioni tra le vie Simart e Eugène-Sue. Forse è un profugo anche lui, ha passato la linea come noi, forse è un cane ebreo.

Un rumore di ruote dietro a me.

Su un sentiero perpendicolare alla strada che seguiamo noi, avanza una carretta tirata da un cavallo. Guardo meglio: non è una carretta, è molto più elegante; si direbbe una carrozza scoperta come nei film sui tempi antichi.

Maurice continua a dormire.

Se quel veicolo va verso la città, bisogna approfittarne. Mancano ancora diciotto chilometri e diciotto chilometri non consumano solamente le suole ma anche le gambe dei bambini, anche se sono grandi.

Non perdo di vista la carrozza. Svolterà. A sinistra o a destra? Se va a sinistra siamo fottuti. Se va a destra, c'è una speranza.

È a destra. Mi alzo e le vado incontro. Il cocchiere ha accanto a sé una frusta ma non se ne serve. Con quel ronzino che tira la carretta, bisogna dire che non servirebbe a molto. Sembra che ogni passo sarà l'ultimo che farà, vien voglia di guardare se la famiglia segue il corpo del defunto.

A qualche metro da me, l'uomo tira le redini.

Mi faccio avanti zoppicando.

"Scusi, signore, non va per caso a Aire-sur-l'Adour?"

"Sì, in effetti vado lì. Mi fermo due chilometri prima, per essere esatti."

Quel signore ha una distinzione di altri tempi, se sapessi fare la riverenza mi ci proverei.

"E... insomma, potrebbe portare me e mio fratello nella sua carrozza?"

L'uomo aggrotta le sopracciglia cespugliose. Devo aver detto qualcosa che non va. O forse quel tizio è della polizia, o un collaborazionista e prevedo un sacco di noie per colpa mia. Avrei fatto meglio a avvertire Maurice e nasconderci.

"Mio giovane amico, questo veicolo non è una carrozza, è un calesse."

Lo guardo a bocca aperta.

"Oh, certo, mi scusi."

Tanta educazione sembra commuoverlo.

"Non ha importanza ma è bene, ragazzo mio, imparare fin da giovani a designare le cose con il loro nome esatto. Trovo ridicolo dire 'carrozza' quando ci si trova davanti a un autentico calesse. Ma questo non ha che un'importanza relativa e tu e tuo fratello potete usufruire di questa vettura."

"Grazie, signore."

Zoppicando, corro verso mio fratello che dorme come un sasso, a bocca aperta. Lo sveglio senza troppi riguardi.

"Cosa succede?"

"Sbrigati, il tuo calesse ti aspetta."

"Il mio cosa?"

"Il tuo calesse. Non sai cos'è? Se dico carrozza, capisci meglio?"

Si sfrega gli occhi, raccoglie la sua sacca e, sempre imbambolato, contempla il veicolo che attende.

"Mio Dio" mormora, "dove lo hai trovato?"

Non rispondo. Maurice saluta rispettosamente il nostro conducente che ci guarda sorridendo e saliamo a bordo.

Il sistema di sospensioni geme, i sedili lasciano vedere le molle qua e là ma tutto sommato è molto comodo.

L'uomo fa schioccare la lingua e partiamo. Si volta verso di noi.

"Come potete constatare, la velocità è piuttosto ridotta, la comodità rudimentale ma sempre preferibile alla marcia pedestre. Possedevo un'automobile fino a sei mesi fa ma mi è stata requisita per servire, senza dubbio, a qualche ufficiale tedesco in zona occupata. Ho quindi dovuto, per i miei spostamenti, esumare questa antichità che le buone cure del mio fattore avevano conservato abbastanza in buono stato."

Lo ascoltiamo affascinati, senza dir parola.

"Mi presento: sono il conte de V."

Per la miseria, un conte. Li immaginavo più con cappello piumato e spada al fianco ornata di nastri, ma se lo dice lui deve essere vero. In ogni caso è il primo che vedo in vita mia.

"Quanto a questo cavallo," continua "se così posso chiamarlo, è l'ultimo che non sia stato preso dal comune, bisogna dire che ha i giorni contati, ha raggiunto un'età assai venerabile per un cavallo e di qui a qualche tempo non potrò più attaccarlo."

Aire-sur-l'Adour, 17 Km.

Decisamente, non va più in fretta di quanto andassimo noi a piedi. Adesso il nostro conte cocchiere chiacchiera senza posa. Noi partecipiamo a monosillabi che pronunciamo a turno perché non abbia troppo l'impressione di parlare al vuoto.

"Sta di fatto, miei cari bambini, che quando un

paese perde la guerra, come noi abbiamo perduto questa, in modo così chiaro, così definitivo è perché il potere di quel paese non si è mostrato all'altezza del suo compito, e lo dico forte: la Repubblica non si è mostrata all'altezza del suo compito."

Una salita. Non ci mancava che questo. La nostra velocità scende al di sotto di quella di un carro funebre. Il conte seguita a perorare, il suo dito alzato indica il cielo.

"La Francia non fu grande che ai tempi dei re. Mai, ai tempi della monarchia, abbiamo conosciuto una catastrofe simile, mai un re avrebbe accettato di vedere il suo popolo colonizzato dall'interno ad opera di ogni sorta di elementi stranieri, di sette, di razze che non hanno avuto altro scopo che di portare la nazione all'orlo dell'abisso..."

Mi aspettavo che dicesse qualcosa del genere.

Continua a perorare, non lo ascolto più.

Aire-sur-l'Adour, 16 Km.

"È mancato alla Francia un grande movimento di reazione nazionale che le avrebbe permesso, dopo un ritorno alle fonti profonde del suo genio, di ritrovare una fede e di conseguenza una forza che sola le avrebbe permesso di respingere il teutone al di là delle nostre frontiere. Ma questa fede, l'abbiamo perduta."

La sua voce ricade malinconicamente, ho l'impressione che reciti una parte, come a teatro, senza crederci veramente.

"Sono venute delle parole, parole nuove, 'libertà, uguaglianza, fratellanza', e hanno contribuito a sigillare gli occhi e lo spirito delle generazioni che si sono succedute, quelle parole hanno cullato il popolo in una folle speranza, mascherando i veri valori del genio francese: i valori di Grandezza, Sacrificio, Ordine, Purezza..."

Con la coda dell'occhio vedo Maurice che sbadiglia. Seguo con lo sguardo un volo di corvi che roteano sopra un campo. Che preda avranno potuto trovarci? Chissà se i corvi mangiano i cadaveri. Come fare per saperlo? Lo domanderei al conte ma ha l'aria di avere altre preoccupazioni, oltre al suo cavallo.

Aire-sur-l'Adour, 2 Km.

Il conte ci depositerà qui. Mi preparo già a scendere ma lui si gira un'altra volta.

"Ragazzi," dice "mi avete ascoltato lungo tutta la strada con attenzione e saggezza e non dubito che queste poche frasi abbiano, a più o meno breve scadenza, una risonanza profonda nei vostri giovani cervelli. Così per ringraziarvi e felicitarvi al tempo stesso, vi condurrò fino a destinazione, il che mi permetterà di fare una passeggiata più lunga. Non mi ringraziate."

Con un gesto regale, si rigira sul suo sedile e scuote le redini sulle costole sporgenti del suo vecchio cavallo.

Ho paura di mettermi a ridere se guardo mio fratello, così continuo a fissare l'orizzonte.

Adesso ci sono più case. Una donna, dal cortile della sua casa, ci guarda passare tenendo un bambino tra le braccia.

Ed è così che Maurice e io, nati alla porta di Clignancourt nel XVIII distretto di Parigi, arrivammo sulla piazza della stazione di Aire-sur-l'Adour su un calesse del secolo scorso avendo per cocchiere un conte de V. di cui uno degli antenati, si dice, si illustrò a Marignan (1515) e di cui, stando alle ultime notizie, fu l'ultimo rampollo.

VI

Celeste, bianca e rosa. Manca poco che la città abbia i colori della bandiera nazionale. Azzurro il cielo che la ricopre, bianche le colline che la circondano e rosa i tetti che si distendono, si accavallano e terminano all'imbocco delle scale della stazione di Saint-Charles.

E sopra il tutto la macchia d'oro minuscola della Madonna della Guardia che domina.

Marsiglia.

Non mi ricordo niente del viaggio se non che non ebbe niente di paragonabile a quello da Parigi a Dax.

Avevamo dormito come ghiri e mangiato in piena notte una fetta di vitello dentro a un panino, offerta da una viaggiatrice. Per mandare giù il tutto, avevamo poi avuto il diritto a delle uova sode e dei biscotti secchi. Ricordo di essere restato per dieci minuti buoni con le labbra attaccate al rubinetto dei gabinetti da cui colava un filo scurastro e tiepido che non riusciva a calmare la mia sete. C'erano stati dei cambiamenti, delle lunghe attese sui marciapiedi di stazioni sconosciute dove degli impiegati scrivevano con il gesso su grandi lavagne le ore di ritardo dei treni. Fu un viaggio lento ma lo ricordo come perso in una specie di gradevole letargo: avevamo denaro, tempo, nessuno pensava a domandarci qualcosa: due bambini in mezzo alla baraonda degli adulti, avevo l'impressione di essere invisibile, di poter andare dappertutto: la guerra aveva fatto di noi degli elfi di cui nessuno si occupava e che potevano andare e venire a loro piacere.

Ricordo che, sdraiato su una panchina sotto una di quelle vetrate che sono sparite dai marciapiedi delle grandi stazioni, avevo visto passare dei poliziotti. Ce n'erano dappertutto. Ascoltando le conversazioni, avevamo saputo che anche loro avevano l'ordine di arrestare gli ebrei e di spedirli nei campi.

E in quel mattino d'inverno, con le nubi spazzate via dalla grande scopa del mistral, ci ritrovavamo in una grande città, ma quanto differente!

In cima alla grande scalinata abbagliante, già storditi dal vento e dal sole, assordati dalla voce degli altoparlanti che strascicava sulle vocali che noi avevamo invece l'abitudine di mangiarci, la città si stendeva ai nostri piedi: brulicava sotto i platani e i campanelli dei tram filtravano tra il fogliame. Siamo scesi per entrare nel grande circo che era Marsiglia dall'entrata principale: il Boulevard d'Athènes.

Ho saputo poi che il grande porto era un punto fermo del gangsterismo, della droga, del vizio, una Chicago europea.

Carlone ci regnava da padrone, lo hanno raccontato dei libri, dei film, degli articoli di giornale. Sarà vero, senza dubbio, ma non mi è mai piaciuto sentirlo dire. Marsiglia, per Maurice e per me che ci tenevamo per mano per non perderci, fu, quel mattino, quel giorno, una grande festa ridente, ventosa, la mia più bella passeggiata.

Riprendevamo il treno solo a sera, perché quello delle dodici e diciotto era stato soppresso e quindi avevamo tempo.

Il vento ci prendeva di sbieco ed avanzavamo come gamberi, ridendo. La città era tutta salite e discese, colava dalle colline come un formaggio.

A un grande incrocio ci siamo fermati e poi abbiamo sceso un vialone pieno di gente, di negozi, di cinematografi.

Non eravamo ammirati, non sarebbero stati due parigini padroni del XVIII distretto a estasiarsi per qualche facciata di cinema, ma in tutto questo c'era della gioia, un'aria viva e rapida che ci tagliava il respiro.

A un angolo c'era un grande cinema blu con degli oblò come una vecchia nave. Ci siamo avvicinati per guardare le foto dei manifesti: erano le *Avventure del Barone di Münchhausen*, un film tedesco con Hans Albert, il grande divo del III Reich. In una delle foto lo si vedeva viaggiare per aria sopra una palla di cannone. In un'altra si batteva alla sciabola contro un'orda di spadaccini. Mi è venuta l'acquolina in bocca.

Ho dato una gomitata a Maurice.

"Guarda, non è mica tanto caro..."

Lui ha guardato la cassa e il cartello che c'era sopra e mi ha risposto: "Apre solo alle dieci..."

Voleva dire che era d'accordo. Ballavo di impazienza sul marciapiede.

"Facciamo un giro e poi ritorniamo."

Abbiamo continuato lungo il viale, c'erano immense terrazze coperte di caffè dove uomini in cappello di feltro grigio leggevano il giornale fumando sigarette come se non ci fossero state restrizioni, e poi bruscamente la strada si è aperta, c'è stato un grande colpo di vento da mozzare il fiato e ci siamo fermati di botto. Maurice ha reagito per primo.

"Cribbio, il mare."

Non l'avevamo mai visto e non ci era venuto

in mente che l'avremmo incontrato così, in modo tanto improvviso, era venuto a noi senza avvertirci, svelandosi d'un tratto ai nostri occhi, senza preparazione.

Dormiva tra le barche cullate dal grande bacino del Porto Vecchio e lo si vedeva tra Saint-Jean e Saint-Nicolas che si stendeva a perdita d'occhio, crivellato di isole bianche minuscole e soleggiate.

Davanti a noi l'imbarcadero, flottiglie di imbarcazioni e il ferry-boat che stava per partire per uno dei primi viaggi della giornata.

Ci siamo avvicinati il più possibile, fino all'orlo della banchina, sotto di noi l'acqua era verde eppure così azzurra in lontananza, ed era impossibile distinguere il punto preciso in cui il blu si trasformava in verde.

"E allora, piccoli, ci offriamo un castello di If? Ci si imbarca e si parte."

Abbiamo alzato la testa.

Pareva un finto marinaio, infagottato in un giaccone, in testa un berretto gallonato e le gambe magre che galleggiavano nei pantaloni bianchi troppo grandi per lui.

I turisti non abbondavano a quell'epoca, ci mostrava una barca gialla che dondolava dolcemente, con panchette rosse e lo scafo che avrebbe avuto bisogno di una buona mano di vernice.

Ce n'erano di cose da fare a Marsiglia! Il cinema, le barche, viaggi che ti venivano proposti così, di punto in bianco. Mi avrebbe tentato molto, personalmente, il castello di If, un castello nel mare, doveva essere meraviglioso!

Lentamente, con rimpianto, Maurice ha fatto un segno di diniego.

"Perché non volete? È metà prezzo per i bambini! Non mi verrete a dire che non avete una somma così da poco. Su, forza salite."

"No, si dondola troppo, ci sentiremmo male."

L'uomo si è messo a ridere.

"Già, credo che abbiate ragione."

Aveva gli occhi chiari e buoni. Ci ha guardati con più attenzione.

"A sentirvi parlare" ha detto, "si capisce che non siete di qui."

"No, veniamo da Parigi."

Per l'emozione, ha tirato fuori di tasca le mani.

"Parigi! Ma la conosco bene, ho mio fratello che si è sistemato lì e fa l'idraulico alla porta d'Italie."

Abbiamo chiacchierato un po', voleva sapere cosa succedeva lassù, se non era troppo dura con i tedeschi, qui la cosa più difficile era il mangiare, non c'era più niente sui mercati della rue Longue, dietro ai Riformati, alla Plaine, non si trovava più niente altro che zucchine, la gente faceva la coda per l'insalata, i topinambur erano presi d'assalto.

"E guardate i miei pantaloni."

Ci ha mostrato la cintura che gli andava larga.

"In un anno ho già perso dodici chili! Su, se vi interessa vi mostro il motore della barca."

Siamo saliti, felici, il dondolio molto lento era piacevole. A prua, in una specie di capanna da giardino, c'era il motore. Ci ha spiegato a cosa serviva tutto, dall'elica fino al carburatore, era un appassionato, un chiacchierone terribile, abbiamo faticato a lasciarlo.

Abbiamo costeggiato il porto lungo la banchina di Riveneuve, c'erano barili, rotoli di corda, un odore salato che era quello delle avventure, dalle vie Fortia, dalla piazza aux Huiles mi aspettavo di veder spuntare legioni di pirati e filibustieri, bisognava ammettere che era ben diverso dai canali della rue Mercadet dove galleggiavano le nostre barchette confezionate con i fogli di quaderno.

"Prendiamo il battello per attraversare?"

"D'accordo."

Era un'imbarcazione molto piatta, i viaggiatori si affollavano dietro ai vetri, al riparo dal vento. Noi siamo rimasti fuori, sferzati, con il profumo di sale che ci entrava nella pelle.

Era corto, come viaggio, due o tre minuti non di più, ma si poteva vedere la città sopra di noi: la Canebière come un tratto diritto che tagliava in due i tetti.

Dall'altra parte della banchina era diverso, c'era un groviglio di vicoli minuscoli con la biancheria stesa ad asciugare alle corde tirate da una finestra a quella dirimpetto, eppure il sole non doveva mai penetrare in quel quartiere.

Abbiamo fatto qualche passo, quelle strade erano a scale e l'acqua sporca colava al centro in un canaletto.

Incominciavo a non sentirmi tanto sicuro. Sulla soglia delle porte oscure delle donne parlavano, la maggior parte sedute su seggiole impagliate, ce n'erano anche alle finestre con le braccia incrociate sul davanzale.

Improvvisamente Maurice ha cacciato un grido.

"Il mio berretto!"

Era una donnona enorme che glielo aveva preso, aveva un petto mostruoso e sballonzolante, rideva con tutti i denti mettendo allo scoperto le otturazioni.

Di riflesso mi sono tolto il mio e me lo sono ficcato in tasca. Non ho ancora detto che avevamo dei berretti. Oggi non usa più, certo i bambini sono meno fragili di testa di quanto non fossero una volta.

Ad ogni modo, il berretto di Maurice aveva percorso un rapido cammino in pochi secondi, aveva lasciato la testa del suo proprietario, la donnona l'aveva gettato dietro di sé a una seconda ragazza mezza nuda nella penombra di un corridoio e, improvvisamente, un richiamo ci ha fatto alzare la testa.

A una finestra del primo piano, una donna ancora più grossa della prima teneva tra le dita tozze il prezioso copricapo. Anche lei rideva.

"Su, carino, vieni a prenderlo."

Seccatissimo, Maurice guardava il suo berretto basco girare tra le dita della donna.

Mi guarda.

"Non posso lasciarglielo, bisogna che vada."

Non sono molto vecchio ma conosco la vita. Ci sono ragazze del genere dalle parti di Clignancourt e i grandi, a scuola, ne parlano spesso durante la ricreazione. Lo trattengo.

"Non andarci, Beniquet dice che ti attaccano delle malattie e ti portano via i soldi."

Quella duplice prospettiva non sembra entusiasmare particolarmente mio fratello.

"Ma non posso mica lasciarglielo!"

Le donne seguitano a ridere. Una se la piglia con me, adesso.

"E il piccolo, guarda come è bello! Ha fatto presto lui a levarsi il berretto, mica è scemo!"

Restiamo in mezzo alla strada e altre finestre si aprono, metteremo sottosopra tutto il quartiere se la cosa va avanti così.

Una signora molto grande ha aperto la porta del caffè lì accanto, rivedo ancora la sua capigliatura rossa, una vera fiamma che le scende fino alle reni. Ha gridato verso la detentrice del berretto:

"Oh, Maria, non ti vergogni a prendertela con i bambini? Su, ridaglielo."

Maria ha continuato a ridere, un riso affondato nel grasso e, brava figliola, ha lanciato il berretto.

"Su, andatevene alla svelta, mocciosi."

Maurice ha riafferrato al volo il berretto, se l'è calcato fino alle orecchie e siamo corsi via per le strade a rotta di collo. Era in salita quasi quanto a Montmartre, era più sporco ma più colorato, ci siamo persi nel quartiere del Panier e un orologio ha suonato le dieci!

Avevamo dimenticato il cinema: il mare, il battello, le puttane, c'era di che essere in ritardo.

È il mare che ci è servito di punto di riferimento non appena abbiamo potuto scorgerlo, così è stato più facile, ci siamo ritrovati sul porto davanti a un tabaccaio e abbiamo risalito il grande viale che si chiamava la Canebière.

Tre minuti dopo eravamo sistemati in terza fila davanti allo schermo, la sacca sulle ginocchia, le mani affondate nelle tasche. Eravamo soli o quasi e la sala immensa non era riscaldata. C'era una coppia di barboni dietro a noi e attorno alle loro sedie c'era un mare di fagotti, di sacchi legati con lo spago che ingombravano il passaggio. Mi ricordo che per prima cosa ci fu il cinegiornale con un ometto dai grossi baffi che si chiamava Laval e ci parlava seduto a un tavolo guardandoci con occhi bulbosi e pieni di rimprovero. Dopo furono dei carri nella neve e compresi che erano i carri armati tedeschi che aspettavano la primavera per avventarsi su Mosca. Lo speaker diceva che faceva molto freddo ma il morale degli uomini era buono e si vedevano sullo schermo dei soldati che agitavano davanti alla cinepresa le mani coperte da guanti bianchi.

Dopo ci fu un servizio sulla moda a Parigi, delle donne volteggiavano, avevano le labbra nere, le pettinature alte e scarpe con tacchi alti di legno, le avevano fotografate per le strade, davanti a dei monumenti: la torre Eiffel, l'Arco di Trionfo e, per finire, il Sacro Cuore.

Per un attimo, perduti in quel cinema marsigliese, rivedemmo il nostro quartiere e questo mi rammentò bruscamente che non avevo quasi pensato né al papà né alla mamma da quando eravamo partiti. Loro, senza dubbio, pensavano a noi e avrei tanto voluto fargli sapere che tutto andava bene, che domani, questa notte stessa, saremmo arrivati sani e salvi. La sequenza si prolungava e per un momento sperai che il regista avesse avuto l'idea di fotografare le indossatrici in rue de Clignancourt davanti al negozio ma, ahimè, la cosa non avvenne, i fotografi degli anni '40 evitavano come la peste i quartieri popolari, avevano bisogno del sublime e del grandioso, Versailles, le fontane di Place de la Concorde, Notre-Dame, il Panthéon, non uscivano mai da quei luoghi consacrati.

Ci fu un intervallo interminabile durante il quale giocammo, Maurice e io, a farci degli indovinelli con le parole che componevano i cartelloni pubblicitari del sipario. Io gli dicevo la prima e l'ultima lettera e lui doveva trovare la parola intiera. Quando l'aveva trovata, toccava a lui.

Alla fine si arrabbiò perché la parola che avevo scelto era delle più minuscole; ci scambiammo uno spintone, due sberle, tre pugni e la zuffa incominciò.

Il passo pesante, quasi da pachiderma di una maschera che veniva verso di noi ci calmò all'istante. Il tempo di scambiare qualche pedata di nascosto sotto i sedili e il film incominciò.

L'abbiamo visto tre volte di fila, lo spettacolo era continuo.

Ne ho visti di film da allora, di bruttissimi, di bellissimi, di ridicoli, di commoventi, ma non ho mai ritrovato quella sensazione di meraviglia che provai quel mattino. Alla documentazione che gli esperti hanno consacrato al cinema hitleriano, c'è anche questo nuovo elemento da aggiungere: la produzione nazista era riuscita a fabbricare un'opera che incantò la mattinata di due giovani ebrei.

Sono questi gli imprevisti della propaganda.

Erano le quattro quando uscimmo di là, con gli occhi pieni di sogno ma anche con un forte mal di testa che l'aria aperta non tardò a dissipare.

Eravamo ben riposati ma avevo una fame da lupo e senza consultarmi Maurice puntò dritto su una pasticceria.

Rimanevano su un ripiano di vetro dei dolci inverosimili nella confezione dei quali non entravano né uova, né burro, né zucchero, né farina. Il risultato era una schiuma rossastra al centro di una pasta collosa e resistente al tempo stesso, il tutto sormontato da un'uvetta di Corinto e da un quarto di ciliegia candita.

Al quarto, chiesi grazia.

Con la bocca ancora piena, Maurice mi guardò:

"Manca ancora parecchio alla partenza, cosa si fa?"

La mia decisione fu presa alla svelta.

"Si potrebbe andare a vedere ancora un po' il mare..."

Non abbiamo osato allontanarci molto, di prendere il tram non si parlava nemmeno, i pochi che circolavano erano strapieni, c'era gente a grappoli attorno alle porte, siamo semplicemente andati vicino alla cattedrale, là dove incominciano i grandi bacini, là dove il porto somiglia a un'officina con le sue gru, i ponteggi, gli apparecchi di sollevamento, di riparazione. Abbiamo errato lungo i cancelli dei docks come due emigranti che cercavano d'imbarcarsi clandestinamente.

Maurice ha teso la mano davanti a sé.

"Di lì, c'è l'Africa."

Fisso in quella direzione come se dovessi veder spuntare delle scimmie, un leone, una negra degli altipiani, dei tam-tam, dei danzatori mascherati con il gonnellino di rafia.

"E Mentone, dov'è Mentone?"

Mi indica un punto sulla sinistra.

"È là in fondo, vicino all'Italia."

Rifletto e aggiungo:

"E l'indirizzo, ce l'hai l'indirizzo?"

"Sì, lo troveremmo comunque, i negozi di parrucchiere non devono essere poi tanti."

"E se facessero un altro mestiere?"

È la volta di Maurice di riflettere. Rialza la testa.

"Ma perché tu complichi sempre tutto?"

È il genere di osservazione che mi mozza il fiato.

"Sarei io che complico sempre tutto?"

"Sì, proprio, sei tu che complichi sempre tutto."

Ridacchio.

"Sono io, forse, che mi faccio fregare il berretto?"

Fa un gesto involontario e si tasta per vedere se l'oggetto si trova ancora ben piantato in cima al suo cranio.

"Ma è colpa mia se quella vecchiaccia me l'ha strappato? Potevi andare a prenderlo, tu che parli così bene."

"Mica era il mio berretto, potevi andarci tu se non eri un fifone."

Litighiamo per un minuto buono prima di ripartire di buon passo. Quel genere di battibecco ci ha sempre fatto bene, è così che abbiamo portato avanti i nostri legami fraterni, dopo ci siamo sempre sentiti meglio.

Il giorno sta finendo, bisogna tornare alla stazione. È un treno omnibus, si ferma anche ai villaggi più piccoli, non siamo ancora arrivati.

Risaliamo i gradini fiancheggiati da statue pesanti e simboliche e mi volto prima di entrare nel grande atrio. So che la stazione di una città non è già più la città e che qui, alla stazione Saint-Charles già non sono più del tutto a Marsiglia. Marsiglia è là, ha perduto i suoi colori con lo scorrere delle ore, il suo fracasso sale ancora verso di noi, rotto dal lamento dei treni, so che non la dimenticherò, è una bella città, una città di sole, di mare, di cinema, di puttane, di battelli e di furto di berretti.

Pipì nei gabinetti piastrellati del sottosuolo della stazione.

Il posto odora di cloro e le suole di legno delle mie scarpe fanno un rumore terribile.

Risalgo e capito tra le gambe di due poliziotti che bloccano l'entrata.

Non mi hanno visto, mi voltano le spalle.

Ridiscendere fischiettando e far finta di niente? No, impossibile, devono avermi sentito.

Mi infilo tra i due facendo attenzione a non urtarli.

"Scusino, permesso..."

Mi lasciano passare e me ne vado via composto, a piccoli passi, con quell'andatura a un tempo riflessiva e spontanea del ragazzo che non ha niente da rimproverarsi.

"Ehi, tu! Dove vai?"

Improvvisamente il sudore mi esce da tutti i pori. Forse la fortuna mi ha bruscamente abbandonato.

Mi giro verso di loro e ritorno. Hanno proprio due brutte facce. Ne incontrerò in seguito di abbastanza simpatici per poter dire che quei due erano di stile can mastino. Educatamente, mi tolgo il berretto.

Quel gesto, e forse il fatto che mi sia lavato il viso e le mani al lavabo dei gabinetti, il fatto anche che mi sia messo dell'acqua sui capelli e li abbia pettinati facendomi la riga diritta, ha potuto giocare in mio favore. Ci sono momenti in cui basta poco perché la vita continui o si fermi.

"Vado a prendere il treno."

Sono molto grandi, sembrano gemelli, tengono le mani dietro la schiena e si dondolano sui tacchi.

"Lo sospettavamo. Hai i documenti?"

"No, li ha papà."

"E dov'è tuo padre?"

Mi giro, c'è parecchia gente nell'atrio, all'altro capo, accanto allo sportello dei bagagli.

"Laggiù, si sta occupando delle valige."

Continuano a guardarmi. Se mi domandano di accompagnarli fin da lui sono fregato.

"Dove abiti?"

"A Marsiglia."

"Indirizzo?"

"La Canebière, sopra al cinema."

È ridicola la menzogna, esce da sola e bene a condizione di non rifletterci troppo, ho subito voglia di aggiungere qualcosa, mi sento capace di inventare un'intera biografia. Dico:

"Papà è il padrone del cinema."

So che se non mi arrestano subito gli racconterò che siamo padroni di tutta Marsiglia.

Non hanno l'aria molto impressionata ma, ugualmente, la domanda successiva la formulano su un altro tono.

"Allora vai spesso al cinema?"

"Sì, a ogni nuovo film, in questo momento è *Il Barone di Münchhausen*, è molto bello."

Non li avrei creduti capaci di sorridere. Ci riescono, o quasi.

"Su, fila."

"Arrivederci, signori."

Rimetto il berretto e me ne vado. Sono quasi deluso che sia finita, ma attenzione, non devono seguirmi, bisogna essere furbi.

Maurice è sulla mia destra, seduto su una panca fuori dalla sala d'attesa. Cammino diritto verso il posto dove dovrebbe trovarsi mio padre. Scantono tra i bagagli e i gruppi di viaggiatori e manovro in modo che il vagone di coda di un treno faccia da schermo tra i due piedipiatti e me.

Non ho fatto nessun segno a mio fratello che non si è mosso. Deve aver capito che qualcosa non va per il suo verso.

La cosa migliore, per il momento, è restare più confuso possibile tra la folla badando però a non dare l'impressione di nascondersi troppo, e bisogna anche evitare che ci vedano assieme, Maurice e me. Mi mischio a dei gruppi e, improvvisamente, li vedo venire.

Il mio cuore smette di battere. Avrei dovuto immaginare che quei due fetenti non avrebbero lasciato le cose in sospeso, io che ero così fiero di avergli raccontato tante frottole. Bisogna sempre diffidare: il momento in cui ci si crede vittoriosi è sempre quello più pericoloso.

Si avvicinano, molto lentamente, le mani sempre dietro la schiena.

Passano davanti a mio fratello che è ancora seduto accanto a una brava signora. Il tipo che è vicino a me non ha più di trent'anni, potrebbe essere mio padre e quindi lo sarà. Prendo un'aria allegra e vivace e gli domando l'ora.

Ha l'aria sorpresa per due ragioni: la prima perché c'è un orologio di tre metri di diametro proprio di fronte a noi, la seconda perché deve chiedersi come mai sorrido tanto per fargli una domanda del genere.

Mi contempla per un istante, un po' ironico.

"Non sai leggere l'ora?"

Faccio una risata gioiosa che sembra sorprenderlo ancora di più. Mi prenderà per un ragazzino completamente deficiente. Con la coda dell'occhio constato che adesso i poliziotti sono alla nostra altezza, ma a una decina di metri, con il frastuono che c'è non possono sentire quello che diciamo.

"Ma certo che la so leggere!"

"E allora alza gli occhi e guarda l'orologio che ti informerà quanto me."

Ci hanno lanciato un'occhiata e sono passati. Quel signore non ha mai saputo che per qualche secondo è stato, per due poliziotti, proprietario di un grande cinema del centro di Marsiglia e padre di un ragazzo di dieci anni.

Mi giro un po' e improvvisamente una mano mi si posa sulla spalla. Sussulto, è Maurice.

"Cosa succede?"

Lo trascino rapidamente dietro una colonna e lo metto al corrente.

Ha l'aria inquieta anche lui. E ha delle buone ragioni.

"Ho sentito della gente che parlava, è pieno di controlli dentro alla stazione, la sala d'attesa di seconda classe è piena di gente arrestata, controllano tutti."

Ci guardiamo senza dire niente.

"Cosa si fa?"

Tasta i biglietti che tiene in fondo alla tasca.

"Potremmo uscire dalla stazione ma perdiamo i biglietti, valgono solo per stasera. Restare a Marsiglia non mi tenta molto. Dove dormire? Trovare un albergo è sempre possibile ma anche lì ci devono essere delle verifiche."

"Guarda alla tua sinistra."

Mi strappo alle mie riflessioni. È un intero reggimento quello che è entrato, il graduato ha in testa un chepì dai galloni d'oro, è almeno un capitano.

Maurice sacramenta tra i denti.

Il treno che dobbiamo prendere non c'è ancora, davanti a noi il marciapiede è vuoto, i binari corrono verso il buio, si raggiungono laggiù dove la notte è più fonda.

Mi viene un'idea.

"Senti, se seguissimo il binario, arriveremmo pure a un'altra stazione."

Maurice scuote la testa.

"No, potremmo farci stritolare, e poi ci sono dei tipi che lavorano, che sorvegliano i binari, ci faremmo notare ancora di più."

Mentre parlamentiamo i poliziotti si sono sparpagliati e domandano i documenti alla gente che aspetta sui marciapiedi. Ne vedo che penetrano nella sala d'attesa. Questa volta è una retata e ci siamo in mezzo.

L'altoparlante ha annunciato in quel momento l'arrivo del nostro treno. C'è stato un istante di caos, i convogli erano rari e sovraccarichi e così i viaggiatori avevano preso l'abitudine di precipitarsi sui rari posti a sedere che non erano stati prenotati. Ci siamo mischiati alla ressa e ci siamo avventati tra i primi. La fortuna è stata con noi: i controllori non avevano chiuso a chiave le portiere e abbiamo potuto arrampicarci.

In corridoio, Maurice mi ha detto:

"Se c'è un controllo ci infiliamo sotto a un sedile, non verranno a cercarci fin lì."

Non era sicuro, ma controlli non ce ne sono stati.

Con più di mezz'ora di ritardo il treno si è messo in moto e abbiamo tirato un enorme sospiro di sollievo, era l'ultima tappa.

Il viaggio fu lungo, un vero lumacone che spesso si fermava anche in piena campagna senza che nessuno ne sapesse la ragione. Dei ferrovieri camminavano sul terrapieno lungo i nostri vagoni e mezzo addormentato sentivo le loro voci, i loro accenti, le loro imprecazioni.

Il giorno si è levato verso Cannes e dopo devo essermi addormentato. Maurice mi ha svegliato e senza saper bene come, dopo aver scavalcato un corpo nel corridoio, mi sono ritrovato in una piazza, dei palmizi muovevano le loro foglie sopra la mia testa, erano i primi che vedevo se si eccettuano gli esemplari malandati visti un attimo una domenica mattina in cui la mamma ci aveva portati ai giardini del Luxembourg.

Quattro mesi a Mentone.

La città è cambiata, pare, sono stati costruiti dei grattacieli come su tutta la costa, dei residence, delle nuove spiagge fino alla frontiera italiana e oltre. In quei mesi di guerra era ancora una cittadina di cui gli inglesi avevano fatto la ricchezza aiutati da un po' di miliardari tubercolotici che erano venuti a finire i loro giorni al sole. I grandi alberghi, il sanatorio, erano occupati dallo stato maggiore italiano e da un minimo di truppe che conducevano una vita di dolce ozio facendo i bagni d'estate, bighellonando d'inverno per le strade, i giardini Biones e la passeggiata davanti al vecchio casinò. Ero un bambino turbolento ma la città mi aveva affascinato fin dal primo momento per il suo fascino fuori del tempo, i suoi portici, le chiese italiane, le vecchie scale e il vecchio molo dalla punta del quale si potevano vedere la città vecchia e le montagne che si tuffavano nel Mediterraneo.

Appena arrivati ci siamo offerti un pasto abbastanza consistente per l'epoca in un piccolo ristorante vicino alla stazione. La cameriera ci prese sotto la sua protezione e ci passò i migliori bocconi della cucina.

Siamo usciti con la testa un po' pesante e ci siamo messi alla ricerca dei nostri fratelli.

Il negozio era abbastanza bello e faceva angolo in una strada larga che porta al museo.

È Maurice che l'ha visto per primo. Mi dà una gomitata.

"Guarda."

Malgrado il riflesso della vetrina, riesco a vedere l'interno. Quel tipo grande che passa la macchinetta su una nuca inclinata è Henri, il maggiore.

Non è cambiato, un po' magro forse, ma appena. Non ci ha visti.

"Su, vieni, entriamo."

La campanella sopra la porta tintinna. Il secondo lavorante si volta, la cassiera ci guarda, i clienti ci guardano negli specchi, tutti ci fissano salvo Henri.

Restiamo in piedi in mezzo al negozio.

La cassiera interviene:

"Sedetevi, bambini..."

Henri si degna di girarsi e resta con la macchinetta in aria.

"Oh" fa, "oh, oh, ecco i due mascalzoni."

Si china e ci bacia. Ha sempre lo stesso buon odore di una volta.

"Sedetevi, ne ho per due minuti."

Rapidamente, dà un colpo di rasoio sotto le basette, un ultimo colpo di forbici egualizzante dietro le orecchie, un colpo di pennellessa sul collo, un passaggio super rapido dello specchio e toglie la salvietta dal collo del suo paziente.

"Mi scusa per cinque minuti, signora Henriette? Devo occuparmi di questi due."

La padrona lo concede e usciamo.

Ci ha presi per mano e ci trascina a gran passi verso la città vecchia; durante il percorso, che noi facciamo di corsa per tenergli dietro, piovono le domande:

"E i genitori? Come avete fatto a passare? Quando siete arrivati?"

Rispondiamo assieme e io riesco a domandare:

"E Albert?"

"È la sua giornata di riposo, è a casa."

"Dov'è la vostra casa?"

"Vedrai."

Salivamo verso la chiesa di Saint-Michel lungo vie tortuose, c'erano scale che scendevano al mare, eravamo in rue Longue e questo mi ha ricordato Marsiglia e il furto del berretto, anche lì c'era biancheria appesa alle finestre. Un piccolo arco congiungeva i due lati della strada all'altezza del primo piano.

Quasi sotto l'arco, Henri è entrato per una porta bassa. Una scala scendeva, i gradini erano ripidi e stretti.

"Non fate rumore, facciamogli una sorpresa."

Ha fatto girare la chiave nella serratura e ci siamo trovati in una piccola sala da pranzo arredata con una grande credenza provenzale, una tavola rotonda e tre sedie. Dalla porta socchiusa della camera, abbiamo visto Albert che leggeva sul letto.

"Ti porto degli invitati."

Albert si è sorpreso:

"Cosa fai qui? Non sei in negozio?"

"Indovina chi c'è."

Albert non è un tipo paziente. È saltato in piedi ed è venuto in sala da pranzo.

"Oh, oh" ha detto, "ecco i mascalzoni."

Gli siamo saltati al collo, eravamo tutti contenti, la famiglia si ricostituiva.

Ci hanno servito della gazzosa, del pane e cioccolato e, poiché mi sorprendevo di un lusso così raro, Henri ha spiegato che, con un po' di astuzia, era possibile cavarsela.

Abbiamo raccontato le nostre avventure dall'inizio, loro non si stancavano di ascoltarci e i cinque minuti di Henri sono diventati un'ora buona. Poi ci hanno raccontato come erano andate le cose per loro. C'era stato un controllo della polizia tedesca in treno e un giovanotto molto magro aveva presentato i suoi documenti per primo, sorridente, l'innocenza e la bonomia incarnate.

Il tedesco aveva letto compitando con difficoltà:

"Rauschen..."

Gentilmente, quel tipo l'aveva aiutato:

"Rauschenberger. Simon Rauschenberger."

Il poliziotto si era sorpreso:

"Lei è francese."

Sorridendo, il giovanotto gentile aveva fatto di sì con la testa.

"Di Parigi, XIV distretto, rue d'Alésia."

Il tedesco si era grattato il mento, perplesso.

"Che religione?"

Rauschenberger aveva tossicchiato con discrezione.

"Cattolico, naturalmente, ma attenzione..."
Aveva alzato un dito sacerdotale.
"Cattolico ortodosso!"
Palesemente traumatizzato, il poliziotto aveva restituito i documenti. Henri e Albert avevano seguito nella scia.
"Bisognerà sistemare questi due ragazzi" ha detto Albert.
"In attesa di qualcosa di meglio, vi metteremo un materasso in sala da pranzo, ci sono lenzuola e coperte nell'armadio, starete come dei re e vi preparerete da voi il vostro letto."
Henri è ritornato al lavoro e Albert ha fatto riscaldare dell'acqua in cucina, un gran catino in cui ci siamo lavati con del sapone scuro, una pasta collosa in una scatola di ferro, non profumava di rosa ma sgrassava a meraviglia e ne avevo più che bisogno, l'ultimo bagno era ormai lontano.
Abbiamo indossato la biancheria pulita che si era un po' stazzonata nelle nostre sacche e mai mi sono sentito più leggero.
"Adesso" ha detto Albert, "andrete a fare le spese: ecco dei soldi e la lista della roba da comprare. Stasera si fa festa."
Ci siamo ritrovati, ciascuno con una borsa della spesa, a correre giù per le scale, traversare la strada e piombare sulla spiaggia delle Sablettes, ai piedi della città vecchia.
La sabbia era dura, la spiaggia era piccola ma non c'era nessuno, qualche barca da pesca con le reti appese e delle ondine che sciabordavano appena. Abbiamo corso, saltato, ballato, gridato, eravamo ebbri di gioia e di libertà. Questa volta ce l'avevamo fatta, l'avevamo trovata quella benedetta libertà.
Con i capelli e le scarpe piene di sabbia, abbiamo finito per crollare a pancia in giù, poi abbiamo

sguazzato un po' e abbiamo lasciato la spiaggia con rimpianto.

In alcune piazzette, c'erano dei pescatori che giocavano a bocce lanciandosi invettive nel dialetto locale che somigliava all'italiano.

Nei negozi ci domandarono spesso il nostro nome e Maurice rispondeva: "Siamo i fratelli di Henri e Albert." Subito le difficoltà si appianavano, tutti parevano conoscerli e il macellaio ci consegnò senza pretendere i tagliandi della tessera una costata enorme, al negozio di alimentari ci diedero quattro chili di patate, sei uova, un gambo di insalata e cento grammi di farina.

Decisamente i miei fratelli avevano l'aria di sapersi difendere.

Carichi come muli, siamo rientrati.

"Al lavoro, fratelli Joffo!"

Con un coltello in mano, ci siamo sistemati in cucina e... rimasi di sasso, dalla finestra davamo a picco sul mare, eravamo almeno al quinto piano!

Scendere delle scale per rincasare e ritrovarsi al quinto piano, aveva qualcosa di magico.

Tutti e tre assieme avevamo preparato il festino, quando Henri è arrivato con una bottiglia di vino la tavola era preparata, le patate friggevano nella padella e io non stavo più in me, avevo l'impressione che la saliva mi sarebbe colata sul mento.

Non mi ricordo più del pasto, Albert ci aveva serviti, a me e a Maurice, un mezzo bicchiere di vino per innaffiare l'arrivo e deve essere stato per me il colpo di grazia. Dopo il formaggio (10% di grassi ne facevano qualcosa di diverso) sentii Maurice parlare della stella gialla, del curato di Dax, dei poliziotti di Marsiglia e mi addormentai sulla tavola con la testa posata sulle braccia.

Dormii diciassette ore filate.

I tre giorni seguenti furono meravigliosi.

Henri e Albert uscivano presto di casa, noi ci alzavamo alle nove e dopo colazione andavamo a giocare al pallone sulla spiaggia. I palloni erano più che rari a quell'epoca. Era la padrona di casa che ce l'aveva imprestato e la mia passione per il football data da allora. Maurice era portiere. Delimitavamo la porta con i nostri cappotti e io tiravo, urlando di trionfo quando lui non riusciva a parare.

Avevamo tutta la spiaggia per noi, i rari passanti ci guardavano dal parapetto del lungomare.

Facevamo le spese, qualcosa da mangiare per noi due dato che Henri e Albert mangiavano con i loro padroni. Io ero specialista in pasta. Cotta nell'acqua, con un pezzetto di margarina, del sale, spalmavo il fondo del piatto con del formaggio fresco che rimpiazzava il parmigiano e che si trovava abbastanza facilmente nei negozi e passavo il tutto al forno per farlo gratinare, era una meraviglia.

Al pomeriggio uscivamo in esplorazione e il campo delle nostre indagini continuava ad allargarsi. Fin dal secondo giorno, su un fianco della baia di Garavan, scoprimmo un'immensa villa dalle persiane chiuse. Era circondata da una lunga cancellata e, attraverso le sbarre del cancello chiuso da una pesante catena, si vedeva un giardino molto folto, ridotto come una foresta vergine. Tarzan doveva aggirarsi lì dentro e mi sorprendevo di non vederlo spuntare, intento a balzare di ramo in ramo.

Il posto era deserto. I proprietari dovevano essere lontano, forse la guerra li aveva fatti scappare, forse erano morti, in ogni modo non c'erano.

Aiutandoci con i rami bassi di un albero del pepe e dopo una corta scaletta, ci trovavamo nel cuore del paradiso.

C'erano delle statue mascherate a metà dai rampicanti e soprattutto una piscina vuota, piastrellata di giallo e con le pareti ricoperte di muschio. Abbiamo giocato tutto un pomeriggio là dentro, arrampicandoci sui piedistalli delle statue, misurandoci in duelli interminabili e le sei hanno suonato alla chiesa di Saint-Michel.

Siamo rientrati di volata perché era inteso che dovevamo preparare ogni sera la tavola e mettere in ordine l'appartamento.

Dopo la cena presto finita, siamo andati a letto. Appena a letto, Maurice ha attaccato:

"Senti, Jo, ci divertiamo, d'accordo, ma non credi che potremmo cercar di guadagnare un po' di soldi?"

Indicò la camera dei nostri fratelli e aggiunse:

"Li aiuteremmo un po'."

Si guadagnavano bene la vita, era chiaro, ma due bocche in più contavano, soprattutto perché l'appetito era buono. Maurice aveva dato a loro quel che restava dei ventimila franchi ma aveva ragione, non potevamo farci mantenere fino alla fine della guerra. E poi, c'era dell'altro: da quando eravamo partiti da Parigi, avevamo preso l'abitudine di contare solo su noi stessi, avevamo scoperto il piacere di arrangiarci, bambini, in un mondo di adulti.

Non credo che la nostra decisione di lavorare venisse da un particolare scrupolo ma, semplicemente, guadagnarci la vita era diventato, alla nostra età, un gioco sublime, più interessante, in fondo, delle partite di pallone o dei nostri vagabondaggi nelle ville abbandonate.

Un po' dopo le quattro e mezza, incontravamo a volte dei ragazzi della nostra età. Abbiamo avuto diritto a qualche "Parigini teste di cane, parigini teste di vitello" ma, sui dieci anni, il possesso di un pallone da calcio aggiusta tutto.

Dopo qualche giorno avevo stretto amicizia con uno di Mentone che aveva la mia età, si chiamava Virgilio e abitava una casa decrepita in rue Bréa.

Dopo qualche partita a pulce davanti alla sua porta, mi confidò che durante le vacanze andava a badare alle vacche in una fattoria di montagna sopra Sainte-Agnès. Non era troppo mal pagato, il padrone era simpatico ma quel lavoro poteva farlo solo quando non andava a scuola.

Decisi di parlarne a Maurice la sera stessa, tutto fiero di avere già un progetto e lo incontrai nella rue Longue con un gran grembiule blu legato in vita, i capelli e le sopracciglia grigi di farina. Quell'animale mi aveva fregato sul traguardo e lavorava già dal panettiere in fondo alla strada.

Chiesi in prestito del denaro a Henri e la mattina dopo alle otto mi recai nella piazza del Mercato e presi la corriera per Sainte-Agnès.

Con la fronte contro il vetro, vidi il mare sempre più basso mentre il veicolo sferragliava sputando il fumo del suo gasogeno e saliva la strada tortuosa a quindici chilometri di media. Il villaggio era a metà abbandonato. Era un piccolo borgo tipicamente provenzale, uno di quelli che si vedono sulle cartoline illustrate e che attirano il turista amante delle vecchie pietre.

Nei vicoli ancora più tortuosi di quelli della vecchia Mentone; incontrai un vecchio che spingeva un asino minuscolo carico di legna secca e gli domandai la strada per la fattoria del signor Viale. Era il nome che mi aveva dato Virgilio.

Mi spiegò con molta fatica e mi trovai a seguire un sentiero sul fianco della collina, totalmente perduto in uno scenario grandioso di rocce, scarpate e forre.

Avevo con me la mia inseparabile sacca e mentre mi arrampicavo su per i pendii sempre più ripidi, mordevo una mezza galletta che Maurice aveva portato il giorno prima dalla sua panetteria. Adesso era in grado di rifornire la famiglia di pane, farina e dolci. Personalmente mi ripromettevo di portare, fin dalla mia prima discesa, la mia parte in latte, burro, formaggio e tutto quello che era umanamente possibile recuperare in una fattoria.

Era evidente che non avrei potuto scendere molto spesso, Virgilio mi aveva avvisato che se il vecchio Viale mi assumeva avrei dormito in una cameretta di cui una delle pareti era formata dalla roccia della montagna e che non sarebbe stato molto comodo, ma la cosa non mi fermava certo, anzi.

Le montagne si aprirono e ben presto ebbi davanti a me una pianura che si allargava. Le colture a terrazze scendevano fino alla valle e, dopo due o tre chilometri di marcia in una solitudine totale, vidi gli edifici.

C'era una vecchia masseria al centro, dalle tegole ingiallite da anni di sole, ma il proprietario aveva costruito sul fianco una casa più alta che ricordava più la villetta di periferia parigina che non la costruzione meridionale. C'erano anche delle rimesse di mattoni di cemento e lamiera ondulata che dovevano servire da granaio e deposito.

Avanzai con prudenza perché diffidavo dei cani ma riuscii a penetrare nella corte senza che ne comparisse nessuno.

Andai fino alla porta della villetta di periferia e bussai.

Fu la signora Viale che venne a aprirmi.

Sebbene fossi molto giovane, quel nuovo personaggio mi colpì subito per la sua incongruità. Più tardi, ricordandomi quella donna, ho capito perché mi aveva sorpreso senza che ne capissi veramente il motivo. Aveva appartenuto all'alta società parigina, mi raccontò varie volte che i suoi genitori abitavano in Faubourg Saint-Germain, che suo padre faceva parte del corpo diplomatico, che aveva imparato il golf, l'equitazione, il ricamo, il piano e il clavicembalo e passava molte ore a leggere buoni autori nella sua sontuosa camera tappezzata di reps e con pesanti tende damascate bevendo cioccolata calda.

A ventidue anni, sebbene molto corteggiata, non aveva ancora fatto la sua scelta tra i numerosi candidati che si offrivano di condividere la sua vita e, durante l'inverno 1927, incominciò a tossire. Dopo una crisi piuttosto violenta mentre beveva il caffè da Lasserre, crisi che le lasciò una traccia brunastra nel fine fazzoletto di batista che si era portata alla bocca per soffocare la tosse, sua madre la fece visitare e apparve che il polmone sinistro incominciava a velarsi.

Non c'erano troppe possibilità per una giovane del suo rango in un caso del genere: partì per Mentone.

Sua madre la sistemò in una villa staccata dalla città e dal sanatorio dove si ammassavano le persone qualunque e lì visse con una dama di compagnia e una cuoca.

La dama di compagnia aveva diciassette anni, la cuoca sessantaquattro.

Dopo qualche mese, rinfrancata dall'aria buona, incominciò a fare delle passeggiate in campagna, armata di un bastone a cui si appoggiava.

In un giorno di primavera del 1928 seguì un sentiero più pericoloso degli altri e si storse una caviglia. Rimase per tre ore seduta su una roccia, pensò che non sarebbe passato mai nessuno, che non l'avrebbero ritrovata e che sarebbe morta di insolazione malgrado il suo cappello di paglia. Incominciava ad aspettarsi l'arrivo degli avvoltoi quando un passo risuonò sui ciottoli: il signor Viale, coltivatore diretto, faceva ritorno alla sua fattoria.

Aveva una trentina d'anni, baffetti alla Clark Gable ma più abbondanti, prese la ragazza tra le braccia e la portò a casa sua.

Quattordici anni dopo, non ne era ancora uscita.

Fu uno scandalo terribile, si sposarono tre mesi dopo nel municipio di Gorbio perché Viale era libero pensatore e la famiglia ruppe i ponti.

Lei si adattò meravigliosamente alla sua nuova condizione di contadina, dava il grano alle galline, cambiava la paglia, zappava, sarchiava, seminava e faceva tutte queste cose con la distinzione e l'eleganza che possono venire solo da un'educazione eccezionale.

Mi raccontò quella storia circa quattro volte durante la prima settimana che passai lassù. Mentre dava da mangiare alle galline ascoltava un pezzo di Haendel, Bach o Mozart dai dischi che metteva su un grammofono a puntina che teneva al massimo volume. Nella sua camera c'erano pigne di 78 giri in buste grigie in cui era aperto un cerchio centrale perché si potesse leggere sul disco il titolo del pezzo. Leggeva anche molto e mi imprestò le opere di Anatole France per cui aveva una vera predilezione. Mi confessò anche che leggeva Pierre Loti ogni tanto ma lo considerava una colpevole ricreazione a cui talvolta soccombeva, un po' come un accademico di Francia che legge dei gialli di nascosto.

Prima che Viale arrivasse, sapevo già che sarei restato e che il mio lavoro principale non sarebbe stato di pulire le stalle delle poche bestie che restavano, né di togliere le erbacce che spuntavano dopo le piogge ai piedi delle viti, ma di ascoltare la padrona di casa che raccontava, con il sedere sistemato su un puff e una tazza di tè in mano.

Quando entrò il padrone, gli spiegai che avevo incontrato Virgilio, che volevo lavorare, fare tutto quello che mi avrebbe detto, ecc.

Accettò subito, oggi penso più per far piacere a sua moglie che per essere aiutato nel lavoro dei campi. Non ero certo grande e grosso e neanche gonfiando il petto dovetti fargli molta impressione. Ma l'essenziale era raggiunto: fui assunto e la sera stessa mi coricai nella stanzetta che mi aveva descritto Virgilio. Il salario era stato fissato e mi addormentai felice come un re: lavoravo, non ero più a carico dei miei fratelli, guadagnavo del denaro. Non era ancora la stagione dei grandi lavori e alla mattina andavo con il mio padrone a fare dei "lavoretti", come diceva lui. Risistemavamo i muretti a secco e io dovevo tenere il filo a piombo; mi ricordo anche che mescolavo la malta e la portavo al signor Viale che colmava le spaccature nel muro, appollaiato su una scaletta. Passai due mattine a sciacquare le bottiglie con uno spazzolino, con le mani coperte dai guanti di gomma che erano troppo grandi per me e mi arrivavano fino ai gomiti. Non avevo mai visto tante bottiglie in vita mia, la cantina ne era piena.

Mangiavo con loro e la signora Viale mi intratteneva su qualche dettaglio della sua vita passata, la sua visita all'esposizione di Bagatelle nel luglio 1924, il suo ingresso in società, il suo primo valzer viennese con un ufficiale italiano ecc.

Viale l'ascoltava fumando la pipa e poi si alzava.

Io facevo il gesto di seguirlo ma lui mi fermava con un cenno.

"Riposati un poco, stamattina hai lavorato forte."

Non osavo dirgli che avrei preferito stare con lui nei campi o a riparare il tetto della rimessa piuttosto che ascoltare quei racconti di vita mondana del periodo tra le due guerre, ma avevo capito che anche quello faceva parte del mio lavoro, era una congiura tra lui e me.

Così passarono dieci giorni tra le galline, le anitre, la malta, Anatole France e gli interminabili racconti della mia cara padrona. Mangiavo molto bene e avevo dimenticato la guerra. I miei padroni non avevano l'aria di preoccuparsene molto. Lui pensava che non serviva a niente parlarne, lei riteneva che la guerra fosse una cosa un po' sconveniente, fatta per gente grossolana, facilmente volgare e che le persone di buon gusto avevano altri argomenti di conversazione.

Una sera, dopo la minestra, una minestra densa in cui i legumi interi mescolati a dei lunghi maccheroni cadevano dentro lo stomaco come cemento bollente, domandai a Viale se potevo scendere in città l'indomani, che era lunedì, per vedere i miei fratelli. Sarei partito con la corriera del mattino e avrei fatto ritorno verso le cinque.

Non ci vide niente di male e mentre sua moglie faceva con me una partita a scacchi, gioco a cui mi aveva iniziato, depose sul tavolo una busta: la mia paga.

Scesi la mattina dopo, come previsto e, oltre al denaro, avevo delle uova avvolte in carta di giornale dentro a una scatola da scarpe, un chilo buono di lardo magro, inestimabili tesori, e già vedevo l'omelette mostruosa che ci saremmo fatti Maurice e io per mezzogiorno.

Ringraziai e partii per Sainte-Agnès. Ricordo di

essermi voltato verso la fattoria perduta nella valle, cinta dalle montagne, quella fattoria dove si era costruita una vita, in fondo felice anche se diversa da quella che avrebbe dovuto essere. Vidi la signora Viale attraversare la corte, pareva grande quanto un soldatino di piombo, e pensai che sarebbe stato bello vivere lì fino al ritorno della pace, dove ero al riparo da tutto e non avrei dovuto fare altro che aspettare.

Sarebbe stato per me un dolore profondo se, in quell'istante, avessi saputo che non sarei tornato mai alla casa dei Viale e che non li avrei più rivisti.

Ero sicuro, al lunedì di trovarli a casa. Era il giorno di chiusura obbligatoria dei negozi e certo stavano a poltrire un po' in letto. Forse Maurice era sceso a giocare sulla spiaggia.

Scendendo dalla corriera davanti alla fontana, sulla piazza del mercato, non vedevo l'ora di trovare il mio pallone e di piantargli qualche calcio. Risalii quindi la rue de Paris a tutta andatura pur tenendo stretta la sacca al fianco per non rompere le uova e arrivai in rue Longue. La porta di casa era aperta, spinsi quella del nostro appartamento.

Contrariamente a quello che avevo immaginato, erano tutti in piedi, Albert e Maurice erano in pigiama e stavano facendo colazione. Henri finiva di bere il caffè vicino alla finestra, indossava un abito blu scuro, camicia bianca, cravatta e una valigia già chiusa aspettava sull'angolo del tavolo.

Prima ancora di richiudere la porta, sapevo già che era successo qualcosa.

Ci abbracciammo e Albert mi trattò da bambino con uno slancio forzato. Feci subito la domanda:

"Cosa succede?"

Nessuno mi rispose e Maurice mi servì una tazza di caffellatte senza aprir bocca. Henri aveva i tratti tirati di uno che non ha dormito ma incominciò a mettermi al corrente.

"Abbiamo ricevuto brutte notizie."

C'era una lettera sulla credenza con dei timbri che, per la maggior parte, rappresentavano un'aquila.

Deglutii la saliva.

"Dai genitori?"

Albert chinò la testa.

"Tanto vale che tu lo sappia subito, sono stati arrestati."

Avevo dimenticato tutto in quegli ultimi giorni, avevo vissuto tra le montagne, lontano dagli uomini, con una vecchia signora che raccontava delle belle storie e un brav'uomo di fattore, e questo era bastato perché tutto il resto sparisse; bruscamente ripiombavo nella realtà e questo mi fece salire improvvisamente un gusto amaro nella bocca. Riuscii a balbettare:

"Come è successo?"

Henri riprese la parola e mi spiegò l'essenziale. Papà e mamma avevano lasciato Parigi perché la situazione per gli ebrei peggiorava di giorno in giorno, c'era stata una retata enorme nel quartiere, una sera, ed erano riusciti a sfuggire per miracolo. Avevano lasciato tutto, preso una corriera dopo l'altra perché i treni erano diventati impraticabili per le persone senza *Ausweiss* ed erano finalmente arrivati dalle parti di Pau, stanchi morti. Erano riusciti a varcare la linea di demarcazione dopo molte peripezie ma lì erano stati presi dalle autorità di Vichy e chiusi in un campo. Avevano potuto far uscire una lettera che i miei fratelli avevano appena ricevuto.

Quel che Henri mi disse quel giorno è che il

campo in cui erano rinchiusi era un campo di transito da cui tutti i giorni partivano dei convogli per portare quei prigionieri alle residenze forzate.

Lessi la lettera, era stato papà a scriverla, la mamma aveva aggiunto solo una riga dopo la firma di mio padre: "Vi abbraccio tutti. Coraggio."

Non si lamentavano, mio padre non doveva aver avuto molto tempo per scriverla. Verso la fine, diceva: "Se incontrate i mascalzoni, metteteli a scuola, è molto importante, conto su di voi per questo."

Alzai gli occhi sui miei fratelli.

"Cosa bisogna fare?"

Henri mostrò la sua valigia.

"Be', vedi, ci vado."

Non capivo.

"Ma se vai lì prenderanno anche te, se sanno che sono ebrei sapranno che lo sei anche tu e ti prenderanno."

Albert fece un sorriso forzato.

"Hai un po' la stessa reazione che ho avuto io ieri, ma ne abbiamo parlato per buona parte della notte e alla fine ci siamo trovati d'accordo su un punto e cioè che c'è sempre qualcosa da tentare."

Gioca con il cucchiaio cercando di farlo stare in equilibrio sull'orlo della tazza.

"Torno il più presto possibile" disse Henri, "intanto Albert continua in negozio e fin da questo pomeriggio andrà a iscrivervi a scuola tutti e due, è bello che abbiate lavorato ma forse ho avuto torto a non occuparmi di voi. Papà ha molti fastidi ma ci ha pensato e voi farete quello che vi ha detto e lavorerete bene. D'accordo?"

Maurice e io non lo eravamo troppo ma non si poteva rifiutare.

"D'accordo."

Dieci minuti dopo, Henri è partito.

A mezzogiorno abbiamo fatto una meravigliosa omelette al lardo, Albert si estasiò per la mia paga e per tutto quello che avevo portato, ma i nostri pensieri erano altrove.

Alle tredici e trenta entravamo nel cortile della scuola e Albert domandò di vedere il direttore.

Quello chiese che gli mostrassimo le nostre pagelle e fu con sollievo che pensai che probabilmente dormivano ben al riparo di mucchi di altre nell'armadio della scuola elementare di rue Ferdinand-Flocon a Parigi XVIII a più di mille chilometri di distanza. Attendevamo a braccia incrociate la fine di quei parlamentari con in cuore la speranza segreta che, senza documenti, senza pagelle, fosse assolutamente impossibile iscriverci. Non capivo tutto quello che si dicevano ma le difficoltà parevano assolutamente insormontabili.

Infine, dopo numerose tergiversazioni, il direttore, un uomo dal tipo meridionale molto marcato, con un grosso cronometro che gli copriva il polso e che mi affascinava in modo particolare, si adagiò contro lo schienale con un sospiro asmatico.

Ci squadrò, Maurice e me, subodorando in noi due possibili lazzaroni e disse:

"Va bene, d'accordo, possono andare nelle loro nuove classi, li condurrò dai maestri."

Maurice diventò verde. Io dovevo avere lo stesso colore.

"Subito?" balbettò.

Il direttore aggrottò le sopracciglia, quella domanda doveva rappresentare per lui il primo atto di insubordinazione. La nostra palese mancanza di entusiasmo era un'offesa e una manchevolezza tipica.

"Certo, subito" disse con severità.

Albert ebbe pietà di noi.

"Glieli porterò domani mattina, devo prima comprare le cartelle e i quaderni."

Il direttore fece una smorfia.

"Non dimentichi la lavagna, sarà utile. La scuola fornisce i libri."

Lasciammo l'ufficio salutando con rispetto.

In cortile si sentiva il mormorio di una voce che recitava qualcosa. Ritrovavo l'atmosfera.

Maurice non si calmava.

"Che porco, quello lì, hai visto come voleva incamerarci subito, senza neanche lasciarci prender fiato?"

Albert rideva.

"Ho l'impressione che farete bene a rigar diritto con lui, sono sicuro che vi ha già qualificati."

Grazie a delle conoscenze fatte in negozio, aveva potuto procurarsi i tagliandi per i tessili e anche l'ultima speranza svanì: mi ritrovai davanti a uno specchio malandato nel retrobottega di un sarto con addosso la livrea dell'infamia: un nuovo grembiule nero filettato ai bordi di rosso. Maurice aveva la stessa cosa nella taglia superiore.

Seguì la cartella con l'astuccio e due quaderni. Non si poteva più tornare indietro, eravamo bardati per lo studio.

Albert ci abbandonò per andare a trovare degli amici e, dopo aver depositato i nostri acquisti, andammo tristemente a tirar qualche calcio al pallone.

Non ci divertivamo e così andammo, camminando sui blocchi del frangionde, fino alla passeggiata davanti al casinò chiuso dall'inizio delle ostilità e con l'intonaco che incominciava a squamarsi.

Maurice mi descrisse il suo lavoro di panettiere, io gli spiegai come si faceva la malta e come si doveva fare per lavare più in fretta possibile migliaia di bottiglie. Fu tutto molto malinconico.

Inoltre, senza che ne parlassimo, il pensiero dei genitori non ci abbandonava mai. Non era né stasera né domani che papà sarebbe entrato per raccontarci delle storie di pogrom da far rizzare i capelli, ne stava vivendo uno lui, il più importante che la storia abbia mai conosciuto.

Facemmo, alla sera, un'altra omelette, questa volta con le patate e Albert pretese che andassimo a letto presto.

Alle otto, spense la luce e dichiarò:

"Domani, a scuola!"

Mi addormentai con fatica. Normalmente, a quell'ora avrei dovuto trovarmi nella mia fattoria a giocare a scacchi con la signora Viale. Decisamente i tempi erano incerti, non si poteva più essere sicuri di niente.

Il mio maestro risultò essere una maestra.

Bisogna dire che tutti gli uomini erano partiti per la guerra, si trovavano per la maggior parte prigionieri e non restavano più che delle maestre o dei pensionati che erano stati riassunti per educare i giovani francesi degli anni d'occupazione. Maurice aveva ereditato un vecchio signore con la barbetta che era in pensione da molti anni e che tentava trecento volte al giorno di imporre il silenzio a una banda scatenata di trentacinque alunni in un'atmosfera oscurata dalle pallottole di carta.

Mio fratello mi raccontava ogni sera delle storie da cui si capiva che partecipava alla gazzarra, costruiva aerei complicati, frecce di carta, barattava biglie e non imparava assolutamente niente.

Io non avevo la sua fortuna, ma la nostra maestra era giovane, la trovavo carina, simpatica e, senza accorgermene, lavoravo abbastanza bene.

Il governo di Vichy, ritenendo che i bambini potessero patire delle privazioni, distribuiva alle quattro biscotti vitaminizzati che davano luogo a infinite e complesse contrattazioni. Per i più mingherlini, l'infermiera preposta alla scuola arrivava verso le dieci e distribuiva pastiglie acide supervitaminizzate e cucchiaiate di olio di fegato di merluzzo. Nello stesso momento, in tutta la Francia occupata o no, tutti gli scolari dai sei ai quattordici anni ingoiavano la pozione con le stesse smorfie.

Dato che io ero privo di pastiglia, scambiavo regolarmente con il mio vicino, che pesava meno di me e quindi la riceveva di diritto, quattro biglie contro la sua pillola supervitaminica. Poi riguadagnavo le mie biglie durante la ricreazione perché tiravo sempre meglio, tanto che si incominciava a diffidare dei fratelli Joffo che si erano presto fatti una fama di lanciatori, cosa sempre apprezzata in un paese dove regna il gioco delle bocce.

Maurice aveva fatto ricorso a tutte le astuzie, perdeva fino a dieci partite di fila per far credere che non era più capace di niente ma, malgrado questo, non arrivava a adescare un possibile cliente.

Avevo ritrovato Virgilio e diventammo veramente amici, ci fermavamo sempre da lui dopo le lezioni e continuavamo fino a notte delle lunghissime partite a pulce, gioco che preferiva di gran lunga alle biglie e al quale giocavano per tutto l'anno scolastico, il che è eccezionale nell'ambiente scolastico dove di solito si cambia gioco secondo i mesi e le stagioni.

Passavano i giorni, era meno dura di quel che avessi pensato, ma ancora non avevamo notizie di mio fratello.

Ogni sera, perché a mezzogiorno mangiavamo alla mensa, davo un'occhiata alla vecchia cassetta delle lettere attaccata alla porta ma non c'era mai traccia di lettere ed erano ormai otto giorni che Henri era partito.

Albert diventava sempre più nervoso e me ne accorgevo da una quantità di piccoli gesti, aveva fumato la sua razione di dieci giorni in due giorni e sentivo che si faceva il sangue marcio.

Forte del suo principio che c'è sempre qualcosa da tentare anche quando sembra che non ci sia più niente da fare, una sera ci annunciò che se non ricevevamo notizie prima della fine della settimana (eravamo di giovedì) sarebbe partito lunedì mattina... Ci avrebbe lasciato dei soldi e ce la saremmo sbrigata.

Se, dopo una decina di giorni non era rientrato neanche lui, avremmo dovuto lasciare Mentone e andare in un posticino del Massiccio Centrale dove si trovava una delle nostre sorelle maggiori che stava nascosta lì da più tempo di noi.

"Avete capito bene?"

Io avevo capito soprattutto che ci eravamo separati, ritrovati, che adesso incominciava una nuova separazione e che non avremmo mai finito.

La lampada proiettava sul tavolo un cerchio preciso e i nostri tre visi rimanevano nell'ombra. Solo le nostre mani immobili vivevano nella luce.

Avevo finito i compiti e respinsi il piatto per prendere il libro di geografia. Dovevo imparare una lezione sul carbone bianco e dovevo saperne il riassunto a mente per la mattina dopo.

Maurice si alzò senza una parola e ammucchiò i piatti sull'acquaio, era il suo turno di lavarli.

Nel momento in cui apriva il rubinetto, una chiave girò nella serratura ed ecco Henri, radioso in volto. Albert impallidì.

"E allora?"

"Sono liberi."

Non c'era stato intervallo tra la domanda e la risposta. Henri posò la valigia, si tolse la cravatta come un eroe di film giallo e annusò l'odore dell'omelette che era rimasto nell'aria.

"Non vi annoiate, vedo, mentre io corro per la Francia alla ricerca dei nostri cari genitori..."

Restava un ultimo uovo e Albert lo fece cuocere mentre Henri incominciava a raccontare. Si era tolto le scarpe e muoveva gli alluci dentro ai calzini.

Era una storia lunga che ci raccontò per tutta la sera e, per una volta, ci coricammo molto tardi.

Appena arrivato a Pau si era informato sull'ubicazione del campo che aveva trovato facilmente. Era allo stadio della città che le famiglie ebree si trovavano parcheggiate. Arrivavano a migliaia. I detenuti vivevano sotto delle tende. I poliziotti li sorvegliavano. Nessun visitatore era ammesso. Bisognava ottenere un'udienza dal comandante del campo che non ne accordava praticamente mai. Quella decisione aveva anche motivazioni economiche perché l'affluenza di nuovi venuti poteva alterare gravemente il prezzo dei generi alimentari in città. A duecento metri dall'ingresso c'era un bar dove i poliziotti, prima di montare di guardia, venivano a bere il caffè in cui il padrone versava una buona dose di torcibudella in cambio di un biglietto supplementare scivolato tra le dita grazie a una stretta di mano.

Henri, abbastanza abbattuto, beveva al banco dove era riuscito a intavolare conversazione con un poliziotto che gli aveva raccomandato di tornare sui suoi passi. Henri aveva detto che i suoi genitori erano stati arrestati per errore, che erano gente modesta, che non avevano mai fatto politica, non erano ebrei e che suo padre stava venendo a raggiungerlo per aiutarlo a tagliare i capelli nel negozio di barbiere in cui era impiegato. Il poliziotto l'aveva compatito, se ne era andato e Henri era sul punto di andar via anche lui quando l'altro era ritornato con un sergente che gli aveva porto un paio di forbici.

"Non le dispiace rinfrescarmi un po'? Sono di servizio e non ho tempo di andare a Pau e il capitano è terribile per i capelli troppo lunghi, non vorrei farmi fottere la libera uscita. François mi ha detto che lei è parrucchiere..."

Si erano sistemati nel fondo del bar, il sergente si mise un tovagliolo attorno al collo e Henri con le forbici e il rasoio preso in prestito al padrone e l'acqua della macchina del caffè gli aveva fatto il più bel taglio della sua vita.

Tutti erano entusiasti, Henri rifiuta di essere pagato ma chiede al sergente di intercedere presso il colonnello comandante del campo perché accetti di riceverlo.

Il sergente esita per un momento e finisce per dire: "Non le prometto niente ma si trovi alla porta domani mattina alle dieci, vedrò cosa posso fare." Henri gli lasciò il nome e passò la notte in un albergo vicino al castello che, tra parentesi, era pieno di scarafaggi.

Alle dieci si presentò al posto di guardia, si fece respingere una prima volta dalle sentinelle, tornò alla carica, temette per un istante che lo avrebbero rinchiuso con i prigionieri e finalmente scorse il suo sergente della sera prima che arrivava a piccoli passi dal viale principale tra le baracche che portavano ognuna un numero scritto con il catrame.

Il sergente lo fece entrare e lo accompagnò a un edificio staccato dagli altri. Lungo la strada gli disse, in sostanza:

"È disposto a riceverla ma faccia attenzione, è

uno da prendere con le molle. È sempre così, ma oggi è peggio del solito."

Henri ringraziò, bussò, entrò in un primo ufficio dove attese per dieci minuti, in un secondo dove attese venti minuti e, infine, in un terzo dove un uomo dai baffi pepe e sale, il naso camuso e il cranio calvo non gli lasciò nemmeno il tempo di parlare. Il suo discorso fu rapido e senza ambiguità:

"Henri Joffo, sia breve e non dimentichi che entrando qui lei rischia la sua libertà senza tuttavia ottenere quella dei suoi genitori. Lei sa certamente che abbiamo ordine di consegnare tutti gli ebrei stranieri alle autorità d'occupazione."

"Ma, signor Direttore..."

Non era facile dire una parola con quello lì e Henri se ne rese conto subito.

"Non ammetto nessuna eccezione, ho qui una media di seicento sospetti, se ne rilascio anche uno solo senza una ragione valida non potrei fare altro che rilasciare anche tutti gli altri."

Henri si buttò. Era il pezzo che faceva più fatica a raccontare.

"Signor Direttore, io sono francese, ho fatto Dunkerque, le Fiandre, la campagna del Belgio. Se vengo a trovarla non è per implorare un favore o reclamare un'eccezione che lei avrebbe il dovere di rifiutare, vengo solo per dirle che c'è stato un errore di persona e che nessuno, nella nostra famiglia, è ebreo."

Il signor Direttore alzò un sopracciglio e, naturalmente, domandò che prove aveva. Henri ce lo descrisse in modo così preciso che, a volte, mi domando se non ho assistito alla scena e se non ho visto quell'uomo, esemplare di soldato limitato ma onesto e che pareva favorevolmente impressionato dall'atteggiamento militaresco adottato da Henri.

"In primo luogo è facile vedere che mia madre è cattolica, lei è in possesso del suo libretto di famiglia e della sua carta di identità. Il suo nome da ragazza è Markoff. Sfido chiunque a trovare un solo ebreo russo che si chiami Markoff. Inoltre, i Markoff sono discendenti diretti del ramo cadetto dei Romanov, quindi della famiglia imperiale con la quale quindi, per via di mia madre, siamo imparentati."

Henri si concesse il lusso di aggiungere:

"Non penso che si possa ammettere, se si ha qualche conoscenza storica di quel periodo della Russia zarista, che un membro della famiglia imperiale abbia potuto essere ebreo, la cosa avrebbe fatto crollare tutte le chiese della Grande Russia cristiana e ortodossa."

"E suo padre?"

Quello era il punto duro. Lì bisognava bluffare.

"Lei non ignora, signor colonnello, che tutti gli ebrei sono stati privati della nazionalità francese dalle autorità tedesche, ora mio padre è francese come testimoniano i documenti che sono in sue mani. Se è francese, vuol dire che non è ebreo, non ci sono soluzioni intermedie. Del resto, per maggior sicurezza, può telefonare alla prefettura di Parigi."

Pendevamo tutti e tre dalle labbra di Henri che finiva le sigarette di Albert, pescando senza vergogna dal pacchetto rimasto sul tavolo. In altri tempi il proprietario di quel pacchetto avrebbe cacciato urla da mettere in subbuglio tutto lo stabile ma, questa volta, non ci faceva la minima attenzione.

"Era rischioso" commenta Henri, "ma avevo pensato che si sgonfiasse, che non avrebbe rischiato di aspettare per ore la comunicazione, che i miei argomenti erano abbastanza solidi da non indurlo a cercare di più. Non mi era parso particolarmente accanito nella caccia agli ebrei, qualcosa mi diceva addirittura che quel lavoro da secondino gli ripugnava e che avrebbe potuto rilasciare due persone trovando il motivo per farlo, un motivo che potesse giudicare sufficiente. La sua reazione non tardò. Non avevo finito la frase che già staccava l'apparecchio."

Henri mimò la scena premendosi contro l'orecchio un ricevitore immaginario.

"Passatemi Parigi, prefettura di polizia, servizio ricerche di identità."

Riprende la sua voce normale e confessa:

"Era difficile continuare a mantenere un'aria sicura. Bisognava addirittura che esprimessi la soddisfazione di uno che sta per trovare la conferma delle sue affermazioni perché, nell'attesa, quel porco non mi staccava gli occhi di dosso. Se avesse scoperto nel mio contegno una traccia di inquietudine, la sua opinione era fatta e non mi restava che andare spontaneamente nella baracca dei nuovi arrivati."

Diede un altro tiro alla sigaretta e la schiacciò nel piattino che serviva da portacenere. Il fumo mi fece bruciare gli occhi.

"Mentre aspettavamo avevo ancora una speranza e cioè che non riuscisse a ottenere la comunicazione, sarebbe stata pura scalogna che non ci fosse tra Pau e Parigi un qualunque intoppo, un circuito danneggiato, delle centraliniste che dimenticavano di abbassare una leva, qualcosa del genere, insomma mi aggrappavo a quel che potevo. E anche se riusciva a avere Parigi doveva essere impossibile fornire un'informazione del genere, immaginavo archivi a perdita d'occhio con incartamenti polverosi, a tonnellate, e dentro agli incartamenti delle cartellette e in quelle cartellette delle carte, in modo tale che nessuno avrebbe mai potuto informare nessun altro, è così che ci si immagina un ufficio pubblico... L'attesa si prolungava e con il passare dei secondi riprendevo speranza. A un certo momento, stanco di perdere tempo, avrebbe riattaccato brutalmente il telefono, avrebbe borbottato un'osservazione acida sull'incompetenza dei servizi responsabili e l'affare era chiuso."

Non era andata così. Vedevo perfettamente la scena, sentivo le voci nel mio cervello di bambino, quella di Henri, quella secca e precisa del capitano e poi un suono nasale e lontano dentro al ricevitore, una voce che il frastuono copriva a tratti e da dove sarebbero sorte la vita o la morte.

"Pronto, servizio ricerche identità?"

"..."

"Qui il colonnello T. del campo di transito di Pau. Vorrei un'informazione riguardo certo Joffo, con la J; Joffo con due effe, abitante al numero 12 di rue de Clignancourt, di professione parrucchiere. È stato privato o no della nazionalità francese? C'è qui davanti a me suo figlio e... No, la madre non è ebrea e lui dice che nemmeno il padre lo è."

"..."

"D'accordo, resto in linea."

Più tardi, quando qualcuno ha telefonato davanti ha me, ho spesso osservato lo sguardo di distacco che lanciava alla persona seduta davanti. Non la considerava più come un interlocutore poiché la sua attenzione, il suo spirito era rivolto altrove. Era come un ciottolo, una sedia, un oggetto un po' ripugnante che lo sorprendeva per la sua presenza e la sua forma. È lo sguardo che doveva avere quel giorno il comandante del campo quando guardava mio fratello.

"Sì, ascolto. Joffo, esatto, rue de Clignancourt..."

"..."

"Va bene. Perfetto, la ringrazio."

Il colonnello ha riattaccato, guarda Henri che ha accavallato con disinvoltura le gambe e che guarda fuori dalla finestra con aria distaccata.

Si alza.

"In effetti, suo padre non è stato privato della nazionalità francese. Vado a dare ordine che lo liberino, e così pure sua madre."

Henri si alza e s'inchina.

"I miei rispetti, colonnello, e grazie."

Mezz'ora dopo erano tutti e tre riuniti, Henri li abbracciò, prese le due valige e si avviarono alla fermata della corriera. Esplosero solo quando furono al riparo in una camera d'albergo chiusa a doppia mandata.

Albert ha preso a sua volta una sigaretta.

"Come stanno?"

"Bene, un po' dimagriti e hanno dormito come ghiri. Ma avevano già deciso, per loro non c'era problema: l'arresto significava la deportazione."

Henri ci guarda, Maurice e me.

"Sono stati felici quando gli ho detto che eravate con noi, vi abbracciano."

"Ma dove sono?" domandò Maurice.

"A Nizza, non andremo ancora a trovarli, bisogna dargli il tempo di sistemarsi, appena saranno pronti ci avviseranno e andremo a trovarli."

Intervenni:

"Ma come mai quel tipo della prefettura ha detto che papà non era ebreo?"

Henri era tornato improvvisamente serio.

"Ci ho pensato molto, se ne è parlato anche con papà. Ci sono parecchie spiegazioni possibili. La prima è che la decadenza dalla cittadinanza non sia stata ancora registrata, un ritardo burocratico, una dimenticanza, sono cose sempre possibili. Oppure..."

Lo vedevo esitare.

"Oppure, cosa?"

"Oppure quel tizio che ha risposto ha detto la prima cosa che gli veniva in mente perché non ha ritrovato l'incartamento, o lo ha fatto apposta."

Ci fu un silenzio rotto da Albert.

"A questo non ci credo mica tanto" disse lentamente, "il personale di prefettura incaricato del censimento deve essere stato passato al setaccio e mi sembra strano che tra loro ci sia un amico dei deboli e degli oppressi che rischia il posto e la pelle per salvare della gente che non conosce. No, io personalmente opto per la prima spiegazione: è un ritardo di trascrizione, ecco tutto."

Restammo lì a meditare.

"Ad ogni modo" disse Maurice, "non sapremo mai perché, ma non ha importanza, l'essenziale è che è andata così e basta."

Avevo un'idea che mi girava per la testa e la tirai fuori timidamente:

"Forse c'è un'altra spiegazione."

Henri mi squadrò ironicamente.

"Attenzione" disse, "il grande detective Joseph Joffo vi svelerà il mistero. Forza, piccolo, ti ascoltiamo."

Tirai fuori la mia idea:

"Forse è stato il colonnello."

Mi guardavano senza capire.

"Su" disse Albert, "spiegati."

"Be', forse al telefono gli hanno detto che papà è ebreo e lui, forse, ha detto il contrario per poterlo rilasciare."

Continuavano a guardarmi ma la loro espressione era diversa, pareva che cercassero di trovare un segreto che stava tra i miei occhi, alla radice del naso e incominciavo a sentirmi a disagio sotto l'intensità dei loro sguardi.

Henri reagì per primo.

"Senti, senti" mormorò, "il nostro piccolo ha tirato fuori un bel problema."

Albert si riscosse e guardò suo fratello.

"Credi che quel tipo sarebbe capace di fare un gesto simile? Credi che quadrerebbe con quel che era? Con le sue responsabilità? Con il suo carattere?"

Henri posò i gomiti sulle ginocchia e parve perdersi nella contemplazione delle mattonelle rosse del pavimento della cucina.

"Non lo so" finì per dire, "francamente non credo, non riesco a immaginarlo... Aveva l'aria talmente pignola, talmente da patito del regolamento, il sergente mi ha anche detto che era un uomo molto duro, molto severo, e poi... e poi non so, è possibile, in fondo non si può mai dire. Quanto a te, Jo, se un giorno non saprai cosa fare potrai sempre guadagnarti da vivere scrivendo dei romanzi gialli."

Mi offesi e andai a letto con la certezza assoluta di aver trovato la soluzione: un eroe che nascondeva la sua generosità sotto una maschera sgradevole era più gradevole della dimenticanza di uno scribacchino.

Sì, era così che i miei genitori erano stati salvati.

In seguito ho un po' cambiato opinione.

Quattro giorni dopo il ritorno di Henri ricevemmo la prima lettera da Nizza. Papà se la cavava bene. Aveva trovato un appartamento in un quartiere un po' periferico vicino alla chiesa della Buffa, aveva affittato due camere al piano superiore e si era già informato: Albert e Henri avrebbero trovato facilmente lavoro in un negozio di parrucchiere della città. Naturalmente avrebbe lavorato anche lui. La stagione si avvicinava, ci sarebbe stata gente. In alcune righe un po' amare papà ci diceva che in effetti, malgrado le sventure abbattutesi sulla Francia, i grandi alberghi, il casinò, i locali notturni erano pieni zeppi e, decisamente, la guerra esisteva solo per i poveri. Terminava chiedendoci di pazientare ancora e pensava che, di qui a uno o due mesi, ci sarebbe stato possibile raggiungerli. Allora saremmo stati di nuovo riuniti come a Parigi.

Personalmente trovavo che un mese o due era un'informazione imprecisa e soprattutto un periodo molto lungo. Avevo fretta di rivederli e poi avevo anche voglia di vedere quella città superba, piena di gente e di grandi alberghi. La parola mi faceva sognare, nella mia testa di bambino quegli alberghi erano palazzi e vedevo Nizza come un ammasso di colonne, di cupole, di saloni sontuosi percorsi da donne coperte di gioielli, di pellicce, con lunghe sigarette in bocchini ancora più lunghi.

Ma prima di andarci bisognava continuare a lavare i piatti una sera su quattro, fare le spese, i compiti, andare a scuola ed era il periodo dei compiti in classe tra i quali quello di geometria mi dava più pensiero di tutti.

Fortunatamente c'erano le partite di pallone sulla spiaggia, le pulci con Virgilio e il cinema alla domenica pomeriggio quando i fratelli ci davano il permesso.

Passarono ancora due settimane, strappai una sufficienza in quel compito in classe, cosa che Maurice trovò mediocre e fu causa di liti tanto che ci picchiammo sulla piazza Saint-Michel sotto gli occhi dei mentonesi affacciati alle finestre.

Cominciava a fare bel tempo, si andava verso il caldo e gli alberi nei parchi delle ville di Garavan si coprirono di germogli e di foglie.

Il momento in cui avremmo potuto fare il bagno si avvicinava e, per non perdere tempo, un giorno, dopo la scuola, andammo a comperare un costume da bagno. Maurice lo prese blu a righe bianche, il mio era bianco a righe blu, eravamo persuasi, tutti e due, di avere il più bello.

Provai il mio la sera stessa dopo cena e riuscii a fare qualche capriola spettacolare sul letto, sotto lo sguardo sprezzante di Maurice che asciugava i piatti.

Fu in quel momento che bussarono alla porta.

Capitava spesso, amici di Albert e di Henri passavano da noi, scherzavano e poi i nostri fratelli andavano via con loro per una partita di biliardo o una bevuta a casa di qualcuno.

Erano due poliziotti.

"Desiderate?"

Il più piccolo frugò nella cartella e ne tirò fuori una carta che spiegò con una lentezza esasperante.

"Albert e Henri Joffo abitano qui?"

"Albert sono io ma mio fratello non c'è."

Aveva i riflessi pronti, Albert, se erano venuti a cercarli Henri aveva una piccola probabilità di cavarsela, se non perquisivano la casa.

Henri comprese e lo vidi indietreggiare silenziosamente fino alla camera dove rimase ad attendere, pronto a infilarsi sotto al letto.

Vidi incombere il peggio: l'errore di Parigi doveva esser stato scoperto, il comandante del campo, avvertito, aveva iniziato le ricerche e tutto ci sarebbe ricaduto addosso.

Avremmo dovuto traslocare fin dal ritorno di Henri. Eravamo stati di un'imprudenza rara.

"A che proposito?"

"Ha la sua carta di identità?"

"Sì, aspetti un momento."

Albert entrò, prese il portafogli nella tasca interna della sua giacca che stava appesa allo schienale di una sedia e ci lanciò a entrambi un'occhiata rapida che significava "State calmi, niente è perduto."

Maurice seguitava ad asciugare lo stesso piatto ultra asciutto con un movimento regolare dello strofinaccio, quanto a me stavo ancora in piedi sul letto, sempre in costume da bagno.

"Ecco."

Si sentì un fruscio di carte e sentii il poliziotto che diceva:

"Ecco due convocazioni, per lei e per suo fratello. Bisognerà che vi presentiate in prefettura entro due giorni. Domani, preferibilmente."

Albert si schiarì la gola.

"Ma... a che proposito?"

"È per il servizio di lavoro obbligatorio."

Ci fu un breve silenzio e quello che non aveva ancora parlato, aggiunse:

"Sa, ci passano tutti..."

"Certo" disse Albert.

Lo stesso rispose:

"Noi portiamo le convocazioni, ecco tutto, non siamo noi a scriverle."

"Ma certo."

"Be'" concluse l'altro, "è tutto. Buonasera e scusateci per il disturbo."

"Si figuri. Buonasera."

La porta si richiuse e il mio cuore riprese a battere con il suo ritmo normale.

Albert ritornò, Henri uscì dalla camera.

"Cosa sarebbe questo servizio?" domandò Maurice.

Henri fece un sorriso tirato:

"Il servizio di lavoro obbligatorio vuol dire che si va in Germania a tagliare i capelli ai crucchi. O almeno così credono loro."

Li guardavo, atterrito, la tranquillità non era certo durata molto.

Poi mi misi a sedere e li ascoltai parlare.

Il loro consiglio di guerra fu breve per il buon motivo che l'obiettivo da raggiungere non suscitava dubbi: non si parlava nemmeno di poter andare in Germania a gettarsi nelle fauci del lupo. Di conseguenza non si poteva pensare di rimanere a Mentone dove i poliziotti potevano ritornare e lo avrebbero fatto certamente.

Henri diede un'occhiata circolare alla piccola sala da pranzo e capii che era affezionato a quel posto; era vero, ci avevamo fatto l'abitudine e ci sarebbe mancato.

"E va bene, non ci sono problemi, ce ne andiamo."

"Quando?" domandò Maurice.

"Domani mattina. Si fanno subito i bagagli alla svelta e domani all'alba ce la filiamo, non vale la pena di perdere tempo."

"E dove andiamo?"

Albert si girò verso di me con l'aria di uno che sta per farti una bella sorpresa o che ti ha portato un regalo.

"Ti piacerà, Jo. Andiamo a Nizza."

Ero felice di quella precipitazione ma faticai a addormentarmi, è sempre quando si va via che ci si accorge di essersi affezionati alle cose, avrei rimpianto la scuola, le vecchie strade, Virgilio, persino la maestra, ma non mi sentivo triste, riprendevo la strada, domani avrei ritrovato la mia sacca e raggiunto la città dai centomila palazzi, la città d'oro in riva al mare azzurro.

VII

"Marcello! Marcello!"

Mi lancio dietro a Maurice che attraversa in diagonale la piazza Massena. Galoppo con tutte le mie forze ma è difficile correre con un cesto di vimini per braccio, soprattutto pieni di pomodori. In quello di sinistra sono pomodori a pera, in quello di destra piccoli pomodori rotondi, quelli che preferisco e che la gente di qui chiama mele d'amore.

Quattro chili per parte fanno otto chili, pesano.

Il soldato davanti a noi si è fermato. Il sole gli illumina il viso. Ride a vedermi correre con il mio carico.

Se non avesse un magnifico naso rotto e i capelli ricci lustri di brillantina, assomiglierebbe a Amedeo Nazzari, ma Marcello aveva passato troppe sere sul ring di una piccola società sportiva della periferia torinese per poter serbare un profilo greco.

"Da' qui i pomodori."

Parla bene il francese, quasi correttamente, ma ha un accento orribile. Ride quasi sempre.

"Seguitemi, andiamo da Tite."

Tite è un bistrot vicino al porto dove ci ritroviamo spesso per procedere agli scambi, ci si trovano dei pensionati nizzardi e soprattutto dei soldati italiani, gli amici di Marcello che cantano pezzi d'opera e suonano la chitarra prima di montare una guardia folkloristica nei punti strategici della città.

Ci siamo, è un posto piccolo, mamma Rosso lascia sempre aperta la porta della cucina e di lì viene odore di cipolla ventiquattro ore su ventiquattro. Li conosco tutti, c'è uno studente romano alto con gli occhiali che somiglia a un inglese e fa l'imitazione di Beniamino Gigli nella *Tosca*, un carpentiere parmigiano (prima di conoscerlo credevo che i parmigiani fossero soltanto dei formaggi) e un caporale veneziano più anziano che prima della guerra era impiegato alle poste e i suoi colleghi chiamano il postino.

Quello là è mio amico, spesso giochiamo assieme a dama.

Trionfalmente, Marcello scosta i bicchieri del vino bianco sulla tela cerata e posa i due cesti di pomodori.

"Ecco l'affare."

Parlottano allegramente assieme e Carlo (è lo studente romano) ci porge il litro d'olio che stava nascosto dietro al bar.

Le assurdità dell'organizzazione militare italiana avevano fatto sì che le cucine delle truppe di occupazione erano sommerse dalle scatole di conserva: tonno sotto olio, sardine sotto olio e, inoltre, continuamente ricevevano per camion bidoni di olio.

Le recriminazioni dei responsabili erano lettera morta, l'olio seguitava ad arrivare a camionate. Alla fine gli italiani avevano capito che quella era una moneta di scambio da non trascurare e che barattandolo potevano ottenere legumi, pomodori, insalata che permettevano loro di mangiare qualcosa di diverso dalle eterne scatolette.

Marcello ce ne aveva parlato, noi avevamo parlato con un contadino che vendeva i suoi prodotti vicino al mercato dei fiori: ci dava i pomodori e noi gli fornivamo l'olio italiano per cui ci dava dei soldi, con quei soldi e con dei pacchetti di sigarette che il mio caporale ci passava di nascosto dopo averli sottratti all'amministrazione, compravamo del riso al mercato nero che, a sua volta, veniva scambiato con sacchi di farina che consegnavamo da Tite dove il parmigiano, utilizzando la cucina di mamma Rosso, faceva le tagliatelle. Noi ricevevamo un compenso con cui compravamo altri pomodori e dopo due o tre mesi di quel traffico, Maurice e io avevamo costituito un tesoro segreto che si arrotondava ogni giorno.

Passando davanti al Negresco e al Ruhl, Maurice mi indicava le sontuose facciate e diceva, fregandosi le mani:

"Se continua ancora per un po', ce li compriamo."

La vita era bella.

Il caporale si accarezza la barbetta e posa la mano sulla scacchiera.

"Una partita, bambino?"

Non ne ho il tempo, sono già le undici e bisogna che riporti l'olio all'ortolano che mi deve aspettare già da una mezz'ora.

Marcello sta tagliando i pomodori a fettine in una terrina.

"Bisognerà trovare le erbette da metterci dentro, quelle molto verdi... Non so come si chiamano in francese."

"Prezzemolo."

"Sì, prezzemolo."

Scambio un'occhiata con Maurice. È più difficile di quel che sembra. Deve averne il macellaio vicino al porto. Lo conosco un po'. È un fumatore.

Mi volto verso il postino.

"Puoi procurarmi due pacchetti per oggi pomeriggio?"
"Sì, ma devo cercarli. Verso le quattro!"
"Va bene."
Con due pacchetti avrò un sacco di prezzemolo, una bistecca sui cento grammi e anche una mancia, se ci so fare.
"E lucean le stelle..."
Carlo canta con una voce di gola e intanto condisce l'insalata di pomodori.
Mando giù una granatina offerta dall'occupante ed esco con Maurice.
Il sole picchia forte e attraversiamo per stare sul lato in ombra della strada.
"Bisogna che salga fino alla caserma, c'è un collega di Marcello che ha del caffè vero e gli interesserebbe del sapone da barba."
"Sai dove trovarne?"
Maurice riflette. È diventato un dizionario vivente, sa dove si possono trovare, in pieno periodo di restrizioni, burro, uova, cravatte e, senza dubbio, anche sapone da barba.
"Credo che il negozio di casalinghi di rue Garibaldi abbia delle scorte, lo conosci anche tu, è quello che ci ha venduto il chilo di lenticchie."
Sospira, si asciuga la fronte.
"Ci andrò. Ti occupi tu del prezzemolo?"
"Sì. Ci ritroviamo a casa?"
"D'accordo. Sai, quello che ci farebbe guadagnare un sacco di tempo è avere una bicicletta."
È il nostro vecchio sogno, sarebbe l'ideale. Ma trovare una bicicletta non è come trovare un chilo di pomodori. E poi la bicicletta non è tutto, ci sono i pneumatici che valgono un occhio della testa, cioè cinque stecche di sigarette, dieci per la coppia e non sono sempre nuovi. Ci farebbe risparmiare tempo e

scarpe perché a percorrere la città in tùtti i sensi ogni giorno le suole di corda non durano niente, con grande disperazione della mamma.

In ogni caso, non ho più niente da fare fino all'una. Farò colazione e poi tornerò da Tite a riprendere i cesti, ritirare le sigarette, riportare i cesti nella città vecchia, cercar di avere il prezzemolo in rue Garibaldi e tornare al porto. Il pomeriggio sarà carico.

Fino a allora, me la prenderò comoda sulla Passeggiata.

Una quantità di gente, la spiaggia è zeppa soprattutto davanti agli alberghi. Molti ufficiali italiani ai caffè, sotto gli ombrelloni, le loro uniformi scintillano, quelli là fanno la guerra comoda. Ci sono con loro delle donne che indossano quel genere di vestiti che non ci si procura con la tessera. Sono quelle che Albert e Henri pettinano nel negozio che si trova di fronte all'hôtel Adriatique.

Sono saliti di rango i miei fratelli maggiori! Non lavorano più da un piccolo parrucchiere, non c'è più paragone con la rue Clignancourt o la rue de Paris a Mentone, è un luogo di gran lusso e il bel mondo di Nizza si sentirebbe disonorato se non passasse per le mani dei fratelli Joffo!

Spesso pettinano a domicilio in un grande appartamento o in una suite del Majestic o del Negresco.

Papà e mamma si sono abituati magnificamente al loro appartamento e se non ci fosse ogni sera la cerimonia di Radio Londra, avrei l'impressione di passare delle ottime vacanze estive sulla costa.

Perché siamo in periodo di vacanze, in pieno agosto e il mio sogno si è quasi realizzato: sono libero in questa città rutilante e dorata dove il denaro sembra facile, dove tutte le sdraio della Promenade des Anglais sono occupate da una folla variopinta che si protegge il viso dall'ardore del sole coprendolo con un giornale.

Quel giornale è strano, non fa che annunciare vittorie tedesche: laggiù, sul fronte russo, i Panzer avanzano, sono arrivati a una città che si chiama Stalingrado e che non tarderà a cadere tra le loro mani.

Alla sera, la radio, malgrado i disturbi, parla molto di Stalingrado ma le notizie non sono le stesse, si viene a sapere che molti tedeschi sono morti durante l'inverno, che i cingoli dei carri armati slittano sul fango e che tutti i mezzi blindati sono inchiodati.

A chi credere? Alla sera, andando a letto, penso che i tedeschi perderanno, che questa volta sono davvero battuti e mi addormento pieno di speranza, e poi, alla mattina, all'edicola di rue Carnot leggo i grandi titoli e vedo delle foto di fortificazioni con generali pieni di croci uncinate i cui visi trasudano fierezza e fiducia, e vengo a sapere che grazie al vallo atlantico uno sbarco alleato è da escludere perché si spezzerebbe contro quel bastione inespugnabile.

Ne parlavo spesso con Maurice sulla spiaggia ma era tanto difficile, mentre nuotavamo con delizia in un mare caldo e trasparente, immaginare campi di neve, di fango, notti piene di mitraglia, di aerei, che finivo per non credere più alla realtà di quella guerra, pareva impossibile che altrove ci fossero il freddo, il combattimento, la morte.

Un punto nero all'orizzonte: settembre.

Settembre significava la riapertura delle scuole. Ce n'era una vicino a casa, in rue Dante e ci passavo davanti ogni mattina prima di incominciare la mia giornata di traffici. Acceleravo il passo per non vedere troppo la fila delle aule in fondo a un cortile stretto tenuto costantemente in un'ombra fresca da sei enormi platani.

Lascio la riva del mare ed entro in città. Ecco la chiesa, ancora venti metri e sono a casa.

"Sei tu Joseph?"

Il rumore della frittura copre la voce di mia madre.

"Sì."

"Va' a lavarti prima di venire a tavola. Maurice è con te?"

Incomincio a insaponarmi con una specie di pasta verdastra che scivola tra le dita e non fa nessuna schiuma.

"No ma viene subito, è in rue Garibaldi per farsi dare del sapone da barba."

Papà è entrato, mi arruffa i capelli, sembra di buon umore.

"Voi due e i vostri traffici..."

Sapevo che, in fondo, era contento che ce la sbrigassimo così. Un po' più avanti, nella stessa strada, c'erano due bambini circa della nostra età. Le due famiglie si facevano visita ma io non potevo sopportare i due ragazzi. Li trovavo di una presunzione senza limiti e Maurice aveva mollato un cazzotto meraviglioso al maggiore, gesto che gli era valso ventiquattro ore di divieto di uscire e un'ammirazione infinita da parte mia. L'argomento principale di papà per trovare una scusa ai nostri traffici era di dire a mamma: "Preferiresti avere dei figli come i V.?" Lei taceva per un momento, scuoteva la testa con l'aria di una persona che non è del tutto convinta e ribatteva:

"Però non bisognerebbe dimenticare che siamo occupati, quegli italiani saranno magari simpatici ma può succedere che un giorno..."

Allora, Maurice o io rispondevamo:

"Gli italiani? Li conosciamo tutti!"

Papà rideva, ci domandava dov'era il nostro salvadanaio, si estasiava con noi della sua ottima salute e un giorno lo sentii confidare a mia madre:

"Lo sai che vogliono comprarsi il Negresco? Be', lo straordinario è che certe volte mi domando se non ci riusciranno davvero!"

Più tardi ho pensato che certe volte doveva essere inquieto, che seguitava a guardare l'orologio quando eravamo in ritardo, ma aveva capito che l'addestramento alla vita che stavamo facendo era un'esperienza unica che non bisognava guastare, che avremmo imparato, stando al porto e nella città vecchia, a trasportare litri d'olio, sacchi di lenticchie o pacchetti di tabacco, più cose sulla vita di quante ne ricevevamo sui banchi di scuola o ciondolando senza scopo come due parigini in vacanza.

Mandai giù alla svelta il pasto, scolai direttamente dal piatto il succo delle prugne e mi alzai nello stesso momento di mio fratello.

"Dove andate, adesso?"

Maurice si lanciò in una spiegazione complicata, quello del negozio di casalinghi che era andato a trovare aveva venduto tutto il suo sapone da barba ma avrebbe potuto ottenerne in cambio di suole da scarpe in cuoio, bisognava quindi convincere il calzolaio di rue Saint-Pierre in cambio di un paio di litri di quell'olio che restava l'elemento base di tutti i nostri baratti.

Papà che ci ascoltava alzò la testa dal giornale.

"A proposito di calzolaio, vi racconterò una storia."

Era la sola cosa che poteva calmare la nostra esaltazione.

"Ecco," disse "è la storia di un signore che dice

a un altro: 'Perché gli uomini possano vivere tranquilli basta una cosa, uccidere tutti gli ebrei e tutti i calzolai.' L'altro signore lo guarda con aria sorpresa e dopo un momento di riflessione domanda: 'Ma perché i calzolai?'"

Papà tacque.

Seguì un silenzio un po' sorpreso e solo la mamma si mise a ridere.

Io domandai:

"Ma perché anche gli ebrei?"

Papà ebbe un sorriso un po' amaro e prima di tornare al suo giornale mi disse:

"È proprio la domanda che non è venuta in mente a quel signore ed è la ragione per cui questa storia è buffa."

Uscimmo meditabondi, il sole picchiava sul lastricato della città, Nizza faceva la siesta ma per noi non se ne parlava neanche.

Sulla piazza incrociammo il cambio della guardia. I soldati sudavano nelle loro uniformi, avevano il fucile in spalla, anche l'ultimo che però stringeva nella mano libera un mandolino.

Ma via, la guerra era proprio lontana.

Il cortile è grigio e brilla sotto la pioggia. Fa già freddo e il maestro accende la stufa dell'aula ogni mattina.

Ogni tanto, mentre fatico su un problema di geometria o mi affanno a disegnare una carta dei fiumi (la Garonna e il Rodano vanno sempre bene ma, sui miei quaderni, la Senna e la Loira tendono ad avvicinarsi) si alza, soffia nella brace e un'ondata di calore più denso ci avvolge. Il tubo attraversa la classe in tutta la lunghezza ed è trattenuto al soffitto con dei fili di ferro, un soffitto costellato di pallottole di carta assorbente lungamente masticata, ben imbevuta di saliva e che si secca lassù in pallottole dure e appiattite che si staccano dopo un giorno o due con nostra grande gioia.

In un gran rumore di scarpe e cigolio di banchi, ci alziamo. È entrato il direttore. Un gesto e torniamo a sederci. È un uomo magro che porta i pantaloni tirati su fino allo sterno. Viene una volta alla settimana a farci lezione di canto. Dietro di lui due allievi delle classi più alte portano un harmonium e lo sistemano sulla cattedra. È un apparecchio come un piccolo pianoforte con una leva sul fianco, bisogna premerla e ne esce un suono lamentoso, particolarmente sgradevole.

Il direttore ci guarda.

"Vedremo se avete fatto progressi. Camerini, alla lavagna: fammi un pentagramma e una bella chiave di sol."

La lezione incomincia. Non sono per niente dotato e confondo le note: quelle basse le so riconoscere ma appena si va sopra la linea del *la*, incomincio a perdere la trebisonda.

"Adesso ripeteremo il nostro canto. Spero che lo canterete con slancio. Per farvelo tornare in mente, chiedo a François di cantarvelo da solo una prima volta."

François è senza discussione il più turbolento della classe, è sporco di inchiostro fino ai polsi, i suoi occhi sembrano sempre infischiarsi del mondo ed esce raramente di scuola con gli altri perché è quasi sempre trattenuto in castigo e se gli capitasse di varcare la porta alle quattro e mezza ne sarebbe certo molto sorpreso.

Tuttavia, François è il preferito del direttore perché François ha una voce meravigliosa. Quel re dei casinisti, quel tiratore di elastici, quel primatista di righe supplementari possedeva la più bella voce di soprano che abbia mai sentito; quando cantava in cortile dimenticavo la mia partita di pallone. Del resto usava bene il suo talento e cantava in cambio di penne, liquerizia e altri doni.

"Forza, François, ti ascoltiamo."

Nel silenzio totale la voce pura di François intona la *Marsigliese*.

Lo ascoltiamo con ammirazione, vorremmo che durasse per sempre ma la sua voce si è spenta.

Il direttore alza le mani, come un direttore d'orchestra.

"Allora attenzione, adesso tutti insieme."

Cantiamo di slancio, sappiamo che non è una semplice lezione di canto, che attraverso le parole si tenta di comunicarci qualcosa.

Quando glielo raccontavo papà si sorprendeva e ammirava il fatto che ci facessero cantare cose simili, un genitore avrebbe potuto lamentarsene con le autorità, il direttore poteva avere delle noie... Ignoravo allora che non erano le noie che potevano intimorirlo: quell'uomo magro con i pantaloni troppo alti era uno dei capi della Resistenza nelle Alpi Marittime.

Le quattro e mezza.

Fuori la pioggia si è fermata.

Il direttore indica i due più grandi della classe:

"Voi riporterete l'harmonium nel mio ufficio."

I suoi occhi mi cercano e aggiunge:

"Joffo, domani mattina non dimenticare di togliere il foglio del calendario, se non lo farai dovrò dare l'incarico a un altro allievo."

"Sì signore."

Guardo il calendario sopra la cattedra: 8 novembre.

È un giorno importante l'8 novembre, è il compleanno della mamma, farà un dolce. Avrà anche dei regali. Maurice ha accettato di allentare i cordoni della nostra borsa per comperare una spilla dorata che rappresenta un cavalluccio marino con delle pietre rosse al posto degli occhi.

Dopo la riapertura della scuola gli affari sono andati a rilento, in primo luogo perché siamo meno liberi, poi perché non è più la stagione dei pomodori. So che in questo momento il traffico grosso si fa sul vino, ci sono scambi triangolari vino-benzina-sigarette ma sono cose lontane dalle nostre possibilità, avevamo guadagnato ancora un po' di soldi in settembre grazie a delle tavolette di cioccolato ma in seguito le occasioni erano state rare e la concorrenza adulta ci riduceva a espedienti sempre più limitati.

Andavamo ugualmente ogni tanto da Tite e io giocavo a dama con il postino, Carlo cantava e Marcello mimava instancabilmente, dopo qualche bicchiere di bianco secco, l'ultimo incontro avuto a Colonia contro un peso medio di Ferrara che era finito ai punti all'ottava ripresa.

L'amministrazione italiana aveva finalmente riconosciuto il suo errore e smesso di inondare di olio le guarnigioni della Costa Azzurra, il che sopprimeva la principale moneta di scambio e rendeva zoppicante il mercato.

Marcello si asciugava la fronte dopo il suo falso incontro e mostrava, come tutti i soldati di questo mondo, la foto della sua fidanzata, cercando la mia approvazione.

"È bella, Giuseppe?"

Seguitando a gustare la mia granatina, socchiudevo gli occhi cercando di assumere un'espressione da intenditore sopra una istantanea mossa e dagli angoli arricciati in cui sorrideva una ragazza bionda, cosa che mi sorprendeva perché credevo che tutte le italiane fossero brune.

"Bellissima, Marcello, bellissima."

Marcello scoppiava a ridere e con una manata per poco non mi buttava a terra.

"È orribile, Giuseppe, orribile, tu non capisci niente di donne, niente, niente."

Ero imbarazzatissimo, tutto il bar rideva di me.

"E allora, perché è la tua fidanzata?"

Marcello si torceva dal ridere.

"Perché suo papà ha la palestra di allenamento, capisci? Molte lire, molte, molte..."

Scuotevo la testa, desolato all'idea che Marcello potesse sposarsi per denaro, cosa che mi sembrava del tutto anormale, e desolato anche di sapere che non capivo niente di donne.

Davanti alla mia faccia avvilita, Marcello mi acchiappava per le spalle e domandava a papà Rosso di servirmi un'altra granatina, così mi consolavo immediatamente.

Mamma ricevette i regali con entusiasmo, si appuntò subito il cavalluccio marino sul vestito, ci baciò. Baciò anche suo marito che le aveva offerto, assieme ai miei fratelli, una macchina da cucire Singer che era, per l'epoca, una cosa di valore inestimabile. D'ora in poi avrebbe potuto fare molte più cose senza dover stare a cucire per ore davanti alla finestra.

Ammirammo la dimostrazione che fece immediatamente su un pezzo di stoffa. Funzionava benissimo e si azionava premendo con i piedi su una griglia di ferro che comandava una cinghia di trasmissione collegata al meccanismo.

"È proprio un regalo degno di una Romanov" concluse Henri.

Lo scherzo era logoro, ma ci divertiva sempre.

Tanti anni prima, una piccola ebrea aveva lasciato il suo paese utilizzando quei documenti falsi che aveva serbato e le avevano salvato la vita una seconda volta poco tempo fa, in occasione del suo arresto a Pau.

La mamma si eclissò e ricomparve con il dolce, una focaccia a cui non mancava nemmeno una mandorla.

Papà mangiò un primo boccone e si alzò. Era l'ora della radio inglese e da quando eravamo a Nizza non aveva perso una sola trasmissione.

"Ci riferirai le notizie," disse Henri "non ho la forza di abbandonare il dolce."

Papà fece un cenno di assenso e mentre continuavamo a parlare lo vidi, dalla porta socchiusa, appoggiare l'orecchio contro l'altoparlante e manovrare il minuscolo bottone.

Albert raccontava le sue discussioni con una cliente particolarmente difficile che sosteneva che Hitler era pur sempre un essere intelligente ed eccezionale dal momento che era arrivato alla testa del suo paese e persino dell'Europa, quando papà ritornò un po' pallido.

"Sono sbarcati" annunciò.

Restiamo a guardarlo a bocca aperta.

Si china verso mia madre e le prende le mani.

"Buon compleanno," dice "gli Alleati sono sbarcati nell'Africa del Nord, in Algeria e in Marocco, questa volta è il principio della fine, con un nuovo fronte tra i piedi i tedeschi sono fottuti."

Maurice si alza dalla seggiola e va a cercare l'atlante su una mensola in camera dei genitori. Ci chiniamo sulla carta del Maghreb.

Valuto le distanze: Algeri-Nizza, pochi centimetri di carta azzurra, solo il mare da attraversare e saranno qui, non abbiamo più niente da temere.

Henri riflette aggrottando la fronte, è il taciturno della famiglia. La sua unghia copre la Tunisia.

"Non capisco perché non sono sbarcati anche lì, ci scommetto la camicia che in questo momento le truppe italo-tedesche, rinforzate dall'Afrikakorps, stanno occupando il paese. Secondo me, è un errore."

"Dovresti telefonare a Eisenhower" osserva Albert.

"In ogni modo" mormora papà, "è una notizia importantissima e vi dico io che puzza di disastro. Insomma, di inizio del disastro."

Terminai il dolce del compleanno avendo negli occhi immagini di soldati che correvano con il fucile in mano tra cammelli e città bianche mentre i tedeschi scappavano come matti affondando le gambe nella sabbia del deserto.

A partire da quella sera ci fu, ogni sera, una cerimonia che, immagino, ha conosciuto la maggior parte delle famiglie francesi di quell'epoca. Su una carta appesa al muro piantavamo delle bandierine legate tra loro con filo da rammendo, le bandierine erano spilli con incollato attorno un pezzetto di carta. Avevamo spinto la pignoleria fino a colorare quei rettangoli in rosso per i Russi e avevamo fatto delle righe bianche per gli americani con una sola stellina nell'angolo sinistro. Londra rovesciava fuori dei nomi che ci affrettavamo ad annotare e sulle città appena conquistate piantavamo le bandiere della vittoria.

Stalingrado liberata, fu la volta di Kharkov, Rostov, avevo voglia di piantare una bandiera su Kiev per accelerare un po' le cose ma la città tardò ad essere liberata.

Bisognava anche occuparsi dell'Africa e lì c'era un guaio: si stava svolgendo una grande battaglia a

El Alamein. Ma impossibile trovare sulla carta El Alamein e me la prendevo con i fabbricanti di carte geografiche che non avevano previsto in che posti sarebbero avvenuti i grandi fatti storici. Ma quello che mi riempì di entusiasmo fu, il 10 luglio 1943, lo sbarco degli Alleati in Sicilia.

Me ne ricordo benissimo, rimanevano solo tre giorni di scuola dato che le vacanze iniziavano il 13 sera e quindi non facevamo più molto; dall'inizio della settimana, il tempo della ricreazione si allungava e diventava prima uguale e poi superiore a quello delle lezioni.

Va detto che faceva così bel tempo! L'inverno era stato duro per la regione, la primavera aveva tardato a venire e l'estate era arrivata di colpo. Eravamo eccitatissimi, tutto arrivava nello stesso momento: il sole, le vacanze e gli Alleati, non stavamo più nella pelle.

In classe, ogni volta che un allievo bussava alla porta per domandare un'informazione, del gesso, una carta geografica, metà della classe si alzava urlando: "Sono arrivati gli americani!"

Per le strade, gli italiani passeggiavano imperturbabili come se niente di questo li riguardasse, le uniformi degli ufficiali avevano cominciato a riapparire ai caffè, ragazze ancora più carine e abbronzate dell'anno prima li accompagnavano e io sognavo, passando davanti a loro, di essere uno di quei bei militari dagli stivali lucidi che si riposavano su comode poltrone di vimini.

Con le belle giornate erano tornati anche i pomodori e noi avevamo ripreso le nostre attività.

Grazie a un compagno di classe ero riuscito a ottenere una bicicletta, un po' piccola per me e toccavo il manubrio con le ginocchia ma se mi tenevo indietro sulla sella le cose potevano andare.

Dietro la chiesa della Buffa, in una nicchia che ci serviva da laboratorio, le avevamo attaccato con del filo di ferro una cassetta che ci serviva ottimamente da portapacchi. Così ci eravamo attrezzati e il nostro gruzzolo non avrebbe tardato a arrotondarsi.

L'ultimo giorno ci fu la distribuzione dei premi. I libri, introvabili, erano stati sostituiti da diplomi. Maurice che era molto cresciuto e che godeva fama di robustezza aveva ottenuto un premio di ginnastica, io quello di lettura e rientravo a casa molto fiero di me. Avevo un avvenire luminoso: due mesi e mezzo di libertà, una bicicletta e, senza dubbio, all'inizio del prossimo anno scolastico, saremmo stati liberi. Se tutto andava bene, avrei ripreso la scuola in rue Ferdinand-Flocon.

Salgo il pendio pedalando in piedi, freno e discendo.

Un colpo di pedale per far sostenere la bici dalla cordonatura del marciapiede e afferro il sacco della semola dal fondo della cassetta, ce n'è appena un etto ma la mamma ci farà un dolce che migliorerà un po' la dieta abituale. L'ho ottenuto contro delle scatolette di carne, risultato di una precedente contrattazione.

Incontro Maurice per le scale. Mi ferma, ha l'aria eccitata:

"Vieni con me."

"Aspetta, vado a depositare la semola e..."

"Sbrigati, ti aspetto dabasso, sbrigati."

Corro, deposito la semola, ridiscendo i gradini quattro a quattro, l'ultima parte della scala la faccio sul corrimano.

Maurice sta già correndo davanti a me.

"Aspetta! Prendo la bici..."

Mi fa segno di no e io lo seguo con i gomiti

stretti al corpo. Il sudore mi cola giù per la fronte, si ferma alle sopracciglia e devia lungo le tempie.

Siamo quasi usciti dalla città, piega verso l'interno e, dopo il campo un tempo riservato ai nomadi e che serve ai ragazzi per giocare al calcio, eccoci al deposito dei rifiuti.

Con il sole, l'odore non è particolarmente gradevole e le mosche ronzano. Saliamo un sentiero disseminato di cartacce sporche e di molle arrugginite ed eccoci in cima a un altopiano di immondizie.

Maurice si ferma ansimando, io arrivo alla sua altezza. Davanti a noi ci sono due ragazzi accucciati. Sono amici di Maurice, ce n'è uno che conosco per averlo visto nel cortile di scuola.

"Guarda."

Mi chino sopra le loro spalle.

Posati su un cuscino di detriti ci sono quattro fucili. Brillano al sole, sono in ottimo stato.

"Dove li avete trovati?"

L'amico di Maurice che si chiama Paul si gira verso di me.

"Sotto un materasso e se posso dirti una cosa, ieri non c'erano."

"Sei sicuro?"

Paul alza le spalle.

"Direi, vengo qui tutti i giorni e sta sicuro che se erano là me ne sarei accorto. Ce li hanno nascosti durante la notte."

Ho voglia di toccarne uno, di tirarlo su, ma non si sa mai, potrebbero mettersi a sparare da soli.

Il ragazzo che non ha detto ancora niente ne afferra uno e con un colpo secco manovra la leva del caricatore.

Un proiettile giallo cade a terra, rimbalza e mi arriva contro la gamba.

"Non fare il fesso, dai."

Nessuno di noi quattro ha alcun dubbio sul fatto che sono armi italiane abbandonate lì dai soldati.

"Cosa ne facciamo?"

Penso a dei partigiani a cui farebbero molto comodo, ma come entrare in contatto? Quanto a venderli, la faccenda solleverebbe dei problemi, anche se sarebbe possibile.

Maurice prende l'iniziativa:

"La cosa migliore è tornare a nasconderli per bene. Rifletteremo e intanto non parliamone a nessuno. Domani ci ritroviamo per decidere."

Torno con mio fratello lungo il mare. Mi sembra preoccupato.

Lo interrogo:

"Da dove verranno?"

"Sembra che ci siano dei soldati italiani che disertano. Corre voce che Mussolini sarà arrestato."

Sono stupefatto.

"Ma da chi?"

"Non ne so niente. Sai cosa dovremmo fare? Andiamo da Tite a informarci un po' ma, attenzione, non una parola sui fucili."

"D'accordo."

Davanti al bar la tenda era tirata per riparare dal sole. Là dentro faceva fresco, buio e fresco come in una grotta. Il sudore mi si asciugava rapidamente sul viso e lungo i fianchi.

La maggior parte dei soldati che conoscevamo erano partiti, Carlo era stato spedito in Sicilia con il parmigiano per tener testa all'avanzata alleata. Senza dubbio la loro presenza non era stata sufficiente perché la Sicilia era stata conquistata in meno di sei settimane.

Dovevano essere prigionieri in un campo americano o forse avevano avuto il tempo di imbarcarsi prima della disfatta. Non potevo pensare che fossero morti.

Il mio amico postino era sparito anche lui, Marcello aveva ricevuto una lettera datata a più di un mese prima in cui spiegava che pensava di partire con il suo reggimento per un porto della Calabria in vista di uno sbarco in Italia. Nella sua lettera mandava a salutare Giuseppe e quando Marcello mi aveva letto quelle righe mi era venuta voglia di piangere.

Quanto a Marcello era diventato barman della mensa e pareva deciso a finire le ostilità preparando cocktails sulla Costa Azzurra.

I nuovi avventori erano più giovani, ma sebbene più giovani erano meno allegri. Uno di loro, un ragazzo molto riflessivo e dolce che aveva studiato da ragioniere in una scuola di Milano, era diventato mio amico.

Quel pomeriggio era seduto lì a studiare il francese con l'aiuto di un dizionario e di una grammatica che gli era stata fornita da uno studente in cambio di sigarette.

Ci sorrise e mi sedetti al suo tavolo. Sperava di saper parlare il francese prima della fine della guerra il che gli avrebbe permesso, una volta tornato nel suo paese, di avere un posto più importante. Era un tipo laborioso.

Io stentavo, non conoscendola bene io stesso, a spiegargli la regola dei participi passati e sudavo sangue sulla concordanza dei verbi pronominali quando, con un sorriso, lui richiuse il libro.

"Basta così, Jo, in ogni caso non farò in tempo."

Lo guardai, sorpreso.

"Perché?"

Raccolse i suoi libri, tristemente.

"Perché presto ce ne andremo."

"Il tuo reggimento è stato trasferito?"

"No, no, ce ne andiamo tutti, tutti gli italiani..."

Non capivo cosa voleva dire. Con pazienza e cercando di fare meno errori possibile, mi spiegò:

"Non è più Mussolini che comanda, è Badoglio, e tutti pensano che farà la pace con gli americani, si dice che si sono già visti, e, se c'è la pace, torniamo a casa."

La speranza mi illuminò.

"Ma allora, se partite siamo liberi."

Mi guardò con aria addolorata.

"No, se partiamo noi verranno i tedeschi."

Il bar, già buio, si oscurò ancora di più. Maurice venne a sedersi accanto a me e prese parte alla conversazione.

"È sicuro?"

L'italiano fece un gesto fatalista.

"Niente è sicuro ma capisci bene che se si fa una pace separata con l'America ci troveremo in guerra con i tedeschi e quindi bisognerà partire, batterci nel nostro paese..."

Maurice continuò:

"E volete battervi contro i tedeschi?"

L'italiano si appoggiò allo schienale sbottonandosi il collo della giacca.

"Nessuno ha voglia di battersi, ce ne sono tra noi che sono già partiti."

Pensai ai quattro fucili trovati nel deposito delle immondizie.

"Ci sono dei disertori?"

Fece un cenno affermativo.

"Non sapevo la parola in francese ma è così: disertori."

Bevve e quando posò il bicchiere con un gesto stanco gli feci la domanda che mi rodeva da qualche minuto:

"E tu, cosa farai?"

Il suo sguardo scivola sulle poche bottiglie sui ripiani del bar.

"Non lo so, non mi piace la guerra, preferirei tornare a casa e starmene lì tranquillo, ma è pericoloso lasciare l'esercito, ci sono dei poliziotti, ci si può far fucilare."

"E Marcello? Cosa farà?"

Tossì e grattò con l'unghia una macchia sul tavolo.

"Non lo so. Non ne abbiamo parlato."

Quando uscimmo dal bar capii che, senza dubbio, Marcello era già partito, forse aveva già attraversato la frontiera, forse aveva ritrovato la sua orribile bionda che io avevo trovato così bella, forse si stava già allenando alla boxe, ma avrebbe almeno potuto salutarmi.

Nei giorni che seguirono i soldati disertarono in massa e l'8 settembre la notizia fu ufficiale, il maresciallo Badoglio aveva firmato l'armistizio vicino a Siracusa. Le unità passavano la frontiera per continuare la guerra, questa volta contro i tedeschi. Al negozio di parrucchiere, un ufficiale venne a farsi tagliare i capelli e propose ai miei fratelli di partire con loro, persuaso che in Italia la guerra fosse finita.

Una mattina, Nizza si svegliò senza occupanti. Ma le strade erano tristi, i visi inquieti, i passanti andavano radente i muri. Londra aveva annunciato che Hitler mandava trenta divisioni al di là delle Alpi e avrebbe occupato tutta la penisola.

Il 10 settembre un treno si fermò in stazione e ne scesero un migliaio di tedeschi. C'erano SS e civili tra loro, uomini della Gestapo.

La seconda occupazione era incominciata. Sapevamo che non avrebbe avuto niente a che vedere con la prima.

VIII

Sono le sei.

È lunga una giornata intera senza uscire. Ho passato il pomeriggio a leggere *Michele Strogoff* e a aiutare la mamma ad ammazzare i vermetti che si sono infilati tra i pochi fagioli che ci restano.

Le nostre scorribande sono finite. Staremo a guardare il moto delle lancette dell'orologio fino a che non rincaseranno Henri e Albert e ogni minuto che passa è un minuto di angoscia: la Gestapo si è sistemata da tre giorni all'hôtel Excelsior, la maggior parte degli alberghi è stata requisita. La Kommandantur è in piazza Massena e avvengono retate. Ci sono numerosi arresti di ebrei avvenuti su denunce ma tra poco si metteranno a setacciare i quartieri.

Papà cammina su e giù. Abbiamo chiuso le imposte ma fuori è ancora giorno pieno.

Le sei e cinque.

"Cosa mai staranno facendo?"

Nessuno risponde a mia madre che si preoccupa.

Non abbiamo più notizie dei V. ma non si può nemmeno pensare di andare a vedere se sono andati via o se si trovano sempre a casa loro: si dice che quando c'è stato un arresto i tedeschi lasciano qualcuno a controllare la casa per parecchi giorni.

Un passo sulle scale, sono loro.

Ci precipitiamo.

''E allora?''

Henri si siede pesantemente mentre Albert va in cucina a prendersi un bicchiere d'acqua. Lo sentiamo bere rumorosamente.

''Allora è semplice'' dice Henri. ''Bisogna andarsene, e alla svelta.''

Papà gli posa una mano sulla spalla.

''Spiegati.''

Henri alza verso di lui uno sguardo stanco.

''Albert e io non abbiamo smesso di pettinare i tedeschi e quelli parlano tra loro, persuasi che nessuno li capisca. Era tutto molto confuso ma, grosso modo, ne è uscito che arrestano tutti gli ebrei, li chiudono all'hôtel Excelsior e tutti i venerdì li portano via di notte in convogli speciali verso i campi tedeschi. Sono dei vagoni sigillati che hanno la precedenza. Passano davanti anche ai treni di militari e di armi. Restare qui è come prendere un biglietto diretto per la Germania.''

Papà si siede e posa le mani sulla tovaglia.

''Figlioli miei,'' dice ''Henri ha ragione, bisognerà che ci separiamo di nuovo e in questi giorni ho avuto il tempo di pensarci su. Ecco, dunque, cosa faremo. Per prima cosa resteremo fedeli a un metodo che ci è sempre riuscito: partiamo due a due.

''Per primi Henri e tu, Albert, che andate domani in Savoia. Dovete raggiungere Aix-le-Bains, lì ho un indirizzo per voi, qualcuno vi nasconderà. Joseph e Maurice, ecco cosa farete voi e ascoltatemi bene: domani mattina partirete per Golf-Juan. Andrete in un campo che si chiama 'Nuovo Raccolto'. Teoricamente è un'organizzazione paramilitare dipendente dal governo di Vichy, una specie di dipendenza dei *Compagnons de France,* di fatto si tratta di altra cosa, ve ne accorgerete in fretta."

"E voi, cosa farete?"

Mio padre si alza.

"Non preoccupatevi per noi, non sarà a una vecchia scimmia che si insegneranno a fare le smorfie. E adesso, a tavola, dovete andare a letto presto per essere in forma domani mattina."

E fu, ancora una volta, un pasto prima della separazione, un pasto in cui non si sentiva molto di più che il rumore delle forchette e dei coltelli contro la porcellana. La voce di mio padre o di uno dei fratelli maggiori interrompeva di tanto in tanto il silenzio quando pareva troppo pesante.

Quando entrai nella mia camera trovai la sacca sul letto. Era un bel po' che l'avevo dimenticata ma c'era sempre e mi parve, guardandola, di non essere più a Nizza ma sulla strada a camminare senza sosta verso una meta che non vedevo.

"Nuovo Raccolto".

Sopra al cancello c'è una grande insegna. Ai due lati dell'insegna due asce dipinte con il tricolore.

Dietro al cancello ci sono degli adolescenti in calzoncini blu, maglietta e berretto. Trasportano sacchi di tela pieni d'acqua, tagliano legna, fa tutto molto boy scout. Un genere di attività che non mi ha mai detto molto.

Maurice non sembra più entusiasta di me.

"E allora, ci andiamo o no?"

Abbiamo portato una parte del nostro gruzzolo e mi prende la voglia di proporre a mio fratello di continuare la strada, di risalire verso il nord. Potremmo nasconderci in una fattoria, lavorare per un po'... Ma, d'altra parte, quel campo pétainista è certo l'ultimo posto in cui i tedeschi verranno a cercare due giovani ebrei. Quindi non c'è da esitare, la sicurezza prima di tutto.

"Ci andiamo."

Spingiamo assieme il cancello.

Subito un ragazzotto con le cosce magre che spariscono nei calzoncini troppo larghi ci viene incontro, batte i tacchi e ci fa un segno bizzarro, qualcosa tra il saluto romano, quello nazista, quello militare.

Maurice glielo rende aggiungendoci qualche fioritura supplementare.

"Siete nuovi? Chi vi manda?"

Quel tipo mi è subito antipatico. Anche Maurice non sembra apprezzarlo molto.

"Vorremmo vedere il capo del campo, il signor Subinagui."

"Seguitemi."

Gira sui tacchi e ci guida a passo di carica verso una baracca che domina le tende.

Quasi sulla soglia della baracca c'è una grande asta di bandiera, bianca, come sulle navi. Il tricolore penzola perché non c'è vento.

Il ragazzotto bussò, aprì la porta, fece un passo, batté i tacchi, salutò e disse con voce nasale:

"Due nuovi che desiderano parlarle, signor direttore."

"Grazie Gérard, va' pure."

Gérard fece un dietro front regolamentare e se ne andò a passo di carica verso la porta squassando il pavimento fragile con i suoi stivaletti.

Dovevamo avere l'aria imbambolata perché il direttore ci fece segno di avvicinarci e metterci a sedere.

"Non fatevi impressionare," disse "Gérard è molto simpatico ma suo padre è un sottufficiale di carriera e lo ha tirato su in un'atmosfera particolare."

Era un uomo molto bruno, stempiato e con negli occhi un'espressione indefinibile, avevo l'impressione che quell'uomo sapesse tutto di me prima che gli avessi detto una sola parola. Il suo modo di fare mi affascinava: persino in quella stanza buia, circondato di classificatori di metallo, di vecchie sedie, di incartamenti e di un sacco di roba polverosa, dava l'impressione di muoversi con la stessa disinvoltura che se si fosse trovato sul palcoscenico dell'Opera privo di ogni addobbo.

"Vostro papà mi ha parlato di voi e ho accettato di prendervi anche se non avete l'età richiesta. Sembrate abbastanza grandi tutti e due. Credo che qui vi troverete bene e... al sicuro."

Non disse niente di più in argomento ma era perfettamente inutile.

"Dunque, voi fate parte del Nuovo Raccolto e vi spiegherò in cosa consiste la vita del campo. Avete parecchie possibilità: potete restare all'interno e occuparvi della vita qui dentro: faccende e pulizie. Naturalmente, dopo le ore di servizio, ci sono dei giochi a vostra disposizione. Ma avete un'altra possibilità ed è di andare a lavorare e ritornare al campo alle ore stabilite, troverete qui alloggio e pasto in cambio della rimunerazione che vi sarà domandata e che rappresenterà circa i tre quarti del vostro salario."

"Mi scusi, signore," disse Maurice "di che lavoro si tratta?"

"Stavo per arrivarci: potete aiutare gli ortolani qui vicino oppure salire a Vallauris dove abbiamo sistemato un laboratorio di ceramica. Vendiamo i nostri prodotti, il che ci consente di continuare a far vivere la comunità. Sta a voi di scegliere."

Guardai Maurice.

"A me piacerebbe provare con la ceramica" dissi.

Il direttore diede un'occhiata a mio fratello.

"E tu?"

"Anch'io."

Subinagui si mise a ridere davanti al tono poco convinto di Maurice.

"È molto bello che tu ti sacrifichi. Ho l'impressione che non vi piace separarvi."

Ci saremmo fatti tagliare una mano piuttosto che rispondere a un'insinuazione simile e lui non insistette.

"Intesi per Vallauris, allora. Stasera dormirete qui e partirete domani mattina. Vi auguro buona fortuna."

Ci strinse la mano e uscimmo ringalluzziti.

Fuori ci aspettava Gérard. Tornò a battere i tacchi, salutò e ci ingiunse di seguirlo.

Abbiamo attraversato il campo. Tutto pareva pulito, c'erano già dei piatti su dei lunghi tavoli di legno sostenuti da cavalletti, l'aria sapeva di sabbia, di pini e di candeggina.

Sotto la tenda kaki, Gérard ci indicò due letti che avevano ai piedi due coperte piegate e due lenzuola cucite tra loro e che venivano chiamate sacco per la carne.

"Il rancio è alle sei," disse Gérard "amrnainabandiera alle sette, toeletta alle otto, coricarsi alle nove, coprifuoco alle nove e un quarto."

Batté di nuovo i tacchi, salutò e partì con un passo meccanico.

Una voce uscì da sotto un letto.

"Non prendetevela, è un po' svitato ma è un bravo ragazzo."

Apparve una testa con una zazzera ispida, due

occhi come chicchi di caffè e un naso camuso. Stavo facendo la conoscenza di Ange Testi.

Mentre preparavo il mio letto, mi disse che in quel momento avrebbe dovuto trovarsi a sbucciare patate nelle cucine, che si era ritirato con il pretesto fallace di una colica e che si riposava un po' prima del pasto della sera. Quello stesso pretesto, d'altronde, gli sarebbe servito domani per presentarsi all'infermeria dove sperava di farsi dare un'esenzione di qualche giorno dal servizio.

Tirai le coperte e intanto chiesi:

"Si sta bene, qui?"

"Sì," disse Ange "è l'ideale, ci sono molti ebrei."

Sussultai, ma lo aveva detto innocentemente, stravaccato sul suo materasso. Del resto, per quanto frughi nei miei ricordi, non ho visto molte volte Ange in posizione verticale, aveva una netta propensione a stare sdraiato, indipendentemente dall'ora, appena lo poteva.

"Tu sei ebreo?"

"No, e tu?"

Fece una risatina.

"Niente pericolo, battezzato, catechismo, comunione, cresima e come se non bastasse chierichetto."

"E come sei arrivato qui?"

Incrociò le mani sotto la testa e girò attorno uno sguardo da buddha felice.

"Be', vedi, sono in vacanza."

Mi offrì una sigaretta che rifiutai.

"Non scherzo, sono davvero in vacanza, te lo spiegherò ma, se non ti dispiace, torno sotto al letto perché se il responsabile delle cucine mi trova qui a spassarmela non mi farà certo i complimenti."

Lui steso per terra, io seduto sul letto, lo ascoltavo.

Era originario di Algeri, nato in pieno Bab-el-Ued e aveva voluto passare le vacanze in Francia perché suo padre e suo nonno gliene avevano vantato le meraviglie. Era in visita a Parigi dove dormiva da un suo cugino e passeggiava per i Champs-Elysées quando gli americani erano sbarcati in Africa Settentrionale.

La notizia lo aveva colpito solo quando, dopo un paio di giorni, si era reso conto che, finché la guerra non finiva, era fuori discussione che lui potesse rivedere le sponde di Algeri la Bianca.

Ne rideva ancora stando lì per terra.

"Ti rendi conto! Se dura ancora dieci anni, vorrà dire dieci anni di vacanza!"

Il cugino di Parigi aveva avuto, qualche settimana dopo il suo arrivo, la squallida idea di sposarsi e Ange si era trovato messo fuori e senza troppi soldi. Attirato dal sole, era tornato nel Sud e si era fermato sulla riva di quel mare che non poteva varcare.

Per qualche giorno aveva un po' mendicato e, per puro caso, era passato davanti al cancello. Era entrato, aveva raccontato la sua storia, Subinagui lo aveva tenuto e, da allora, sbucciava patate, spazzava il campo e, soprattutto, faceva delle enormi sieste.

"In fondo," concluse "ad Algeri vendevo scarpe per tutto il giorno nel negozio di mio padre, mi stanco meno qui e poi, vedi, più dura la separazione più sarò contento di rivederli."

Maurice che era andato a fare un giro ritornò e ci sorprese che chiacchieravamo.

"Quanti siamo, qui al campo?"

"Oh, un centinaio, non ci sono grandi variazioni, alcuni arrivano e altri partono. Ma, vedrete, in fondo si sta bene."

Incominciavo a rimpiangere di dover partire per Vallauris, sentivo che avrei fatto amicizia con Ange.

Alle sei, una campana ci avvertì che era l'ora del pasto. Grazie ad Ange che conosceva tutti i trucchi, trovammo subito posto sulla panca più vicina alla cucina mobile. Le marmitte erano gigantesche e un ragazzo sui quindici anni che seppi poi essere olandese ci pescava dentro con un mestolo enorme che teneva per il manico con le due mani.

Il rumore era assordante, c'erano due belgi accanto a me, aspettavano anche loro la fine della guerra per tornare a casa. Di fronte, un biondino che si chiamava Masso, Jean Masso, e aveva i genitori che abitavano a Grasse. Anche con lui sentii che potevamo diventare amici.

Dopo il pasto ci fu l'adunata a forma di stella di fronte all'asta della bandiera. Mi fece un buffo effetto, credo che non mi ero mai messo sull'attenti in tutta la mia vita, se non per giocare con gli amici.

Vidi la bandiera scendere lentamente lungo l'asta.

Dopo di che vidi che la maggior parte si ritirava sotto le tende centrali che erano circolari come quelle di un circo, e lì giocavano a dama, a carte o a altri giochi; qualcuno passeggiava di fuori e c'erano dei suonatori di armonica e di chitarra che mi fecero pensare agli italiani. Dove erano a quest'ora?

Feci una partita di domino con Ange, Jean e mio fratello e, alle nove, ero a letto. Il responsabile della tenda era all'altro capo della fila di letti. Mi parve simpatico ma abbastanza severo perché non si sentissero chiacchiere una volta coricati.

Nel buio, sentivo sopra di me il fruscio delle foglie degli alberi che circondavano il campo, c'era anche un frinire di insetti ma non era questo a darmi fastidio, erano i mille rumori che nascevano dalla vita in comunità: sussurri di due chiacchieroni, cigolio del legno o fruscio delle lenzuola dei letti, sospiri, tosse; sentivo attorno a me la presenza confusa di corpi distesi, la respirazione dei dormienti che, confondendosi, produceva un soffio continuo e caotico, non avevo mai vissuto niente di simile e solo a tarda notte riuscii finalmente ad addormentarmi.

Il colpo di fischietto mi perforò i timpani e saltai giù dal letto, spaventato. Già i ragazzi accanto a me ripiegavano le coperte, la branda, scambiavano i primi spintoni, correvano a torso nudo verso i lavandini.

Solo Ange Testi non pareva aver fretta di uscire dalle lenzuola.

"Joffo, Maurice e Joseph, al magazzino alla svelta!"

Ereditai tre camicie di taglio militare, un paio di calzoni corti e tre paia di calzini, il tutto dello stesso colore blu.

Indossai quegli indumenti e il mio morale si abbassò notevolmente. Mi sentivo inquadrato.

"Andate a Vallauris tutti e due?"

"Sì."

"Allora in marcia, niente ginnastica, andate all'uscita."

Partiamo di buon passo, saranno magari il nascondiglio ideale questi Compagnons de France ma non sono certo una sinecura.

Sono una decina ad aspettarci. Il direttore è con loro. Ci saluta con un sorriso che ci rimonta subito lo spirito.

"Dodici," dice "va bene, potete andare, lavorate bene e fateci delle belle cose. A stasera."

I giardini erano pieni di rose tardive, c'era nell'aria ancora fresca un odore di petali appassiti e avanzavamo in disordine malgrado le esortazioni del nostro capofila che aveva tentato di farci marciare inquadrati e cantando il celebre inno "Maresciallo, eccoci qua."

Vallauris non è lontano da Golfe-Juan, fa parte dello stesso comune, un villaggio con una piazzetta e un po' in disparte un alto edificio di due piani di cui era crollato il tetto. Tra quelle vecchie mura si trovava il laboratorio di ceramica dei Compagnons de France.

Lungo uno dei muri erano allineati i modelli più recenti: vasi di ogni forma, ogni grandezza, panciuti, sottili, slanciati, con becco, senza becco, con un'ansa, due anse, verniciati, non verniciati. Mi trovai subito davanti a un tornio e a un blocco di argilla.

Fin dall'inizio della mattina, una cosa mi colpisce con chiarezza acciecante: si può amare un mestiere e detestarlo immediatamente se le condizioni in cui lo si pratica sono cattive.

Avevo voglia di fare i miei vasi, mi piaceva vedere e sentir girare il blocco d'argilla tra le dita, sentivo che con una pressione minima esercitata dalle mie mani tenute a conca la forma sarebbe cambiata, si sarebbe fatta più slanciata, diversa e quello che avrei voluto più di ogni cosa era realizzare un modello che fosse mio, cioè inventare, improvvisare un volume che sarebbe stato senza dubbio diverso da tutti quelli che vedevo allineati contro il muro. Ma l'istruttore che mi aveva preso in carica fin dal primo momento non era di questa opinione. Forse aveva ragione, forse era necessario diventare un imitatore prima che un inventore, fare le scale prima di lanciarsi nella sinfonia, sembra chiaro ma non ne sono persuaso.

Comunque, ogni volta che cercavo di imprimere alla mia opera una nota personale, venivo tolto dal mio sgabello e con due colpi di pollice il mio cicerone ristabiliva la giusta proporzione, riportava quel gonfiore nella pancia che io avevo tentato di ridurre. Riprendevo dopo di lui e mio malgrado diminuivo quella grassezza che mi pareva un errore estetico palese.

Dopo due ore di quel giochetto, l'istruttore fermò il tornio e mi guardò con aria perplessa.

"Nessun senso delle proporzioni," mormorò "faticheremo, con te."

Tentai la fortuna.

"Potrei farne uno senza modello, tanto per divertirmi?"

Avevo commesso il peggior errore che si possa commettere. Ebbi diritto a una predica urlata e mi feci piccolo sotto tutti i suoi argomenti: l'arte del vasaio non è un divertimento, prima di fare senza modello bisogna saperne copiare uno, non ci si improvvisa vasaio ecc. ecc.

Temevo che gli venisse un colpo apoplettico.

Quando riuscì a riprendersi, appiattì il mio blocco con il palmo della mano e mi disse:

"Ricomincia, ripasso tra dieci minuti."

Pedalai. Tornò, urlò, mi piantò dietro a uno dei suoi discepoli che sembrava inchiodato al suo tornio da trentamila anni, con la missione di non perdere uno solo dei gesti che faceva in modo da poterli riprodurre con esattezza.

Mi annoiavo a morte a veder crescere poco a poco una specie di vaso che vedevo ripetersi in numerosi esemplari.

Tornai al mio posto dopo un'ora, ma era l'ora del pasto.

Maurice non aveva l'aria più entusiasta di me.

Evidentemente i Joffo non erano nati per lavorare l'argilla.

Dopo aver mangiato ritornai e così pure l'istruttore e in capo a due ore buone, la testa piena dei suoi consigli abbaiati, coperto di argilla fino alle spalle e con il sudore che scendeva fino alle reni, mi dissi che se non volevo soccombere alla tentazione di spiaccicargli un buon chilogrammo di terra grassa sulla faccia, era meglio che abbandonassi definitivamente il mestiere del vasaio.

Così si perdono le vocazioni, quella giornata fu la mia unica esperienza con quell'arte che doveva prendere, proprio nei luoghi dove feci i miei primi passi in quel campo, l'importanza che si sa.

Che lo si sappia: fui vasaio a Vallauris.

Ad ogni modo, la prima cosa che facemmo quella sera stessa appena ritornati a Golfe-Juan fu di andare da Subinagui e vuotare il sacco.

"È finita," dissi "i vasi e io non andiamo d'accordo."

"Lo stesso vale per me," rincarò Maurice "la prova non è stata soddisfacente."

Ci ascoltò con la sua calma benevola che nessuna catastrofe pareva poter scuotere e ci domandò:

"Potreste spiegarmi perché non vi è piaciuto?"

Io esclamai:

"Ma a me piace, mi piace molto! Ma non riesco a fare come vuole lui..."

Il suo gesto mi fermò e quando i nostri occhi si incontrarono vi lessi chiaramente che non mi condannava, che non condivideva le concezioni pedagogiche dell'istruttore e che quasi mi approvava perché non riuscivo a vivere sotto la sua sferza. Ne fui riconfortato, tanto più che dopo aver consultato un incartamento, disse:

"Se siete d'accordo proveremo con le cucine e

spero che vi ci troverete meglio, è compito meno artistico ma c'è senz'altro più libertà."

Maurice lo ringraziò, io ero contento, avrei ritrovato Ange e chiunque sa che in una collettività la cucina è il luogo dove si svolgono varie trattative di cui un uomo abile può trovarsi ad essere il beneficiario.

Ci accompagnò fino alla porta e ci posò una mano sulla spalla.

"Avete fatto bene a venire," disse "se qualcosa non va per il suo verso, l'ufficio è sempre aperto."

A partire da quel momento incominciarono tre settimane meravigliose.

Era un paradiso quella cucina, Maurice aiutava un macellaio professionista e passava le giornate a tagliare bistecche e giocare a briscola e bisogna dire che la seconda attività lo occupava molto più della prima. Per parte mia ricordo di aver mescolato dei calderoni di purée, pulito marmitte di insalata, tagliato montagne di pomodori, sempre in compagnia di Masso e di Ange che abbandonava volentieri le sue sieste e i suoi nascondigli per lavorare con me. Formavamo un trio inseparabile.

Esisteva un traffico all'interno del campo, fondato sullo zucchero in polvere e la farina. Personalmente mi è capitato di mettermi in tasca qualche banana supplementare o dei biscotti o delle tavolette di cioccolato tra la pelle e la camicia per gustarmele con gli amici, ma non partecipavo a niente di grosso. Non che fossi soffocato dalla mia profonda onestà, ma non avrei potuto sopportare che Subinagui lo sapesse. Conoscevo le difficoltà che incontrava per procurarsi di che nutrire il campo, spesso veniva a parlare con il capocuoco e lo vedevo teso quando il camioncino che portava le provviste non arrivava.

C'erano delle serate allegre, passate a suonare la chitarra, e mi piaceva l'odore dei pini e del mare quando scendeva la notte, il vento della sera si levava spazzando via il caldo della giornata e, ad eccezione di Gérard sempre meccanicamente frenetico, tutti ci rilassavamo e cantavamo in coro le melodie avviate dal cantante. Faceva bene, evocava la pace.

Ma le notizie circolavano nel campo, ci venivano dai fornitori, da quelli che tornavano dalle licenze che il direttore accordava con facilità e sapevamo che la guerra continuava. Infuriava in Italia, i tedeschi avevano fatto prigionieri interi reggimenti dei loro ex alleati e mi domandavo che fine avevano fatto i miei amici di Tite... Marcello era morto, prigioniero o civile? E gli altri? In ogni caso, i tedeschi erano ancora potenti e tenevano duro; malgrado tutti i loro sforzi, gli anglo-americani non avanzavano, erano fermi a sud di Napoli e pareva che la città non sarebbe mai caduta in loro mani.

Indietreggiavano in Russia ma meno di prima e incominciavo ad avere dei dubbi. Quanto a Masso, finiva per credere al mito della difesa elastica. Avevano l'aria di prepararsi per un balzo prodigioso che avrebbe sommerso il pianeta.

Parlavamo poco al campo, alcuni dei ragazzi erano stati mandati da famiglie pétainiste convinte, certi erano decisamente filotedeschi. La conversazione si spegneva quando si avvicinavano e Maurice mi aveva raccomandato di non fare nessuna confidenza ai miei amici.

Aveva le sue buone ragioni: oltre alle notizie di guerra ce ne arrivavano anche altre, tutte dello stesso tono: intensificazione della caccia agli ebrei. Avevo colto qualche parola in proposito tra Subinagui e il capocuoco mentre sparecchiavo il refettorio.

Ne usciva che il tempo delle distinzioni era finito. Qualunque ebreo, cioè qualunque persona sospettata di esserlo, partiva per i campi tedeschi.

Ne parlai a mio fratello ma lui era molto più al corrente di me.

Una mattina, verso le dieci, mentre pulivo i fornelli, venne verso di me con il suo grembiulone blu.

"Jo, ho pensato a una cosa, se i tedeschi facessero un'incursione qui e ci interrogassero, credo che saprebbero subito che siamo ebrei."

Rimasi con lo straccio per aria.

"Ma perché? Fino a questo momento..."

Mi interruppe e lo ascoltai e in seguito non potei che rallegrarmi di averlo ascoltato attentamente.

"Ascolta, Subinagui me ne ha parlato. Oggi la Gestapo non tenta nemmeno più di fare delle indagini, se ne infischia delle scartoffie. Se gli diciamo che ci chiamiamo Joffo, che papà ha un negozio in rue de Clignancourt cioè in pieno quartiere ebraico di Parigi, non cercheranno altro."

Dovevo essere impallidito perché si sforzò di sorridere.

"Tutto questo è per spiegarti che se facessero un'incursione qui, bisogna inventare qualcosa di completamente diverso, un'altra vita. E credo di aver trovato qualcosa. Vieni qui."

Posai il mio detersivo in polvere e lo seguii all'altro capo del locale asciugandomi le mani sui calzoncini già sporchi.

"Ecco cosa faremo" disse Maurice. "Conosci la storia di Ange?"

"Certo, non fa che raccontarla!"

"Bene, per noi è lo stesso."

Ero perplesso. Non capivo assolutamente dove voleva arrivare.

"Non capisci?"

Non bisognava assolutamente che mi prendesse per più scemo di quello che ero.

"Sì, siamo venuti in vacanza in Francia e siamo rimasti qui per via dello sbarco."

"Ecco. Qual è il grosso vantaggio della cosa? Non possono mettersi in contatto con amici o parenti perché sono rimasti laggiù, nessun controllo è possibile, sono costretti a crederci.

La cosa non mi convinceva, mi pareva impossibile riuscir a inventare da cima a fondo un nuovo passato senza contraddirsi al momento di un ipotetico interrogatorio.

"E dove abitavamo?"

"Ad Algeri."

Guardai Maurice. Ero quasi persuaso che avesse previsto tutto ma bisognava essere sicuri e per questo farci le domande che ci sarebbero state poste.

"Che mestiere fanno i vostri genitori?"

Glielo dissi.

"E dove abitate?"

"Rue Jean-Jaurès 10."

Non ha esitato un secondo, ma questo punto necessita di una spiegazione.

"Perché rue Jean-Jaurès?"

"Perché c'è sempre una rue Jean-Jaurès e il numero 10 perché è facile da ricordare."

"E se ti domandano di descrivere il negozio, la casa, il piano, come faremo per dire la stessa cosa?"

"Descrivi la casa di rue Clignancourt, così non ci sbaglieremo."

Scuoto la testa. Ha pensato a tutto. Brutalmente, si alza, mi afferra per le spalle e mi scuote urlando:

"E tofe antafi a scuola, pampino?"

"In rue Jean-Jaurès, nella stessa strada, un po' più avanti, non so il numero."

Mi dà un cazzotto di soddisfazione.

"Bene," dice "benissimo, sei un tipo un po' scemo ma hai i riflessi pronti. Blocca questo."

Il suo diretto mi raggiunge al plesso, indietreggio, faccio una finta e cerco la distanza. Mi gira attorno danzando.

Masso passa di lì e ci guarda.

"Scommetto per il più grosso e il più forte" dice.

La sera stessa, quando già eravamo a letto, mi appoggiai sul gomito e mi sporsi verso il letto di mio fratello.

"Il tuo trucco non può funzionare."

Si sollevò anche lui. La maglietta bianca si disegnava contro le coperte scure.

"Perché?"

"Perché Subinagui ha i nostri documenti, sa da dove veniamo e se i crucchi si informano sarà costretto a dirglielo."

"Non preoccuparti," disse Maurice "gli parlerò io e vedrai che ci aiuterà."

Il silenzio scese, certi dormivano già o leggevano con una lampadina tascabile sotto le coperte. Prima di girarsi definitivamente, aggiunse:

"Sai, credo che non siamo i soli in queste condizioni, qui."

Vedevo nella penombra il rettangolo più scuro della foto del Maresciallo appesa al palo centrale della tenda dormitorio ed ebbi uno slancio di riconoscenza per i Compagnons de France. Per chi era braccato dai tedeschi quel genere di organizzazione non era certo inutile.

"Ehi, voi Joffo venite con me?"

Il motore del camioncino è acceso e Ferdinand ha già il piede sul predellino.

L'autista ci guarda. È lui che porta i viveri al venerdì, mangia un boccone e ridiscende su Nizza verso le tredici.

È venerdì e sono le tredici, quindi è la partenza. Ho sentito qualcosa in cucina, ci sono dei problemi di fatture con le diverse case che ci forniscono e sembra proprio che due di loro calchino sui conti e, per di più, ci consegnino dei sacchi sempre più leggeri.

Ferdinand ha ventiquattro anni, una tubercolosi gli ha fatto passare quattro anni in sanatorio e lo hanno riformato. È l'intendente del centro, il braccio destro di Subinagui. Regolerà questi problemi.

È stato senza volerlo che Maurice e io ci siamo trovati davanti al camioncino. Io andavo a raggiungere Ange e Maurice aveva in mano il mazzo di carte che gli serve per le sue interminabili partite, quando ci viene fatta la proposta. Il pomeriggio a Nizza! Un sogno.

"E per tornare?"

"Prenderemo la corriera della sera. Allora, sì o no?"

Non esitare mai.

"Sì."

La tentazione è troppo forte, con l'uniforme non rischiamo niente e ho troppa voglia di sapere cosa ne è stato dei genitori. Ho la sensazione che vedendo la facciata della casa, il modo in cui sono socchiuse le imposte, capirò se sono ancora lì. E poi, chissà, se tutto è calmo... un salto su per le scale e saremmo sicuri.

Il camioncino svolta slittando sulla ghiaia dell'ingresso e varca il cancello. Mi tengo alle sponde per non cadere. Il telone non è stato messo e il vento mi taglia il respiro. Vado a raggiungere Maurice dall'altra parte dove la protuberanza del gasogeno forma un riparo.

Ferdinand è accanto all'autista e si gira verso di noi.

"... qualcuno a Nizza?"

Quel motore fa un rumore tremendo e i sussulti non giovano. Metto le mani a megafono ai due lati della bocca e urlo:

"Cosa?"

"Conoscete qualcuno a Nizza?"

Questa volta è Maurice che cerca di farsi sentire.

"No! Andremo a zonzo!"

Quel tipo guida come un matto. Il veicolo sbanda da un lato all'altro della strada proiettandoci da una parte, dall'altra.

Incomincio ad avere mal di stomaco. Sento che la pasta che ho mangiato non domanda che di tornare all'aria aperta.

Bruscamente, ci fermiamo. L'autista sacramenta da farsi saltare le corde vocali, si è accorto che ha fatto quindici chilometri con uno dei pneumatici posteriori a terra. Il pneumatico di scorta non ha un bell'aspetto, è rattoppato come un calzino ma servirà ugualmente. Ripartiamo. Quella pausa mi ha fatto bene: ho ritrovato il colore e il mio stomaco è di nuovo al suo posto normale.

Del resto, Nizza è vicina. Ecco improvvisamente il golfo che si apre, appena dietro la curva. Fa effetto, rivedere questa città. Nel groviglio di case minuscole che formicolano attorno al porto, dov'è il bar di mamma Rosso? Dov'è la casa dietro alla Buffa?

Ferdinand discute con l'autista e, al semaforo rosso, si gira verso di noi.

"Scendiamo tre strade più avanti. Vado a trovare un amico in rue de Russie, farò presto, aspettatemi per qualche minuto, dopo vi mostro dov'è la stazione della corriera perché non vi perdiate. Poi potete filarvela."

"D'accordo."

Il camioncino si ferma e i nostri piedi toccano il marciapiede di Nizza.

"Forza, andiamo."

Faccio fatica a seguirlo, Ferdinand è tanto alto quanto magro e naso e pomo d'Adamo sono ugualmente prominenti.

"Ecco, è lì. Due minuti e ridiscendo."

È già sparito dentro al portone.

Non mi ricordavo come erano calde quelle strade. Delle case ci separano dal mare e basta quell'ostacolo perché non ci arrivi nessuna frescura. Le strade sono deserte. Laggiù, all'incrocio, è spuntata una fioritura di cartelli. Nell'asfalto è piantato una specie d'albero che ha per foglie delle grandi frecce gialle con sopra delle parole in nero e lunghe scritte in gotico. Mi ricordo di averne viste di uguali a Parigi, prima di partire.

"Ma cosa fa?" mormora Maurice.

Trovo difficile sapere se è passato molto o poco tempo quando non si ha un orologio.

"Forse sono meno di due minuti che è andato."

Maurice sussulta.

"Sei pazzo, saranno almeno dieci minuti."

Era il genere di argomento che mi mandava in bestia.

"Come fai a sapere che sono proprio dieci minuti? Da cosa lo vedi?"

Maurice prende quell'aria superiore che non manca di esasperarmi.

"Non lo vedo da niente ma lo sento. Se non sei capace di sentire se aspetti da dieci minuti o da tre quarti d'ora, puoi anche gettarti in mare."

Alzo le spalle.

"Io dico che non si può sapere, forse non sono più di due minuti che siamo qui."

"Cretino" mormora Maurice.

Non raccolgo l'insulto, fa troppo caldo per litigare. Mi siedo per terra all'ombra del muro.

Maurice scalpita, passa due o tre volte davanti a me e poi si decide bruscamente:

"Vado a vedere, in ogni modo saremo pur capaci di trovare la stazione della corriera, non passeremo qui il pomeriggio come due cretini."

Ha spinto la porta, è entrato.

È vero che ha ragione, il tempo passa e noi lo perdiamo stupidamente in una strada soffocante. O forse è che ho preso l'abitudine dell'aria libera e non sopporto più il caldo cittadino che sembra sgorgare più dai muri che dal sole.

E adesso è Maurice che non ritorna, è il colmo.

Se almeno avessi qualcosa per giocare, ma niente. Ho le tasche vuote e non ci sono nemmeno monete che potrebbero rimpiazzare le "pulci."

Vado fino in fondo alla strada e ritorno contando i passi.

Trentacinque all'andata, trentasei al ritorno.

È buffo, faccio i passi più lunghi quando vado da qualche parte che quando ne ritorno. Oppure è la strada che si è dilatata con il calore. Oppure mi sono sbagliato a contare. Ad ogni modo, mi annoio orribilmente.

Ma cosa combinano quei due disgraziati!

Ero così contento di partire e poi per poco non vomito e adesso sto a scocciarmi davanti a questa porta mentre... Forza, vado anch'io.

Non crederanno di manovrarmi come vogliono solo perché sono il più piccolo.

Il cortile è gradevole, c'è dell'edera sui muri e un pergolato in fondo. Accanto a un mucchietto di sabbia sono rimasti dei giocattoli da bambino.

Niente portinaia. La scala è in fondo, non c'è altro.

Attraverso il cortile e metto il piede sul primo gradino.

Il muro si getta su di me, le mie mani ci pestano contro. Le ho spinte in avanti per non fracassarmi il cranio.

Il dolore si irradia nella schiena, mi giro.

È lì, mi ha spinto con la canna del mitra. Il verde ferroso dell'uniforme si accaparra tutta la luce della stanza.

Forse mi ucciderà, il cerchio nero della bocca del mitra è a qualche centimetro dal mio naso. Dov'è Maurice?

Si china. Ha odore di sigaretta. La sua mano mi stringe il braccio e le lagrime mi gonfiano le palpebre, stringe forte, molto forte.

La bocca si apre.

"Youd," dice "youd."

Mi catapulta contro una porta laterale che vibra sotto il colpo.

Il soldato mi piomba addosso e alzo il gomito per proteggermi il viso, ma lui non mi colpisce, gira il chiavistello della porta e volo nella stanza mentre lui già richiude la porta.

C'è Maurice, ci sono Ferdinand e due donne e una di loro piange. Ha un graffio che le serpeggia sulla fronte.

Mi siedo, ancora stordito. Non ho capito, è tutto un sogno, poco fa ero in una strada, faceva caldo, era estate, ero libero, e poi c'è stato quel cortile, una spinta violenta e sono lì.

"Cosa succede?"

Fatico a formare le parole, ho paura di aver parlato con voce tremante, una vocina flautata e ridicola.

Ferdinand ha gli occhi più dilatati del solito, sono bagnati da un'acqua diversa. Mio fratello non ha assolutamente più il viso di poco fa, forse non ritroveremo mai più i nostri visi di una volta.

"È colpa mia," sussurra Ferdinand "siamo caduti in una trappola, c'era qui un centro della resistenza che forniva documenti falsi e le informazioni per passare in Spagna."

Maurice guarda Ferdinand.

"Ma perché ci sei venuto, avevi bisogno di andare laggiù?"

Ferdinand fa segno di sì.

"Con le voci che corrono per il campo in questi ultimi tempi, mi ha preso il panico e volevo filarmela prima che i tedeschi arrivassero a Golfe-Juan."

Lo contemplo, istupidito.

"Ma perché vuoi filartela?"

Ferdinand dà un'occhiata verso la porta e un tic gli deforma la bocca.

"Perché sono ebreo."

Ci guarda e vedo il suo pomo d'Adamo che sale e scende.

"Non prendetevela, per voi non è grave, quando sapranno che non siete ebrei vi rilasceranno."

"Vedremo", mormora Maurice.

Mi guarda. Non aver paura, fratello, so la lezione, ho tutto in testa, non ci saranno errori.

"Ma tu, Ferdinand, cosa farai? Sai cosa gli dirai?"

Ha un singhiozzo che gli scuote le spalle aguzze.

"Non so... non riesco a capire, avevo previsto tutto per avere una nuova carta d'identità, e proprio quando ero ormai all'uscita dal tunnel..."

Le donne davanti a noi lo guardano piangere. Sono giovani, venti, venticinque anni, forse, non sembra che si conoscano, stanno immobili sulle loro sedie.

È una stanza spoglia, delle seggiole e un armadio e basta. Niente finestra. La luce è accesa, senza la lampadina appesa al soffitto non vedremmo niente.

È strano però che una stanza... e improvvisamente capisco: c'è una finestra che deve dare sul cortile ma ci hanno tirato davanti l'armadio in modo da sopprimere un accesso e scoraggiare ogni tentativo di evasione. Abbiamo visto un solo soldato, ma forse ce ne sono degli altri.

Non ho l'impressione che dopo avermi gettato nella stanza il tedesco abbia richiuso la porta a chiave, ma andare ad assicurarsene o tentar di fuggire significherebbe certo una palla in testa.

"Cosa succederà adesso?"

Maurice ha chiuso gli occhi, sembra che dorma.

"Ci interrogheranno e quando si renderanno conto dell'errore ci lasceranno andare."

Lo trovo molto ottimista. Inutile tentar di parlare con Ferdinand, sta rannicchiato sulla sedia e si dondola, cullando un dolore insopportabile. Le donne seguitano a tacere ed è meglio così, forse è bene che non ci parlino. Adesso il caldo è intenso. La strada, al confronto, aveva una temperatura mite.

Guardo i miei compagni che sudano. Ho l'impressione che se spegnessi la luce le cose andrebbero meglio, tutta la fornace mi sembra uscire da quel sole minuscolo che è la lampadina, associo l'idea del buio alla freschezza.

"E se spegnessimo?"

Tutti sussultano, forse sono ore che stiamo lì in silenzio a friggere nel nostro sugo.

Una delle donne, quella che ha del sangue sulla fronte, mi sorride.

"Mi sembra meglio di no, potrebbero credere

che stiamo complottando o che cerchiamo di evadere."

Capisco che ha ragione, il tipo che mi ha fatto entrare non sembra uno che lesina botte.

"Che ora è, per piacere?"

È Maurice che ha fatto la domanda alla giovane donna. Ha un orologio da polso molto fine, quasi una catena, l'orologio è piccolo, rettangolare.

"Le cinque e un quarto."

"Grazie."

Vuol dire che siamo lì da tre ore.

Ancora nessuno è venuto, nessun'altro si è fatto prendere a parte noi.

La stanchezza mi scivola dentro sorniona, ho le natiche indolenzite dopo tre ore che sto seduto. Forse ci hanno dimenticato, del resto se ne infischiano di noi, probabilmente cercano i responsabili dell'organizzazione, i pezzi grossi, degli uomini schedati, ricercati da molto, ma noi chi siamo, cosa rappresentiamo ai loro occhi? Meno che niente! Bella caccia hanno fatto: due donne spaurite, due bambini e un adulto smunto e magrolino!

Adesso che ci hanno messo le mani addosso sono sicuri di vincere la guerra, non ci sono più problemi.

Le immagini mi girano nella testa, passano sotto le mie palpebre che la luce troppo viva riempie di un giallo doloroso.

Quella che capisco meno è la violenza di quel soldato. Il suo mitra puntato, i suoi spintoni, i suoi occhi soprattutto, ho avuto l'impressione che il sogno della sua vita fosse di sbattermi contro il muro e mi faccio la domanda: perché?

Sono forse il suo nemico?

Non ci siamo mai visti, non gli ho fatto niente e vuole uccidermi. È solo in quel momento che capisco un po' la mamma o la gente che veniva al negozio a Parigi e che sentivo discutere, dicevano che la guerra è una cosa assurda, stupida e allora non mi pareva giusto. Mi pareva che ci fosse nella lotta armata una motivazione, una ragione d'essere che mi sfuggiva ma che esisteva nella testa delle persone importanti e responsabili. Nei cinegiornali i reggimenti sfilavano in bell'ordine, ben allineati; i carri armati andavano in lunghe file, dei signori dalla faccia seria, in cravatta o petto coperto di decorazioni discutevano, firmavano, parlavano con forza e convinzione. Come si poteva dire che tutto era assurdo? Quelli che lo dicevano non capivano, buttavano là giudizi nella loro ignoranza, ma la guerra, agli occhi del bambino che ero, non somigliava per niente al caos, al disordine, alla polizia. Persino nel mio libro di storia, oltre alle illustrazioni che me la rendevano pittoresca e esaltante, me l'avevano presentata come sostenuta da accordi, trattati, riflessioni, decisioni... Come pensare che Filippo Augusto, Napoleone, Clemenceau e tutti i ministri, i consiglieri, tutta quella gente piena di sapere che occupava i posti più elevati, fossero tutti dei pazzi?

No, la guerra non era assurda, quelli che lo dicevano non capivano niente.

E poi ecco che questa guerra voluta, fatta da adulti dalle cravatte ben annodate o pieni di decorazioni, finiva per sbattere me, un bambino, a colpi di calcio di mitra, in una stanza chiusa, privandomi della luce, della libertà, io che non avevo fatto niente, che non conoscevo nessun tedesco, ecco quello che la mamma voleva dire, alla fine scoprivo che aveva ragione. E poi, possibile che...

La porta si è aperta.

Ridono e sono in due adesso, tengono la loro arma sul ventre.

"Fuori, svelti, svelti."

Ci precipitiamo, subito la mano di Maurice è nella mia, soprattutto che non ci separino.

Fuori c'è un camion.

"Presto, presto."

Mi gira la testa, corro dietro alle due donne e una si storce una caviglia sui suoi tacchi di legno. Ferdinand mi ansima sulla schiena.

C'è un camion in fondo alla strada e due ufficiali che aspettano.

Di slancio saliamo da dietro. Non ci sono panche, bisogna restare in piedi.

Uno dei due soldati sale con noi, l'altro rialza la pesante placca di ferro che chiude il retro a mezza altezza e poi lo vedo saltare, arrampicarsi e ricadere tra noi con un rumore di scatole. Il suo mitra lo intralcia e sacramenta.

Stiamo stretti tra noi. Vedo la strada girare e sparire.

Tacciamo e stiamo a gambe larghe per non cadere.

Da dietro non vedo che le strade che si allontanano.

Il camion si ferma bruscamente. I soldati tirano giù la placca e saltano a terra per primi.

"Su, svelti."

Sono fuori in pieno sole e non faccio fatica a capire dove sono.

Di fronte a me c'è l'hôtel Excelsior. La sede della Gestapo a Nizza.

IX

Una quantità di gente nell'atrio, adulti, bambini, valige. Degli uomini corrono tenendo degli elenchi, dei fascicoli, in mezzo ai soldati.

Molto rumore. Accanto a me una coppia anziana, sessantacinque anni circa. Lui è calvo, ha messo il vestito della domenica; lei è piccola, deve essersi fatta fare da poco la permanente, ha l'aria civettuola, rigira tra le mani un fazzoletto che è dello stesso colore del suo foulard. Sono molto calmi, stanno appoggiati a una colonna, guardano davanti a loro una bambina di tre o quattro anni che dorme in braccio a sua madre. Ogni tanto si guardano e ho paura.

Ero giovane, molto giovane, ma credo che anche se fossi stato più giovane ancora avrei capito che quei due vecchi si guardavano come gente che ha vissuto insieme tutta la vita e che sa che li separeranno e che faranno da soli, ognuno per suo conto, l'ultimo pezzo di strada che rimane da fare.

Maurice si china verso un uomo seduto su un sacco.

"Dove andate?"

L'uomo sembra non averlo sentito, il suo viso non si muove.

"Drancy."

L'ha detto semplicemente, come si dice grazie o

arrivederci, senza darci nessun peso.

Improvvisamente c'è un gran movimento. In cima alle scale due SS sono apparsi assieme a un civile che ha in mano una lista fissata con uno spillo a una tavoletta di cartone. Via via che pronuncia un nome, guarda se qualcuno si alza e allora fa un segno con la sua stilografica sul foglio.

L'appello è lungo. Eppure, poco a poco, l'atrio si svuota; quando vengono nominate, le persone escono da una porta laterale. Un camion deve condurle alla stazione.

"Meyer Richard. 729."

Il vecchio signore distinto non fa una piega, lentamente si china, prende una valigetta che sta ai suoi piedi e avanza senza fretta.

Lo ammiro per quella lentezza, per quella sicurezza, so che in quel momento non ha paura. No, non abbiamo paura, farabutti, non abbiamo assolutamente paura.

"Meyer Marthe, 730."

La piccola signora ha preso una valigia più piccola ancora di quella di suo marito e mi si stringe la gola, l'ho vista sorridere.

Si raggiungono alla porta. Sono felice che non li abbiano separati.

Le nostre due guardie sono sempre lì. Quello che mi ha colpito fuma. Lo guardo di soppiatto. È incredibile, ha una faccia come tutti gli altri, non una faccia da bruto, e allora, perché?

Lentamente, l'atrio si è svuotato. Delle SS vanno e vengono sempre con delle carte in mano. Sembra che abbiano un lavoro importante e preoccupante. Tra poco resteremo soli noi quattro, appoggiati al muro di fondo.

Un ufficiale chiama uno dei soldati che ci sorvegliano facendo schioccare le dita. Quello si precipita. L'SS chiama il secondo.

Adesso siamo soli. L'atrio è vuoto.

Mi accorgo che non ho lasciato andare la mano di mio fratello.

Che ora sarà?

Un uomo in abiti civili scende la scala e ci guarda riaccomodandosi il nodo della cravatta. Forse ci dirà di andar via.

Parla in tedesco a qualcuno che non vedo e che è al piano di sopra, indicandoci con un dito.

Ci fa segno e saliamo.

Ho voglia di fare pipì, è molto tempo e ho paura. Di sopra ci sono degli ufficiali e degli interpreti francesi. Arriviamo in un corridoio, davanti a delle porte.

"I vostri documenti."

Le due donne presentano i loro. Anche Ferdinand.

L'interprete entra in un ufficio e ne esce quasi subito.

"Entrate tutte e due."

Restiamo in tre nel corridoio, nessuno ci sorveglia. Si sente un rumore soffocato di macchine da scrivere e di voci che vengono dal piano superiore ma non sento niente di quello che dicono nella stanza dove sono entrate le due donne.

Maurice mi guarda, parla con le mascelle che faticano a muoversi.

"Come andrà, Joseph?"

"Andrà."

La porta davanti a noi si apre. Le due donne escono. Piangono tutte e due. So che non le hanno picchiate, questo mi dà coraggio.

Ridiscendono e noi continuiamo a aspettare. Mi

par d'essere dal dentista di rue Ramey, quando la mamma mi ci accompagnava dopo la scuola.

Compare l'interprete. Questa volta tocca a noi. Entriamo tutti e tre.

È un'ex camera da letto ma il letto non c'è più, al suo posto c'è un tavolo con dietro un SS. Una quarantina d'anni, occhiali, sembra stanco e sbadiglierà varie volte.

Tiene tra le mani i documenti di Ferdinand e li guarda. Non dice niente e fa un segno all'interprete.

"Sei ebreo?"

"No."

L'interprete ha un modo di parlare infantile e l'accento meridionale, è certamente un nizzardo, somiglia a un cliente di mio padre di cui non mi piace ricordarmi il nome.

"Se non sei ebreo, perché hai dei documenti falsi?"

Non guardo Ferdinand, so che se lo guardo non avrò più abbastanza coraggio per me.

"Ma... sono i miei documenti."

C'è un breve scambio in tedesco. L'SS parla e l'interprete traduce.

"È facile sapere se sei ebreo o no, quindi dillo subito senza fare storie altrimenti si metteranno tutti di cattivo umore, prenderai le botte e sarà stupido, tanto vale vuotare il sacco subito e non se ne parlerà più."

Dà l'impressione che basti dirlo e sarà finita, ci ritroveremo fuori.

"No" dice Ferdinand, "non sono ebreo."

Non c'è bisogno di traduzione. L'SS si alza, si toglie gli occhiali dalla montatura di osso, passa davanti alla sua scrivania e si pianta di fronte a Ferdinand.

La sua mano si abbatte sulla guancia terrea di Ferdinand, la testa sussulta e al secondo schiaffo barcolla e indietreggia di due passi. Le lacrime scendono.

"Basta" dice Ferdinand.

L'SS aspetta. L'interprete lo incoraggia con un gesto.

"Su, racconta, da dove salti fuori?"

Appena udibile, Ferdinand parla.

"Sono partito dalla Polonia nel 40, i miei genitori sono stati arrestati, sono passato per la Svizzera e..."

"Bene, bene, verificheremo dopo. Riconosci di essere ebreo?"

"Sì."

L'interprete si avvicina e gli dà un colpetto amichevole sulla spalla.

"E allora, non ti sembra che avresti fatto meglio a dirlo subito? Su, puoi scendere, mostra questo al funzionario che c'è in fondo alle scale."

Gli dà un biglietto verde che Ferdinand prende. Saprò molto presto cosa significa il biglietto verde.

"A voi due, adesso, siete fratelli?"

"Sì. Lui si chiama Joseph e io Maurice."

"Joseph e Maurice cosa?"

"Joffo."

"E siete ebrei."

Non è una domanda, quel tipo lo afferma. Voglio aiutare Maurice.

"Ah no, questo è falso."

È sorpreso dalla mia veemenza. Maurice non gli lascia il tempo di parlare.

"No, non siamo ebrei, siamo dell'Algeria. Se vuole le posso raccontare."

Ha aggrottato le sopracciglia e parla all'SS che si è rimesso gli occhiali e ci esamina. Il tedesco fa una domanda. Capisco sempre meglio, è veramente molto simile all'yiddish ma è importantissimo che non si accorga che capisco.

"Cosa facevate in rue de Russie?"

"Arrivavamo dal campo dei Compagnons de France, accompagnavamo Ferdinand, lo aspettavamo, ecco tutto, ci ha detto che saliva a vedere un amico."

L'SS rigira una matita tra le dita.

Maurice assume un'aria sicura, sento che è perfettamente padrone di sé, incomincia a servirgli la sua storia: papà parrucchiere ad Algeri, la scuola, le vacanze e poi lo sbarco che ci ha impedito di ritornare, tutto fila a perfezione e, improvvisamente, la sola cosa che non avevamo previsto.

"E siete cattolici?"

"Certo."

"Allora siete stati battezzati."

"Sì. Abbiamo anche fatto la comunione."

"In che chiesa?"

Porca miseria, che tegola. La voce di Maurice risuona ancora più precisa.

"La Buffa, a Nizza."

L'interprete si accarezza il mento.

"Perché non ad Algeri?"

"La mamma preferiva che la facessimo in Francia, aveva un cugino nella regione."

Ci guarda, scrive qualche riga su un taccuino e lo richiude.

"Bene, verificheremo se tutto quello che ci avete raccontato è esatto. Per incominciare, passerete la visita medica. Verificheremo se siete circoncisi."

Maurice non fa una piega. Io cerco di restare impassibile.

L'interprete ci guarda.

"Avete capito?"

"No. Cosa vuol dire circonciso?"

I due uomini ci guardano. Forse hai esagerato, Maurice, magari tra poco potrebbero farci pagar cara tanta sicurezza. In ogni caso è adesso che il nostro bell'edificio crollerà.

Piano superiore. Un soldato ci spinge per le scale. Scopriranno tutto, me ne sbatto, salterò dal treno in corsa, non andrò in Germania.

Mi ritrovo in un'altra stanza, questa è vuota, non c'è scrivania, ci sono tre uomini in camice bianco.

Il più vecchio si volta quando entriamo.

"Ah no, non passeremo qui la notte, ho finito il mio servizio da mezz'ora."

Gli altri due sghignazzano e si tolgono il camice. Uno dei due è tedesco.

"Chi sono quei due?"

Il soldato che ci accompagna presenta una carta. Intanto gli altri si infilano la giacca.

Il vecchio legge, ha delle sopracciglia molto nere che contrastano con i capelli pepe e sale.

"Togliete i calzoncini e le mutande."

Gli altri due seguitano a chiacchierare, sento delle parole, dei nomi di strade, dei nomi di donne, stringono la mano al medico che ci esaminerà. Escono.

Il dottore si siede su una seggiola e ci fa segno di avvicinarci.

Il tedesco che ci ha portati sta dietro di noi, accanto alla porta, gli voltiamo le spalle.

Con la mano destra il dottore solleva a Maurice la camicia che gli nasconde il sesso. Non dice niente.

Tocca a me. Guarda.

"E a parte questo non siete ebrei."

Mi tiro su i calzoni.

"No, non siamo ebrei."

Sospira e senza guardare il soldato che aspetta, dice:

"Non badate a lui, non capisce il francese. Siamo soli qui, potete dirmi la verità, non uscirà da questo ufficio. Voi siete ebrei."

"No" dice Maurice. "I nostri genitori ci hanno fatti operare quando eravamo piccoli perché avevamo delle aderenze, ecco tutto."

Scuote la testa.

"Una fimosi, d'accordo. Figuratevi che tutti quelli che vengono qui hanno avuto una fimosi da bambini."

"Non è una... come dice lei, erano delle aderenze."

"Dove siete stati operati?"

"Ad Algeri, in ospedale."

"Quale ospedale?"

"Non lo so, eravamo molto piccoli."

Si gira verso di me:

"Sì, la mamma è venuta a trovarmi e mi ha portato dei dolci e un libro."

"Che libro?"

"*Robin Hood*, con le illustrazioni."

Silenzio. Si è risistemato sulla sua sedia e ci esamina uno dopo l'altro. Non so cosa ha letto nei nostri occhi ma senza dubbio qualcosa che lo incita a cambiare metodo. Con un gesto, fa uscire il soldato che ci aspetta.

Va alla finestra, guarda la strada gialla di sole al tramonto. Le sue mani giocano con le tende. Dolcemente, si mette a parlare.

"Mi chiamo Rosen" dice, "sapete cosa vuol dire chiamarsi Rosen?"

Ci guardiamo.

"No."

Educatamente, aggiungo:

"No, dottore."
Si avvicina e ci posa le mani sulle spalle.
"Significa semplicemente che sono ebreo."
Ci lascia digerire la notizia e aggiunge, dopo un'occhiata alla porta:
"Significa anche che con me si può parlare."
Ha gli occhi molto penetranti, quasi neri. Continuo a tacere ma Maurice reagisce più in fretta.
"D'accordo" dice, "lei è ebreo ma noi no, ecco tutto."
Il medico non risponde. Va verso l'attaccapanni, fruga nella sua giacca, tira fuori una sigaretta e l'accende. Impossibile sapere cosa passa nella testa di quell'uomo.
Improvvisamente mormora, come tra sé: "Cappello."
La porta si apre e l'SS con gli occhiali che ci ha interrogato è lì sulla porta.
Fa una domanda breve. Della risposta che gli dà il medico ricordo solo una frase ma ne vale la pena, ci ha salvato la vita. "Das ist chirurgical gemacht."

Ci hanno condotti in una stanza che un tempo doveva servire al personale dell'albergo. Non ho dormito. Alle sei del mattino nuovo interrogatorio. Questa volta siamo separati.
L'SS che mi interroga è molto diverso dal primo. Ogni tanto smette di far domande per mettersi delle gocce nel naso. Anche l'interprete è diverso. Questo ha la *r* moscia. Dal momento in cui sono entrato ho sentito stabilirsi una connivenza tra lui e me, so che mi sosterrà. È fondamentale l'interprete in un interrogatorio, basta una parola, un'intonazione e tutto cambia.
"Descrivi la camera dove abitavi in rue Jean-Jaurès."

So che confronteranno con la deposizione di Maurice ma su quel punto c'è poca speranza che ci incastrino.

"Dormivo con mio fratello, lui aveva il letto vicino alla porta, io vicino alla finestra, c'era il parquet per terra e avevamo uno scendiletto ciascuno, un tappetino rosso, uno per ciascuno. Avevamo anche un tavolino da notte ciascuno, ma le lampade erano diverse, la mia aveva un paralume verde e..."

"Non parlare così in fretta, devo tradurre..."

L'interprete si lancia in una lunga frase. L'SS tira su con il naso e aggiunge qualcosa. L'interprete ha l'aria seccata.

"Tuo fratello dice che il paralume era rosa."

"No, si è sbagliato, era verde."

"Sei sicuro?"

"Sicuro."

Scambio in tedesco. Rapidamente, l'interprete mi dice:

"Hai ragione, aveva detto verde. E i tuoi due fratelli, cosa facevano?"

"In negozio, tagliavano i capelli."

"Facevano politica?"

Faccio una smorfia incerta.

"Non lo so, non ne ho mai sentito parlare."

"Tuo padre leggeva il giornale?"

"Sì, ogni sera dopo cena."

"*Alger Républicain* o un altro?"

Attenzione, è un saltafosso che potrebbe essermi fatale. Quell'uomo ha l'aria di volermi aiutare ma non devo fidarmi di nessuno.

"Non so i nomi dei giornali."

"Va bene, puoi andare."

Ancora dei corridoi e mi ritrovo nella camera dei domestici dove Maurice mi aspetta.

La porta si richiude. I soldati non girano mai la

chiave ma sarebbe una pazzia cercare di uscire.

C'è una finestra, siamo in alto, all'ultimo piano. Ci affacciamo. Se qualcuno ci guarda dal buco della serratura o da un qualunque orifizio della stanza non ci vedrà nemmeno parlare.

"Un'altra cosa" dice Maurice, "alla domenica andavamo alla spiaggia. Facevamo il bagno, non ci ricordiamo il nome di quella spiaggia."

Tra me, penso che sono molte le cose di cui non sappiamo più il nome.

"E un'altra cosa che potresti aggiungere" mormora Maurice muovendo appena le labbra, "è che c'era una moschea non lontano, in una piazza."

Fisso tutto nella memoria. Cerco di trovare un dettaglio che autentichi definitivamente il nostro edifizio. Bruscamente, ho un'illuminazione.

"E se avessimo un amico arabo?"

Maurice ridacchia.

"E si chiamava Mohamed, no, non inventare niente, finiremmo per imbrogliarci. Hai conosciuto un arabo a Parigi?"

"No."

"Be', ad Algeri nemmeno, ecco tutto."

Rifletto.

"Però è più comune incontrare degli arabi ad Algeri che non a Parigi."

"No, noi abitavamo nel quartiere europeo e non frequentavamo gli arabi."

La cosa mi sembra tirata per i capelli ma taccio. In seguito ho saputo che si poteva effettivamente vivere ad Algeri e non conoscere gli arabi, quel Maurice Joffo aveva una specie di divinazione per i futuri problemi coloniali della Francia.

È quasi mezzogiorno e ho fame, non mangiamo niente da ventiquattro ore. Dei passi nel corridoio. È l'interprete.

"Joseph Joffo all'interrogatorio."

È il terzo da ieri, non la finiranno mai.

È sempre lo stesso SS raffreddato. Questa volta succhia delle pastiglie.

"A cosa giocavate a scuola?"

Questo non è difficile, potrei parlargliene per giorni.

"A prenderci, a rimpiattino, a guardie e ladri, alla palla, alle biglie, a tutti i giochi, insomma, anche a 'pulci'."

L'interprete interrompe il mio sproloquio e traduce. Capisco che non sa tradurre "pulci". Forse i bambini tedeschi non ci giocano.

"Posso fargli vedere con delle monete."

Si mette a ridere, si fruga in tasca e mi tende delle monete. Ne prendo due, ne faccio saltare una premendo sul bordo con l'altra.

L'ufficiale mi guarda fare con attenzione. Continuo la mia dimostrazione. L'interprete ride e sento che l'atmosfera si distende un po', ma il tedesco si riprende.

"Descrivici la città."

"È molto grande, c'è il mare, papà ci accompagnava tutte le domeniche quando faceva bel tempo, c'era anche una piazza, vicino alla rue Jean-Jaurès con una moschea bianca con sempre degli arabi attorno. C'erano anche una grande strada e..."

Incomincio a descriverla, prendo la Canebière per modello: i caffè, i cinema, i grandi magazzini: dieci anni dopo mi renderò conto che ho reinventato le rue d'Isly con più precisione che se ci fossi stato.

"... il porto è molto grande, era sempre pieno di navi."

"Di che genere?"

Ne ho viste a Marsiglia. Se erano a Marsiglia

dovevano anche essere ogni tanto ad Algeri.

"La maggior parte avevano lo scafo rosso e nero e dei camini, uno o due. Di solito due."

"Parlaci dei tuoi amici e di quelli di tuo fratello."

"Non erano gli stessi perché non eravamo nella stessa classe. Il mio miglior amico era Zérati, un giorno..."

Tra due ore saprò che anche Maurice ha parlato di Zérati. Il nome deve essergli sembrato abbastanza algerino perché ci lasciassero in pace per il resto della giornata.

Verso le sette un soldato ci ha condotto alle cucine dove abbiamo mangiato un piatto di minestra in piedi, davanti a una fila di pentole annerite.

Incomincia la seconda notte. Chissà se hanno arrestato papà e mamma. Se lo fanno e i miei genitori hanno documenti falsi, bisognerà fingere di non conoscerli. No, sarebbe orribile, non bisogna pensarci.

Il sonno tarda e la minestra non va giù. Eppure non devo vomitare perché ho bisogno di forza, domani continueranno certo a interrogarci e non devo vacillare. Dio degli ebrei, degli arabi e dei cattolici fa che non vacilli.

Distinguo il riquadro più chiaro della finestra. Maurice respira regolarmente accanto a me. Domani, forse, saremo liberi. Forse.

Sei giorni.

Sei giorni che ci tengono e non ci mollano. C'è stato ancora un interrogatorio il mattino del terzo giorno e un altro il pomeriggio del quarto. Da due giorni, nicntc. Mauricc ha domandato all'intcrprcte che ha incontrato in un corridoio dell'albergo. Sembra che la nostra pratica sia in sospeso, che i tedeschi aspettino un fatto più decisivo per classificarlo definitivamente: cioè per liberarci o imbarcarci per la deportazione.

I vari servizi sono sovraccarichi di lavoro. È un formicolio continuo di gente nel grande atrio, nei due saloni e nei corridoi dei piani. Le scale sono ingombre di civili, di SS militari. Ci sono i servizi di identità, quelli di verifica, il rilascio di Ausweiss, il controllo di domicilio. Un giorno via l'altro sono sempre gli stessi che ritroviamo nei corridoi, gli stessi coloriti plumbei, le rughe scavate dalla stanchezza e dalla paura; sul pianerottolo del secondo c'è un uomo che aspetta in piedi da tre giorni, viene appena si apre e va via che scende la notte. Chi è? Cosa vuole? Che documento viene a cercare invano? Tutto mi sembra assolutamente incomprensibile, c'è soprattutto quel contrasto tra gli sbraitamenti dei caporali SS che spingono il branco per le scale (sento dai loro gesti e dalle loro voci che gli piacerebbe colpire e uccidere) e d'altra parte quelle ricerche meticolose, quella selva di timbri, impronte, annotazioni, tutta una meticolosità che mi affascina. Come possono essere al tempo stesso assassini e burocrati pignoli?

Ad ogni modo, da ieri il sergente di settimana all'Excelsior ha trovato una sistemazione, ci sono due tipi in meno alla sbucciatura e li abbiamo rimpiazzati noi. La prima mattina ero contento di uscire dalla camera, ma presto mi sono disincantato: dopo i legumi c'è l'insalata, i piatti da lavare. Più di sessanta SS e impiegati mangiano nella ex sala da pranzo dell'albergo. Ieri sera ero talmente stanco che mi sono addormentato molto tardi, ho sentito una chiesa che suonava le due. Forse era il campanile della Buffa.

Alle sette della mattina sono venuti a svegliarci,

dobbiamo scendere nelle cucine. Quando ne avranno abbastanza di farci lavorare ci uccideranno, lo sento. Sento pure che il morale sta crollando e la cosa dipende da una specie di emicrania che mi tormenta quasi di continuo dopo l'ultimo interrogatorio.

Ieri, risalendo, ho visto il dottore che andava via. Non aveva camice bianco e per poco non l'ho riconosciuto. Lui ci ha visti. Ha avuto un'espressione di sorpresa e è passato via molto in fretta. È sparito nella porta girevole.

Perché lo ha fatto, quello là? Perché ci ha salvato, proprio noi mentre probabilmente ne condanna centinaia ogni giorno? Perché ha avuto pietà di due bambini? Niente di meno sicuro, ieri nel salone c'era un intero contingente di ebrei con i biglietti verdi e ce n'erano con dei bambini in braccio molto più piccoli, molto più carini, molto più teneri di noi.

Forse perché non abbiamo detto niente, [illegible]ché la nostra testardaggine gli è piaciuta e si è detto: "Eccone due che si aggrappano alla loro vita, meritano di non perderla, gli darò una mano." È possibile. Ma lo saprà, lui? Forse si è sorpreso a salvarci, forse non si è ancora ripreso... Non so e poi mi è troppo difficile riflettere con questo male di testa. Maurice ha domandato dell'aspirina. Non ce n'è.

"Guarda."

Mentre scendiamo verso l'atrio la mano di Maurice si stringe brutalmente attorno al mio braccio e mi blocca. Il grande salone è zeppo di gente, mi sembra che il numero degli arresti aumenti e mi ricordo che è venerdì, il giorno delle partenze. Chi ha visto?

"A destra" sussurra Maurice, "vicino alla colonna."

Allora li vedo, tutti e tre in calzoncini. C'è Masso tra loro e due altri del campo dei Compagnons. Il più grande era vicino a me a Vallauris, il giorno della ceramica.

Jean mi ha visto. Alza le braccia, il suo viso si illumina. Improvvisamente ho voglia di piangere e corro verso di loro con Maurice alle calcagna.

Ci stringiamo le mani in mezzo alla baraonda, Masso mi abbraccia, ride.

"Vi credevamo partiti per il campo, ero sicuro che vi avessero imbarcato. Perché vi tengono qui?"

Sarebbe difficile da spiegare. Preferisco interrogare.

"Ma voi cosa fate qui?"

Ha l'aria in forma, i capelli tutti arruffati, in poche parole mi mette al corrente.

"Stanotte le SS hanno circondato il campo e sono entrate, abbiamo dovuto alzarci, togliere il pigiama, ci hanno guardato il cosino con le torce elettriche e hanno imballato tutti i circoncisi, io è perché ho avuto un'operazione quando avevo sei anni, non glielo ho ancora potuto spiegare..."

Maurice si guarda attorno alzandosi in punta di piedi.

"Siete solo voi tre? Non ce n'è altri?"

Il tipo della ceramica strizza l'occhio.

"Quando ha saputo che Ferdinand e voi due eravate stati arrestati, Subinagui è diventato diffidente."

Maurice fa un gesto eloquente: non bisogna parlare così forte, ci sono uomini in civile della Gestapo che si mischiano alla folla dei sospetti e ascoltano. Se sentono qualcosa fanno scendere i chiacchieroni nelle cantine e lì non si sa che cosa succede.

Il ragazzo capisce e abbassa la voce, adesso sussurra.

"Sapete che c'erano parecchi ebrei al campo che si nascondevano? Subinagui li ha fatti partire in piena notte dando loro degli indirizzi. Noi ci siamo fatti beccare per la strada, vicino a Grasse, non avevamo documenti."

Guardo Masso. Sorride con tutti i denti e mi dà una pacca sulla spalla.

"Ti dirò una bella cosa, Joffo, noi ce ne sbattiamo di queste storie, non partiremo, mica siamo ebrei."

Maurice mi tira per il braccio.

"Vieni, dobbiamo andare in cucina perché ci sgrideranno se non ci vedono."

Ci stringiamo la mano rapidamente. Prima di scendere le scale, mi volto: vedo la testa di Jean sorridente tra due spalle. Non so ancora che non lo rivedrò più, che nessuno ha mai rivisto Jean Masso.

Arrivato il venerdì mattina, i tedeschi non ebbero il tempo di esaminare il suo caso. La Gestapo di Nizza doveva fornire per ogni convoglio un contingente di milleduecento persone. Alle diciotto, stupefatto, sentì il suo nome sulla lista e salì sul treno della morte. Aveva fatto il tappabuchi. Grazie a lui quella settimana le statistiche di ebrei arrestati furono esatte.

I giorni seguenti, il mio male di testa peggiorò. Adesso anche di notte l'albergo era pieno di rumore, di passi, di grida e mi svegliavo di soprassalto, madido di sudore. Adesso ero sicuro che in cantina picchiavano la gente.

Adesso avevano smesso del tutto di interrogarci e non sapevo cosa bisognava pensare dell'oblio in cui sprofondavamo poco a poco. Ci avevano totalmente dimenticati? L'incartamento era andato perduto? Oppure si stavano dedicando a un'inchiesta minuziosa? La sola cosa certa e rassicurante era che non potevano andare ad Algeri, ma forse disponevano di altri mezzi per sapere veramente chi eravamo.

Ogni mezzogiorno e ogni sera avveniva la stessa commedia, io non riuscivo più a mangiare e Maurice mi costringeva. Allora litigavamo e una sera in cui mi ero sforzato di mangiare un piatto di purée con qualche centimetro di sformato, vomitai per le scale risalendo in camera. Ero terrorizzato perché se un tedesco mi avesse visto, so che mi avrebbe picchiato, ammazzato, magari. Qualcuno saliva dietro di noi e mio fratello mi trascinò a gran velocità. Crollai sul letto con il cuore che batteva e lo stomaco sconvolto dai crampi. Prima di addormentarmi sentii che Maurice mi toglieva le scarpe e mi asciugava la fronte con un lembo della camicia. Mi addormentai.

Durante la notte ebbi un'impressione strana, qualcuno grattava alla nostra porta. Mi svegliai e non avevo nessuna paura. Le mie dita tastarono sotto il letto e incontrarono il metallo freddo di un mitra. Mi domandai chi l'aveva messo lì e me ne impadronii. Sentii il freddo del pavimento sotto i piedi nudi e andai ad aprire la porta. Mi trovai faccia a faccia con l'SS che mi aveva interrogato la seconda volta. Il suo viso era contro al mio, enorme, deformato dalla vicinanza; distinguevo ogni poro della sua pelle con perfetta chiarezza. I suoi occhi si ingrandirono, somigliavano a due laghi mostruosi in cui sarei stato inghiottito per morire annegato, e proprio nel momento in cui premevo il grilletto lui crollò contro il muro coperto di sangue.

Mi sentii divinamente bene e mi avviai giù per il corridoio. A una svolta apparvero improvvisamente dei tedeschi in uniforme e degli uomini della Gestapo, si avventarono urlando verso di me e io lasciai partire una raffica, li vidi piroettare, i muri diventarono rossi e io incominciai a scendere le scale. Adesso tutti correvano da ogni parte terrorizzati, mi misi a tirare senza sosta meravigliandomi che la mia arma fosse così perfettamente silenziosa, feci un'autentica carneficina, vedevo i buchi nei ventri, nei petti, nelle teste che si fracassavano. Jean Masso, entusiasta, applaudiva gridando: "Bravo Joseph, ammazzali tutti." Altri due uomini uscirono dalla cantina e io girai la canna verso di loro e li innaffiai a loro volta, crollarono come patetici burattini e il sangue continuava a scorrere e mi arrivava alle scarpe. Ci sguazzavo dentro schizzandomi fino al ginocchio. Soffocavo di orrore e ripresi a vomitare prima di cadere su un mucchio di cadaveri. Allora vidi mio padre che veniva verso di me dal fondo di una galleria e volli correre verso di lui ma non riuscivo a liberarmi dalle braccia e dalle gambe che mi stringevano, sarei morto soffocato nel carniere e feci uno sforzo terribile per raggiungere la superficie, uno sforzo così grande che riuscii a aprire gli occhi.

Ero in una camera sconosciuta e il silenzio era totale. Il soffitto era lucido, come laccato e mi ci vedevo riflesso, mi trovavo ridicolmente piccolo, la mia testa usciva appena dalle lenzuola e riposava su un cuscino.

Richiusi gli occhi e qualche istante dopo sentii una mano sulla mia fronte e riuscii di nuovo a socchiudere le palpebre. Era una ragazza che mi sorrideva, mi parve molto bella, il suo sorriso era dolce e i denti brillavano.

Capì che non avevo la forza di aprire la bocca e rispose a tutte le mie domande come se me le avesse lette negli occhi.

Mi avevano trovato in corridoio, all'alba, svenuto. Ero stato trasportato in un'altra camera e il medico aveva detto che era grave, un principio di meningite.

Ascoltavo. L'avrei ascoltata parlare per giorni interi. Seppi che mi trovavo sempre nell'albergo.

Mi lasciò per qualche istante e ritornò con della frutta cotta che mi fece mangiare a cucchiaini. Cercai per un momento di tirar fuori un braccio dalle coperte per prendere quel cucchiaio ma la mia mano tremava troppo. Avevo paura di vomitare ma la cosa non avvenne e ne fui felice perché non volevo macchiare il lenzuolo e procurare delle noie a quella donna così gentile.

Quando se ne fu andata, richiusi gli occhi ma c'era un'immagine che appariva continuamente sotto le mie palpebre e di cui non riuscivo a sbarazzarmi: vedevo una porta.

Sapevo che era la porta della cantina dell'hôtel Excelsior, non aveva niente di speciale ma avevo una paura terribile che si aprisse, che ne uscissero degli esseri di cui ignoravo ancora la forma e il colore ma che sapevo essere cose di spavento. Nel momento in cui la vidi socchiudersi, lanciai un tale grido che la mia infermiera ritornò. Ero di nuovo fradicio di sudore e lei mi asciugò il viso e il collo. Potei dirle qualche parola e questo parve farle piacere, mi disse che era buon segno, era la prova che incominciavo a guarire.

Rimase con me per buona parte della notte, ogni volta che mi svegliavo distinguevo la sua presenza seduta sulla poltrona e questo mi tranquillizzava.

Sorse il giorno e mi accorsi che ero solo nella camera. Allora successe una cosa strana: mi alzai e mi avvicinai alla finestra. Sebbene fosse ancora buio, distinsi una forma in basso, distesa sul marciapiede. Era un ragazzo immerso nel suo sangue. Guardai il suo viso più attentamente, era girato verso di me e improvvisamente lo riconobbi: era quello di Joseph Joffo.

Era strano, ero a un tempo morto sul marciapiede e vivo in una camera di clinica. L'importante era sapere quale era vero. Le mie cellule dovevano funzionare normalmente perché arrivai alla seguente conclusione: sarei uscito e avrei certo incontrato qualcuno. Se quel qualcuno mi parlava voleva dire che ero io il vero Joseph, se nessuno mi diceva niente il vero Joseph era il bambino morto con un piede nel canaletto sotto il marciapiede.

Uscii e mi trovai in un corridoio. Non ci volle molto. Una voce mi fece sussultare.

"Ma cosa stai combinando, tu?"

Mi voltai e sorrisi. Ero rassicurato: il vero Jo era vivo.

Tranquillamente ritornai in camera, il medico diagnosticò un caso di sonnambulismo e da quel momento non rividi più la porta della cantina.

Adesso i giorni passavano calmi e quasi felici. Mi riprendevo abbastanza rapidamente e la mia infermiera che si chiamava signorina Hauser si rallegrava del mio aspetto sempre migliore.

Una mattina, era una settimana circa che mi trovavo là, le domandai perché non portava il camice come i medici e le infermiere. Lei mi sorrise e disse:

"Questo non è un ospedale e io non sono infermiera."

Restai un momento senza voce e soggiunsi:

"Ma allora, perché mi cura?"

Lei si girò e si mise a sprimacciarmi i guanciali.

Prima che potessi farle un'altra domanda, disse semplicemente:

"Sono ebrea."

Mai faticai tanto per resistere alla tentazione di

dirle: "anch'io", ma non potevo farlo, era escluso, forse in quel momento c'erano degli uomini con l'orecchio premuto alla porta. Non risposi ma afferrai il suo collo e l'abbracciai. Lei mi rese il bacio, mi sfiorò la guancia con un dito e uscì.

Mi augurai, con tutte le forze, che i tedeschi avessero bisogno di lei per molto tempo, fino alla fine della guerra, che non la portassero via in uno di quei convogli del venerdì...

Alla sera ritornò con un libro e me lo porse.

"Dovresti leggere un po', Jo, non vai più a scuola da molto e ti farebbe bene."

Mi misi a leggere e arrivai al ritmo di due o tre libri al giorno. Adesso potevo alzarmi quando ne avevo voglia. Domandai spesso alla signorina Hauser il permesso di scrivere a mio fratello ma il regolamento era severo, ogni corrispondenza con l'esterno era vietata.

Una mattina verso le nove, mentre ero immerso in un Jack London, la porta si aprì e entrò un dottore. Lo conoscevo bene, era quello che mi aveva visitato al mio arrivo.

Guardò il foglio della temperatura ai piedi del letto, mi disse di mostrargli la lingua e non la guardò. Si avvicinò, mi sollevò una palpebra e disse semplicemente:

"Vestiti."

Non credevo alle mie orecchie.

"La tua roba è nell'armadio."

Decisi di tentare il tutto per il tutto pur di restare.

"Ma non posso alzarmi, appena metto i piedi per terra mi gira la testa e cado."

Non si diede nemmeno la pena di rispondermi. Consultò l'orologio.

"Tra cinque minuti devi essere dabbasso, sbrigati."

Mi vestii. I miei abiti erano stati lavati e stirati e sentii in questo la mano della mia infermiera. Uscii e non la vidi nel piccolo ufficio a vetri che occupava di solito, vicino alla mia camera e nel quale avevamo chiacchierato tanto spesso. Stavo per scrivere: "non la rividi mai", ma mi accorgo che ho usato troppe volte questa formula. Purtroppo è appropriata ancora una volta. Dove è andata, signorina Hauser? In che campo l'hanno sbarcata in una di quelle mattine fredde e nebbiose di Polonia o di Germania orientale? Tanti anni sono passati eppure rivedo ancora quel viso chiaro chino su di me, sento le sue mani dolci sulla fronte, sento la voce:

"Dovresti leggere un po', Jo, non vai più a scuola..."

Mi ritrovai con Maurice. Era più magro e più pallido.

"Non va mica bene in questo momento, c'è un nuovo capo, sembra che qui fossero troppo molli e allora hanno nominato questo, è uno terribile, bisognerà stare attenti."

Non immaginava di dire cose tanto giuste, meno di due ore dopo il mio arrivo, un civile francese venne a cercarci in cucina.

"Maurice e Joseph Joffo, interrogatorio."

Il nostro fascicolo era aperto sul tavolo, c'erano molte carte e delle lettere.

Dunque non avevano lasciato cadere la cosa e mi sentii tremare le gambe. Avevano addosso una guerra mondiale, indietreggiavano davanti ai russi e agli americani, si battevano ai quattro angoli del pianeta e dedicavano tempo e uomini per cercar di sapere se due ragazzini erano ebrei o no, e tutto questo ormai da tre settimane!

Il tedesco in abiti civili che troneggiava dietro

la scrivania doveva essere quel terribile di cui mi aveva parlato Maurice. Indossava una giacca di tweed molto pesante che lo ingrossava ancora di più. Sebbene seduto ci si rendeva conto che era molto piccolo. Anche l'interprete era cambiato.

In piedi, con il ventre contro il bordo della scrivania, Maurice e io aspettiamo.

L'ometto ci guarda, sposta delle carte, mormora una frase. La traduzione segue automaticamente.

"Il comandante del campo 'Nuovo Raccolto' ha confermato la vostra storia in tutti i punti."

Si ferma e mi sento invadere dal calore, forse tra cinque minuti saremo fuori.

Il tedesco, sempre in un mormorio, riprende la parola. Va troppo in fretta perché riesca a capire tutto, ma l'interprete fa il suo mestiere. Quello lì non pasticcia, la sua non è una voce umana con intonazione, calore, accento, è una macchina di alta precisione per tradurre e deve annunciare nascite e morti con lo stesso tono. Senza muoversi, accenna a Maurice con il mento.

"La vostra storia va avanti da troppo, non possiamo più tenervi qui..."

Sono anch'io della stessa opinione. Va avanti:

"Tu, il più grande, esci. Hai quarantotto ore per portarci le prove che non sei ebreo. Ci occorrono dei certificati di comunione, devi ritrovare il prete di Nizza. Arrangiati."

Il tedesco aggiunge qualcosa. L'interprete interviene:

"Se fra quarantotto ore non torni, facciamo a pezzi tuo fratello."

Maurice batte i tacchi, io lo imito senza sapere perché, deve aver notato che è una cosa che piace.

"Grazie, signori," dice "ritornerò."

Come se allontanasse la polvere da un vassoio,

l'uomo della Gestapo ci congeda con un gesto della mano. Non c'è tempo da perdere. Maurice si lucida le scarpe con un lembo della coperta. Io mi siedo sul mio letto.

"Maurice, tu esci. Se vedi che c'è una speranza di farmi liberare, ritorna. Altrimenti resta fuori e nasconditi. Meglio che ne rimanga uno su due che nessuno dei due."

Si pettina a gran velocità cercando di riflettersi nel vetro della finestra.

"Non pensarci. Tra due giorni sarò qui. Ciao."

La porta si è già richiusa. Sento il passo precipitoso delle sue suole di legno sulla moquette. Non mi ha abbracciato e non mi ha dato neppure la mano.

Ci si abbraccia forse per una separazione di due giorni? È strano ma quei due giorni non mi parvero più lunghi degli altri. Non guardavo in modo particolare l'orologio. Sapevo, o meglio speravo, che non mi avrebbero fatto a pezzi, avrei soltanto avuto il biglietto verde per venerdì e siccome sarei evaso dal treno la cosa non era poi tanto grave.

Mi sentivo molto più in forma che prima della malattia, lavoravo nelle cucine e incominciavano a conoscermi. Certe volte, passando per un corridoio o scendendo le scale, mi capitava di imbattermi in un tedesco o in un interprete che mi sorridevano o mi stringevano la mano. Sentivo di essere sul punto di diventare una delle figure tradizionali dell'hôtel Excelsior.

Quel giorno fui particolarmente accurato: dopo aver sbucciato i topinambur, sgusciato i fagioli e pulito le lenticchie fui spedito con un barattolo di cera e due tipi diversi di stracci a lucidare le porte delle camere.

Stavo attaccando la prima quando ricevetti una

pedata nel sedere, non malvagia ma sufficiente a farmi mollare il barattolo.

Era Maurice, tutto allegro.

Gli tirai un destro al fegato, lui rispose con due ganci corti, mi saltellò attorno e finì per dire:

"Ho i certificati."

Abbandonai la mia attrezzatura da lucidatore di porte e andammo in uno stanzino che chiudeva il corridoio e dove si tenevano le scope e il materiale per la pulizia. Era un luogo sicuro dove nessuno poteva sentirci. Mi raccontò come erano andate le cose.

Giocando il tutto per il tutto, era ritornato a casa: i miei genitori erano sempre lì, non uscivano e non aprivano le imposte, erano dimagriti tutti e due e una vicina gli faceva le spese. Aveva spiegato la situazione e la mamma aveva pianto. Allora Maurice era uscito ed era entrato nella chiesa vicina.

"Capisci" mi disse, "mi sono ricordato del curato di Dax, se un prete ci aveva salvato una volta, un altro ci avrebbe forse reso lo stesso servizio una seconda volta."

In chiesa non c'era nessuno, solo un vecchio che metteva in ordine le sedie. Maurice gli aveva chiesto dove poteva trovare il curato. Il vecchio signore rispose che era lui. Il sacrestano era in Germania in una fabbrica e bisognava che facesse tutto da solo.

Fece entrare Maurice in sacrestia, mise una tonaca e lo ascoltò. Maurice raccontò tutto. Il curato non gli lasciò neppure il tempo di finire la storia.

"Non preoccuparti, preparo i certificati di comunione e te li dò subito. D'altra parte, spiegherò la situazione tua e di tuo fratello a Monsignor Arcivescovo che interverrà sicuramente. Rientra tranquillamente al campo, consola Joseph, verrò a trovarvi all'Excelsior."

Quando uscì raggiante dalla chiesa, Maurice aveva i certificati in tasca.

Invece di rientrare subito fece una deviazione per Golfe-Juan per vedere Subinagui e lì ricominciò a spiegare la situazione.

"Non fatevi cattivo sangue" disse il capo del campo, "telefonerò anch'io all'Arcivescovo perché due precauzioni valgono meglio di una e ti posso assicurare che farà il massimo."

Non disse niente di più ma Maurice comprese che monsignor Remond aveva evitato a tutti quelli che poteva la partenza per Drancy.

Questa volta avevamo veramente in mano la carta buona. Appena usciti dall'armadio, ci arrivò addosso l'interprete-macchina.

"Allora, hai le prove?"

"Certo, ho i certificati di comunione."

Ci guardò, era impossibile sapere se era soddisfatto o deluso dalla notizia.

"Aspettate davanti all'ufficio, vado a avvertire il responsabile."

Faticavo a restare calmo ma non bisognava dare troppo spettacolo di giubilo, bisognava rimanere naturali. Avevamo fatto la comunione alla Buffa, ne portavamo le prove e basta. Niente di più naturale.

Entriamo. Il tedesco indossa la stessa giacca di tweed. Maurice gli porge le carte. Le guarda, le rigira.

"Das ist False!"

Anche senza sapere la lingua, la traduzione è inevitabile: sono false.

Non ammirerò mai abbastanza i riflessi di mio fratello:

"Bene, allora ci libera?"

L'interprete lascia filtrare le parole tra le labbra.

"No, questi documenti sono falsi."

Maurice ha avuto il tempo di prepararsi.

"Gli dica che si sbaglia. Del resto, il curato verrà a trovarci e ci porterà via. Ce lo ha detto."

"Verificheremo. Uscite."

Nell'incartamento che si richiude i nostri certificati sono al posto d'onore. Ma non sono bastati a farci liberare.

Fuori, Maurice sibila tra i denti:

"Porca di una malora schifosa..."

Una voce risuona al piano di sotto:

"Joffo, in cucina tutti e due, vi cercano."

Ridiscendiamo. Uno degli impiegati ci porge un cesto piatto, di vimini, un grande cesto quasi circolare.

"Andate a prendere dei pomodori e sbrigatevi. Prendete i più maturi."

Sapevo dove erano i pomodori. C'era una scaletta adiacente al pianerottolo di un altro immobile e quella scala di una decina di gradini terminava in una specie di terrazza coperta, abbastanza fresca dove venivano depositate la frutta e la verdura che la cucina non trovava abbastanza mature. In ultima fila c'erano i pomodori.

Li conoscevo bene, ne avevo trasportati tanti dal mercato al bar di Tite. Questi erano appena gialli e sulle nervature in alto erano verdi e mostravano una specie di stella di smeraldo.

Maurice si guardò attorno. Era tranquillo, un'atmosfera da cortile di servizio, i muri gialli di sole ci circondavano.

Presi un pomodoro e lo posai sul fondo del cesto ma non ebbi la forza di prenderne un secondo. Il mio sguardo era fisso sul muretto che separava il pianerottolo su cui ci trovavamo dall'immobile di fronte.

Non c'erano nemmeno cinquanta centimetri

Cinquanta centimetri da varcare ed era la libertà.

Guardai Maurice. Anche lui respirava più in fretta. Bisognava scegliere rapidamente, pochi brevi minuti per decidere.

Laggiù, sull'altro pianerottolo, bastava correre giù per le scale e saremmo stati fuori, sulla strada di fronte all'albergo; era finita con l'attesa, i documenti falsi, gli interrogatori, quei sudori di angoscia: un muretto di cinquanta centimetri e la morte si allontanava per sempre.

Non osavo parlare, sapevo che Maurice era teso come una corda d'arco. Posai un secondo pomodoro accanto al primo.

Maurice ne prese anche lui uno ma lo tenne in mano.

"Andiamo" mormora.

Mi alzo, un brivido mi percorre, quattro passi da fare.

L'ombra del muro taglia sul suolo una linea netta, una macchia di inchiostro tirata con il righello. Forse il sole ha girato ma in fondo alla linea d'ombra c'è una protuberanza, qualcosa che si muove e sparisce.

Mi chino e raccolgo un insetto immaginario. Poche probabilità che la sentinella sappia parlare francese ma due precauzioni sono meglio di una.

"L'ho mancato, è volato via."

Maurice ha riempito già metà del cesto.

"Sei un idiota se credi di riuscire a prendere una farfalla con la mano."

Lo aiuto e ripartiamo.

Prima di discendere, scatto come una molla, salto in aria e ricado.

"Accidenti, mancato ancora."

L'uomo è sparito, ho visto per un istante il contorno del corpo, la macchia nera che forma la canna del mitra.

Uno dei cuochi si volta al nostro arrivo e ci guarda posare il paniere sul tavolo.

"Cosa fate qui?"

"Ma come, abbiamo portato i pomodori!"

Resta un istante a bocca aperta e si gira bruscamente.

"Va bene, lasciateli lì. Non abbiamo più bisogno di voi."

La sua sorpresa non mi è sfuggita. La capirò ancora meglio quando mi accorgerò che nei tre pasti successivi, quello della sera e i due dell'indomani, non c'è nessuna pietanza con pomodori.

Maurice aveva decisamente ragione; il capo dell'Excelsior era un mostro temibile. Quel trabocchetto non sarebbe stato forse l'ultimo.

Il curato della Buffa venne tre giorni dopo. Si sedette su una sedia che gli portò un SS. Era una manifestazione di rispetto assai poco comune all'Excelsior, ma fu l'unica. Rimase tre ore immobile, seduto senza dire una parola.

Trascorse quelle tre ore vennero a dirgli che non sarebbe stato ricevuto.

Si alzò e chiamò con il dito un interprete che passava per il corridoio. Con voce dolce e misurata spiegò che capiva benissimo che i servizi della Gestapo erano molto occupati, traboccanti, anzi, di lavoro, e che quindi sarebbe ritornato il giorno dopo alle sette e sarebbe rimasto fino alla chiusura e questo fino alla vittoria del III Reich, se necessario, in modo da impedire che i servizi amministrativi nazisti commettessero un grave errore di cui avrebbero sofferto due bambini. Si permetteva di aggiungere che Monsignor Arcivescovo che era al corrente del suo passo era deciso a intervenire in alto loco, a Berlino se necessario.

Via via che parlava, un piccolo gruppo di SS gli si era formato attorno e il bravo curato non mancava di aggiungere, quando raccontava questa storia: "Dopo il mio discorsetto, mi guardarono e faticai a trattenermi dal benedirli.'

Eravamo capitati sul prete più testardo, più dotato di senso dell'umorismo e più accanito a strappare gli ebrei dagli artigli dei tedeschi che ci fosse in tutta la regione delle Alpi Marittime.

L'indomani, la porta non era ancora aperta e le sentinelle di notte non avevano ancora ricevuto il cambio da quelle di giorno che l'addetto all'atrio vide arrivare il buon curato della Buffa che gli fece un piccolo gesto amichevole, trotterellò verso le scale, si impadronì di una sedia mormorando, "Non scomodatevi" a delle SS che stavano giocando a carte e venne a sistemarsi di fronte all'ufficio. Questa volta si era munito del suo breviario ed era facile capire, solo a vederlo, che sarebbe stato più facile spostare il Monte Bianco che anche solo immaginare che quell'uomo potesse deviare di un millimetro dal compito che si era prefisso.

Ogni volta che un interprete, un impiegato, una persona qualunque passava nel corridoio, effettuava una leggera deviazione.

A mezzogiorno non era stato ancora ricevuto.

A mezzogiorno e cinque il curato tuffò la mano in una tasca profonda della sua tonaca e ne tirò fuori un pacchetto di carta accuratamente confezionato. Nella carta c'erano due fette di pane nero e un pezzetto di mortadella.

Il curato mangiò il suo panino con slancio, ripiegò la carta che si rimise in tasca, mandò giù una caramellina che nelle sue intenzioni doveva rappresentare il dessert e, poiché un poliziotto tedesco lo guardava attonito da una decina di metri di distanza, si alzò e gli domandò in un tedesco grammaticalmente corretto ma dall'accento nettamente nizzardo:

"Mi scuso di disturbarla, soldato, ma avrebbe la cortesia di portarmi un bicchiere d'acqua?"

Dopo quell'episodio, divenne rapidamente l'attrazione dell'albergo e i responsabili capirono che ne poteva derivare qualche pericolo, così alle quattordici fu introdotto per primo. Il colloquio fu breve, asciutto ma cortese.

Tornò l'indomani ma questa volta non ebbe bisogno di sedersi. Fu introdotto immediatamente. Portava i documenti richiesti e altri: c'erano i nostri due certificati di battesimo e una lettera manoscritta dell'arcivescovo che spiegava che quei due certificati erano stati redatti alla cattedrale di Algeri, città dove eravamo nati e che si trovavano in sua mano in quanto necessari alla nostra comunione, che pure certificava aver avuto luogo alla chiesa della Buffa alla data menzionata. In forza di ciò domandava la nostra liberazione immediata e si dichiarava pronto, se quelle prove non erano giudicate sufficienti, a venire lui stesso a spiegarsi alla sede della Gestapo.

Sarebbe stato certo spiacevole per la Gestapo se l'episcopato avesse preso ufficialmente posizione contro di lei. Le ragioni sono ancora oscure, anche oggi. Tuttavia se ne può identificare una. Persino in quegli anni in cui la Francia si vuota di uomini, di cibo, di materiale, persino nel momento in cui i lavoratori partono verso le fabbriche tedesche, la politica di collaborazione europea non è ancora abbandonata, non bisogna quindi, per mandare due bambini nella camera a gas, guastarsi con la chiesa di Francia, perché i praticanti sono numerosi. Per salvaguardare la sua politica di neutralità di fronte al cattolicesimo nizzardo, la Gestapo decide quindi di rilasciare, dopo più di un mese di arresto, Maurice e Joseph Joffo.

La vita dipende spesso da piccole cose e in quegli anni posso dire che per noi dipendeva da quasi niente. Semplicemente dal fatto che, arrestati di venerdì, eravamo entrati nell'hôtel Excelsior quando il convoglio settimanale era già stato costituito e che la mania amministrativa dei tedeschi li portò ad aprire un'indagine che ci riguardava. Pochi tra noi hanno avuto questa fortuna.

Fu il curato che ci portò via, tenendoci uno per mano. Quando l'uomo dalla giacca di tweed firmò l'atto di liberazione, il nostro curato se lo mise in tasca come qualcosa che gli era dovuto da molto e non ringraziò. C'era persino, nel suo atteggiamento, una punta di irritazione che voleva dire: "Ce n'è voluto del tempo perché vi decideste."

Prima di uscire dall'ufficio, salutò con la testa e ci disse:

"Maurice, Joseph, dite arrivederci al signore."

Ubbidimmo con slancio:

"Arrivederci, signore."

L'uomo in tweed ci guardò uscire senza una parola, l'interprete non aveva avuto bisogno di tradurre.

Fuori fui abbagliato dal sole e dal vento che veniva dal mare. Sussultai: davanti all'albergo era parcheggiato il camioncino che ci aveva accompagnati. Al volante stava Subinagui che ci abbracciò felice.

"Forza, in viaggio, si torna al Nuovo Raccolto, vi siete fermati abbastanza in città."

Il camioncino parte. Mi volto, davanti all'albergo le sentinelle rimpiccioliscono, rimpiccioliscono e spariscono dopo una svolta. È finita, siamo fuori.

Siamo sul lungomare, il mare è lì che scintilla. Tra poco il sole ci tramonterà dentro.

Il camioncino si ferma.

"Vado a prendere la mia razione" dice Subinàgui, "il tabaccaio di Golfe-Juan non viene più rifornito, forse avrò più fortuna qui."

Scendiamo.

È il posto in cui la spiaggia è più selvaggia, i ciottoli più grossi, più tondi, più duri che altrove, mi storco i piedi nelle mie scarpe con la suola di legno ma più ci si avvicina al mare, più i sassi rimpicciolíscono, si appiattiscono, diventano una ghiaia umida e scivolosa che viene ricoperta dalle frange della risacca.

Stento a sciogliere i lacci. Maurice si sta già togliendo i calzini.

Ce l'ho fatta, sono a piedi nudi e l'acqua che scorre mi si infila tra le dita.

Avanziamo assieme. In principio fa freddo ma è gradevole, sembra che la temperatura dell'acqua si abbassi di secondo in secondo.

Il mare è piatto e immobile, immenso mare d'olio che il sole colora di rosso. Sulla spiaggia ci sono dei gabbiani che, improvvisamente, si alzano in volo tutti assieme, passano radente le nostre teste e volano verso il largo, planando.

Adesso l'acqua ci arriva al ginocchio e ci fermiamo. Il cielo è al massimo del suo azzurro. Restiamo lì, in piedi, senza dire niente.

Non penso a niente, ho la testa vuota, so solamente che vivrò, che sono libero come i gabbiani.

Dietro di noi, appoggiato al parapetto, Subinagui ci guarda.

Gérard appare sulla porta della cucina. È impeccabile come sempre, ogni notte mette i calzoncini sotto il materasso perché conservino la piega.

"Jo, al telefono."

Abbandono i miei fagiolini. Si potrebbe cucire per dieci anni con tutti i fili che ho tolto.

Attraverso correndo il campo fino all'ufficio.

Subinagui sta parlando e mi porge il ricevitore quando arrivo.

"È tuo padre."

Premo con tutte le forze il ricevitore contro l'orecchio mentre lui esce e si chiude la porta alle spalle.

"Pronto, papà?"

Devo avere avuto la voce tremante perché non mi ha riconosciuto.

"Sei tu, Joseph?"

"Sì, come stai?"

"Bene, benissimo. Anche la mamma. Sono contento che siate lì tutti e due."

È commosso, un po' tremante. Aggiunge:

"Siete stati bravi a tener duro, ho avuto una bella emozione quando ho visto Maurice ma sapevo che sarebbe finito tutto bene."

A sentire il sollievo che c'è nella sua voce, non doveva poi essere tanto sicuro.

"Hai avuto paura?"

"No... insomma, mica tanto, sono stato ammalato per un po' ma sono guarito, sto bene. E Henri e Albert?"

"Stanno bene anche loro, ricevo notizie regolarmente. Teniamo duro, vedi."

"Sì, lo spero."

"Allora, senti, non posso restare troppo, tua madre si preoccuperebbe, la conosci... Abbraccia Maurice. Ti abbraccio forte. Ci rivedremo presto."

"Sì, papà."

"Arrivederci, Jo e... fa' il bravo..."

Quando mi dice "fa' il bravo" vuol dire che non sa più cosa dire e ho paura di scoppiare in pianto al telefono.

"Arrivederci, papà, a presto."

Un clic. Ha riattaccato.

Che peccato che non ci fosse anche Maurice ma lavorava alla fattoria a tre chilometri di lì.

Torno ai miei fagiolini. La vita al campo non è più la stessa di prima. Testi è andato via, è venuta una zia a prenderlo e così non ho ritrovato il mio amico. E poi, dopo l'irruzione della Gestapo in piena notte, l'atmosfera non è più di sicurezza come prima. Siamo meno numerosi, adesso, certi sono andati via. Si dice che uno dei più grandi si sia arruolato nella milizia. Alla sera, le veglie si accorciano, si è stabilita una certa diffidenza. Ma, anche così, per me quel campo è il paradiso, è bello poter andare dove si vuole e soprattutto stare all'aperto. Le giornate si accorciano, andiamo verso l'inverno. Ancora un inverno di guerra.

"Finirà presto la guerra, signor Subinagui?"

Ride e tira una riga sotto l'ultima addizione della colonna. Chiude il quaderno dei conti e afferma:

"Tre mesi, scommetto che non durerà più di tre mesi."

Lo trovo molto ottimista, mi sembra che ormai ci siamo dentro per sempre, che sia diventata uno stato permanente, che la guerra e l'esistenza si siano confuse, non si può nemmeno partire per sfuggirle, è dappertutto. Vengono sussurrate parole che evocano strani scenari: Guadalcanal, Manila, Monte Cassino, Bengasi, sotto le palme da cocco, i minareti, la neve, le pagode, i monasteri in cima alle montagne, in fondo ai mari, nel cielo, la guerra è dappertutto, trionfante e i giorni passano... Sono quasi quindici giorni che siamo usciti dall'albergo Excelsior.

Sono sul battello che sta per partire per il castello di If. Il capitano mi scuote sempre più violentemente, vedo brillare l'ancora sul suo berretto e quel che mi sorprende è che sappia il mio nome.

"Jo, Jo."

Mi scoccia, questo qui, devo sfuggirgli, devo sprofondarmi di più nel calore, devo...

"Jo!"

Questa volta mi sveglio. Il tondo della torcia elettrica mi abbaglia. È notte fonda.

"Vestiti, non fare rumore..."

Cosa succede? Gli altri dormono sotto la tenda, nell'altra fila qualcuno si è girato e il russare interrotto per un attimo riprende di lena. Nell'oscurità, mi infilo la camicia. Porca miseria, è a rovescio, evidentemente. Sento accanto a me Maurice che raspa il pavimento con le suole.

Non può essere un'incursione della Gestapo, ci sarebbero delle grida, tutti sarebbero in piedi. È Subinagui che regge la torcia elettrica.

"Uscite, vi raggiungo in ufficio."

Fuori la notte è fresca, un'infinità di stelle. Il muro di tela è già inumidito dalla guazza.

Nel campo, tutto dorme. Tutti, salvo noi.

L'ufficio è aperto. Subinagui arriva alle nostre calcagna, la sua ombra più fitta si staglia appena sul cielo scuro. Regge due pacchi. Quando entra nella stanzetta che sa di legno grezzo e di carta vecchia, accende la lanterna e vedo che tiene tra le braccia le nostre due sacche.

Dunque dovremo rimetterci in viaggio, lo so. Forse l'ho sempre saputo.

X

"Partite subito, ho messo tutto quello che vi serve nelle sacche, due camicie, della biancheria, dei calzini e qualcosa da mangiare. Adesso vi darò dei soldi e raggiungerete Cannes attraverso i campi. Là prenderete il treno per Montluçon e di lì raggiungerete un piccolo villaggio dove vi aspetta vostra sorella, si chiama..."

Maurice l'interrompe:

"Cosa succede?"

Subinagui abbassa la testa.

"Avrei preferito che non mi faceste questa domanda, ma era inevitabile."

Riflette e ci annuncia brutalmente:

"Vostro padre è stato arrestato ieri pomeriggio in una retata e condotto all'albergo Excelsior."

Tutto si mette a girare, la Gestapo è stata più forte dell'esercito dello zar e, alla fine, si è impadronita di papà Joffo.

"Non è tutto, vostro padre aveva i documenti addosso, con il suo nome. I tedeschi non tarderanno a fare il collegamento con voi e quindi verranno a cercarvi. Non c'è un minuto da perdere. Sbrigatevi."

Maurice si è già messo la sacca a tracolla.

"E la mamma?"

"È stata avvertita in tempo, è già partita, non

saprei dirvi per dove ma potete stare sicuri, i vostri genitori dovevano aver previsto un posto dove nascondersi. Via, filate. Non scrivete, non date notizie, forse sorveglieranno la corrispondenza che riceviamo."

Ho imitato Maurice, la sacca è di nuovo al mio fianco.

Subinagui ha spento la luce, siamo tutti e tre sulla soglia della baracca.

"Passate per il sentiero sul dietro, evitate le strade, ci dovrebbe essere un treno verso le sette. Arrivederci, ragazzi."

Camminiamo. Tutto è accaduto così in fretta che non me ne sono ancora reso conto. So solamente che mio padre è in mano ai nazisti e che i tedeschi sono forse già alla nostra ricerca. Che trionfo per quel tizio con la giacca di tweed se potesse rimetterci le mani addosso! E il curato della Buffa! Preti erano stati deportati per molto meno di quello. Chi aiuta un ebreo ne condivide la sorte, non bisogna farsi prendere.

La terra è secca, dura, ma le erbe e le foglie di vite che sfioriamo ci bagnano i calzoncini e le maniche della camicia.

Il campo è già lontano. La notte è così chiara che la cresta delle colline getta la sua ombra sulla pianura e sulle colture a terrazza.

Dove si trova Montluçon? Non ne ho idea. Decisamente, non ho studiato abbastanza la geografia a scuola. Maurice non deve saperne più di me, inutile che glielo domandi. E poi, in ferrovia, non c'è da preoccuparsi, ci pensa il treno a portarti e si arriva comunque.

Quel che credo è che sia lontano dal mare, lontano dalla costa, è l'unica cosa di cui sono sicuro.

Mi secca lasciare il Mediterraneo, ci tornerò quando sarò più grande e ci sarà la pace.

La strada sale. Bisogna evitare le fattorie per non far abbaiare i cani. La seccatura è che questo ci obbliga a fare lunghe deviazioni che ci allontanano dalla nostra meta.

Maurice si è fermato. Chiaramente visibile davanti a noi c'è una strada, un raccordo.

"Dobbiamo attraversare" sussurra Maurice. "Andando diritti c'è Vence, bisogna passare dall'altra parte."

Attraversiamo furtivamente la strada e dopo aver risalito una scarpata il mare riappare ai nostri piedi, grande e grigio, scintillante. La città che sta in riva è ancora invisibile, è Cannes, adesso dobbiamo discendere attraverso i giardini fino alla stazione.

Ci accucciamo ai piedi di un albero. Inutile affrettarci, camminare per le strade a quest'ora sarebbe troppo pericoloso, meglio aspettare che venga l'alba.

L'alba ha un buon odore, un odore forte e secco, un po' come gli alberi del pepe a Mentone.

Poco a poco le forme attorno a noi si precisano e i colori sorgono uno dopo l'altro, i rossi, gli azzurri, i verdi tornano al loro posto. Ci sono dei tetti sotto di noi, che prima si confondevano con la roccia.

Assonnato, spio il primo raggio che esplode brutalmente sulla superficie dell'acqua, come il colpo di tromba che annuncia il fracasso degli ottoni. Tocca a noi entrare in scena.

Ripartiamo e, attraverso le ville chiuse, raggiungiamo il centro della città. C'è gente in bicicletta, i commercianti alzano le prime saracinesche.

Ecco la stazione.

C'è già gente. Meno che a Marsiglia, è vero.

"Due andate per Montluçon."

Il bigliettaio manovra una macchina, consulta dei libri, degli orari, ho l'impressione che non riuscirà mai a stabilire il prezzo del biglietto. Finalmente ci arriva.

"Centoquattordici franchi e venti."

Maurice tira su il resto mentre domando:

"Dove bisogna cambiare?"

"È complicato. Andate fino a Marsiglia, c'è un diretto fra tre quarti d'ora. Dopo risalite verso Lione. Se non ci sono ritardi non dovrete aspettare più di due o tre ore. A Lione prendete l'automotrice per Moulins e a Moulins dovete cambiare di nuovo per Montluçon. Oppure c'è un'altra soluzione per Roanne, Saint-Germain-des-Fossés, Gannat e Montluçon, oppure anche Saint-Etienne, Clermont Ferrand e la linea di Bourges, ma in un modo o nell'altro ci arriverete. Solo che non posso dirvi esattamente quando. Del resto, in qualunque posto andaste non potrei dirvi quando arriverete e nemmeno se arriverete perché..."

Mette le braccia in croce e produce con la bocca un rumore di motori e bombe.

Siamo capitati su un chiacchierone.

Con una strizzata d'occhio, aggiunge:

"E non ci sono solo i bombardamenti, ma ci sono anche le..."

Con i due pugni chiusi preme su un detonatore immaginario, gonfia le guance, diventa paonazzo.

"Bum! Capite cosa voglio dire?"

Assentiamo affascinati.

"E non solo i sabotaggi! Ci sono i rallentamenti, le fermate, i deragliamenti, le rotaie svitate e poi anche..."

Facendosi portavoce con le mani si mette a urlare sinistramente:

"Capite cosa voglio dire?"

"Gli allarmi" dice Maurice.

Sembra soddisfattissimo.

"Proprio così, gli allarmi. Tutto questo per spiegarvi che non posso dirvi quando arriverete, forse tra due giorni forse fra tre settimane, ad ogni modo lo vedrete."

"Appunto," dice Maurice "lo vedremo. Grazie delle informazioni."

"Non c'è di che. Il treno per Marsiglia è al binario C."

Ci allontaniamo con una gran voglia di ridere e sto per lasciar esplodere la mia gioia quando lo vedo, a cinque metri da noi.

Anche mio fratello l'ha visto, è troppo tardi per nascondersi o scappare.

Continuiamo a avanzare. Ho l'impressione che si veda battere il mio cuore attraverso la camicia.

Si è fermato, ci ha riconosciuti.

"Buongiorno, signore."

Se tenta qualcosa, se tira fuori un'arma, un fischietto o se ci salta addosso, so già dove colpire, un diritto del piede destro con la punta ferrata della suola di legno non gli farà certo bene.

"Buongiorno."

Ha sempre la stessa voce meccanica, senza intonazione. È l'interprete dell'hôtel Excelsior, quello che traduce per l'uomo in tweed.

Per la prima volta vedo apparire sul suo viso un embrione di sorriso.

"Partite?"

"Sì, andiamo in un altro centro dei Compagnons de France."

"Molto bene. Dove?"

Meno male che siamo capitati su un bigliettaio particolarmente affabile e così mi lancio in una delle mie predilette improvvisazioni.

"A Roanne. Ma è molto lontano, bisogna cambiare a Marsiglia, Clermont-Ferrand, Saint-Etienne e Moulins."

"Bene, bene."

Maurice si è ripreso. Se non ci ha arrestati è perché non è ancora al corrente dell'arresto di nostro padre.

"E lei, signore, lavora sempre a Nizza?"

Fa cenno di sì con la testa.

"Ho avuto una licenza di qualche giorno. Ci ritorno."

Restiamo lì a dondolarci da un piede all'altro.

"Be', arrivederci, ragazzi, vi auguro buon soggiorno a Roanne."

"Grazie signore. Arrivederci, signore."

Auff.

"Se continua così" mi dice Maurice, "moriremo di mal di cuore prima che ci becchino i tedeschi."

Il treno arriva. Contrariamente a quello che aveva detto il bigliettaio di Cannes, trovammo una coincidenza per Lione quasi immediatamente. Fino ad Avignone il viaggio fu quasi piacevole ma, passata quella città, sorse un nemico al quale non avevamo pensato: il freddo.

Evidentemente i treni non erano riscaldati e stavamo salendo verso il nord, ci allontanavamo sempre più dal tepore mediterraneo. A Montélimar mi rifugiai nel gabinetto, infilai tre paia di mutande una sopra l'altra, tre magliette e due paia di calzini. A Valence misi due camicie, due paia di calzoncini e l'ultimo paio di calze, tanto che faticai a infilare le scarpe.

Malgrado tutti quegli strati, avevo le braccia nude e a Lione, sul marciapiede della stazione battuto da un vento freddo e umido, Maurice e io facemmo una gara a chi batteva i denti più forte e vinsi io sebbene lui sostenesse il contrario. Questo fu di pretesto a un pugilato che ci riscaldò un poco ma quando, dopo un'ora e mezza di attesa, arrivò il treno e ripartì verso nord, la situazione diventò drammatica. In treno, la gente era già vestita da inverno, cappotti, guanti, fazzoletti in testa e noi eravamo come dei villeggianti. Non avrei mai creduto che ci fossero, nello stesso paese, delle simili differenze di clima. Avevo imparato in rue Ferdinand Flocon che la Francia era un paese temperato, adesso potevo testimoniare che era una falsità. La Francia era un paese freddo e di tutte le città della Francia Montluçon era di gran lunga la più fredda.

Siamo scesi violacei e tremanti su quel marciapiede grigio, sotto un cielo grigio, un funzionario grigio ritirò i nostri biglietti e ci trovammo in una città totalmente priva di colore e in cui soffiava un vento glaciale. Eravamo ai primi di ottobre ma mai ci fu inverno precoce quanto quello del 1943. La gente camminava svelta per riscaldarsi ma pareva che il vento arrivasse contemporaneamente da tutte le parti. Quella città era tutta una corrente d'aria glaciale e, malgrado i molti strati, le dita dei miei :iedi parevano diventate di marmo. L'aria passava attraverso le maniche delle camicie, scivolava lungo le ascelle e da Valence in poi avevo sempre avuto la pelle d'oca.

Tra due battiti di mascella, Maurice, assiderato, riuscì ad articolare:

"Bisogna fare qualcosa, creperemo di polmonite."

Ero perfettamente d'accordo e ci mettemmo a correre per quelle strade tristi.

La frase ben nota, "Corri un po', ti riscalderai" è senza dubbio la più grossa delle sciocchezze che gli adulti enunciano all'intenzione dei bambini.

Posso affermare, per averne vissuto l'esperienza quel giorno, che quando si ha molto freddo, correre non serve a niente. Mozza il fiato, stanca, ma non riscalda assolutamente. Dopo una mezz'ora di galoppate frenetiche, di sfregamenti di mani, ansimavo come una foca ma tremavo ancora di più.

"Senti, Jo, bisogna che ci compriamo un cappotto."

"Hai dei punti per abbigliamento?"

"No, ma bisogna tentare."

In una strada ad arco che girava attorno a una piazza triste, vidi un negozio minuscolo, una di quelle botteghe che i grandi negozi fanno sparire in tre mesi di tempo.

Una vetrina polverosa, una facciata stinta e un'insegna appena leggibile: "Abbigliamento per uomo, donna, bambino".

"Andiamoci."

Stavo per provare la sensazione forse più gradevole di tutta la mia vita: il negozio era riscaldato.

Il calore entrò di botto in tutti i miei pori, mi sarei rotolato per terra tanto era il senso di benessere. Senza uno sguardo per la brava signora che ci guardava da dietro il banco, ci attaccammo alla stufa che brontolava dolcemente.

La bottegaia ci guardava con gli occhi sbarrati. Ne aveva buon motivo, non doveva succedere spesso a Montluçon di veder arrivare due ragazzini con tante camicie una sopra l'altra, le braccia nude malgrado il freddo da lupi e che si stringevano una sacca al petto.

Sentivo le natiche che si arrostivano dolcemente ed ero già in estasi quando quella brava signora ci interrogò

"Cosa desiderate, bambini?"

Maurice si strappò alle delizie della stufa.

"Vorremmo dei cappotti, o delle giacche pesanti, non abbiamo i punti ma forse pagando un po' di più..."

Lei scosse la testa desolata.

"Nemmeno pagando dei milioni potrei darvi qualcosa, è tanto tempo che non arriva più niente, i grossisti non consegnano più."

"È che" spiegò Maurice, "abbiamo freddo."

Ci guardò, impietosita.

"Non avete bisogno di dirmelo, lo si vede bene."

Mi introdussi nella conversazione:

"Non ha dei maglioni, qualcosa che protegga un poco?"

Rise come se le avessi raccontato una storiella divertente.

"È molto che non sappiamo più cos'è un maglione" disse. "Tutto quel che posso offrirvi è questo."

Si chinò e prese sotto il banco due sciarpe. Erano di surrogato, di imitazione lana, ma sempre meglio che niente.

"Le prendiamo. Quanto le devo?"

Maurice pagò e io presi il coraggio a due mani:

"Scusi, signora, la disturba molto se restiamo ancora un momento qui?"

La sola idea di rituffarmi fuori mi faceva drizzare i capelli sulla testa e dovevo avere il giusto tono lamentoso perché accettò. Pareva anzi felice di avere qualcuno con cui parlare, non doveva essere la clientela a fornirle un po' di conversazione.

Quando seppe che arrivavamo da Nizza esclamò che in passato c'era stata in vacanza e ci fece raccontare tutto quello che succedeva laggiù, i cambiamenti che la città aveva subito

Io ero sempre incollato alla stufa e stavo per

togliermi una delle camicie quando mi accorsi che stava calando la notte. Non si poteva più pensare a prendere la corriera per il villaggio dove abitava mia sorella, bisognava trovare un albergo.

Comunicai le mie preoccupazioni a Maurice e la brava signora intervenne:

"Sentite" disse, "non troverete alberghi a Montluçon, ce ne sono due che sono stati requisiti dai tedeschi e un altro dalla milizia, se per caso vi dessero una camera non sarebbe riscaldata. Posso proporvi la camera di mio figlio, starete un po' stretti nel letto ma sarete al caldo."

Brava bottegaia di Montluçon! Avrei saltato di gioia. Alla sera fece il miglior pranzo che abbia mai mangiato e seguitò a parlare mentre io stavo con il naso nel piatto vuoto. Per finire ci offrì una tisana e mi addormentai subito, sepolto sotto una trapunta rossa, piena di piume.

Durante la notte ci fu un allarme ma le sirene non ci svegliarono neppure.

Quando partimmo, rifiutò di farsi pagare.

Fuori faceva un po' meno freddo e comunque avevamo le nostre sciarpe in cui affondare il naso.

La corriera asmatica aveva lo stesso colore di Montluçon, era grigia e l'unica nota di gaiezza della sua carrozzeria erano le pennellate di minio passate sulle macchie di ruggine.

Andava sussultando attraverso la campagna che mi parve singolarmente sinistra a paragone di quella che avevo appena lasciata. Già non c'erano più foglie sugli alberi e, attraverso i vetri, vedevo cadere una pioggerella sottile.

Meno di un'ora dopo ci fermammo davanti alla chiesa di Ainay-le-Vieil.

Era una borgata più che un villaggio, poche case strette una all'altra, una strada stretta e una panetteria-drogheria-macelleria-bar-tabacchi. I campi cominciavano a filo del villaggio e subito notai che sebbene il raccolto fosse stato fatto, i granai erano vuoti. I capannoni lungo la strada provinciale non contenevano più di mezza balla di paglia ciascuno.

Nostra sorella Rosette abitava con suo marito in una delle case attaccate alla chiesa. Ci abbracciò e pianse quando le dicemmo che papà era stato arrestato dalla Gestapo.

Nella grande cucina rivestita di mattonelle, ci servì del vero latte in grandi scodelle di terraglia e ci fece indossare dei pullover di vera lana. Quello di Maurice era molto grande, il mio andava un po' meglio ma rimboccando le maniche e infilando l'orlo nei calzoncini, sarebbero andati bene. Eravamo attrezzati contro il freddo.

Dal momento del nostro arrivo sentivo in Rosette, malgrado la sua evidente gioia nel ritrovare i fratellini, un'inquietudine, un timore che non le conoscevo. Anche Maurice lo sentì perché, dopo un momento, le domandò:

"Si direbbe che c'è qualcosa che ti preoccupa."

Lei ci tagliò ancora un'enorme fetta di pane, versò del latte nelle nostre scodelle e si sedette accanto a noi.

"Sentite" disse, "non credo che possiate restare. Non sarebbe prudente."

La guardammo in silenzio.

"Ecco," disse "vi spiegherò. C'è un delatore nel villaggio."

Cincischiò tra le mani il grembiule.

"Un po' meno di due mesi fa sono arrivate qui due donne, una aveva un bambino piccolo. Si sono sistemate da un contadino che abita all'altro capo del villaggio. Dopo nemmeno otto giorni che erano lì, è arrivata la Gestapo. Le hanno portate via con il bambino. Il contadino è stato arrestato con loro. È tornato tre giorni dopo e... gli hanno rotto un braccio. Ci ha detto che se qualcuno cercava ancora di nascondere un ebreo, sarebbe stato fucilato."

"Ma chi le ha denunciate?" domandò Maurice.

"Be', questo è il dramma," proseguì Rosette "nessuno lo sa."

Digerii la storia e presi la parola a mia volta.

"Ma avrete almeno un'idea."

Rosette scosse lentamente la testa.

"Impossibile dirlo, siamo circa centocinquanta abitanti, il che vuol dire, se si escludono i bambini, ottanta o novanta adulti. Qui tutti si conoscono, ognuno ha dei sospetti, non si parla d'altro... Quando incrocio il maestro dice che è la vecchia che abita in fondo al paese, altri sostengono che è papà Viaque che è un ex-combattente e ha dato il suo rame ai tedeschi, è un inferno, tutti si sospettano. Ieri ero al negozio e più nessuno si parla, ci si lancia occhiate di soppiatto. Sembra che quando si fa una denuncia la Gestapo paghi e quindi nessuno osa più comprare per paura di aver l'aria di spendere più del solito, ma allora i sospetti cadono proprio su quello che non compra più.. È un circolo vizioso."

"E tu, non hai paura che il delatore..."

Rosette fa con le spalle un gesto un po' fatalista.

"No, non credo, ormai abito qui da abbastanza tempo e spero che i miei documenti funzioneranno. Ma ho ugualmente un nascondiglio che Paul ha trovato, in caso di perquisizione."

Lascio sfuggire un sospiro. Mi sarebbe piaciuto abbastanza vivere qui per un po' al villaggio, avremmo potuto trovare un lavoro, giocare, gironzolare, ma era chiaramente impossibile, bisognava ripartire e alla svelta.

Maurice pensa ad alta voce.

"Non credo che ci abbiano visti entrare."

Rosette sorride un po' tristemente.

"Sai, in principio credevo anch'io che la gente non facesse caso a me, e poi mi sono resa conto che anche quando la strada è vuota e le imposte chiuse, non perdono uno solo dei tuoi gesti, qui si sa tutto, voi non potete immaginare."

Si ferma e ci guarda. Quando prende quell'atteggiamento riflessivo somiglia in modo sorprendente a mio padre.

"Sapete cosa farete? Raggiungerete Henri e Albert a Aix-les-Bains."

"Dov'è Aix-les-Bains?"

Rosette mi guarda come una maestra afflitta che interroga l'ultimo della classe.

"Nelle Alpi, in montagna, vi darò del denaro..."

Maurice rifiuta con un gesto regale.

"Inutile, viviamo ancora sulle nostre economie di Nizza e..."

Hanno bussato.

Rosette si immobilizza, io resto con la bocca piena senza il coraggio di inghiottire il pane inzuppato di latte.

Nascondersi? Sarebbe maldestro, il peggior errore, certamente ci hanno visti entrare. Lo capisce anche Rosette che con un gesto ci ingiunge di non muoverci.

Va ad aprire la porta.

La sentiamo esclamare: "Ah, è lei signora Vouillard! Viene per le uova? Entri..."

"Non vorrei disturbare, ho visto che ha gente..."

È una voce di vecchia ed è in effetti una vecchia che entra, magrolina, fazzoletto nero, giacca nera, calze grige, scarpe imbottite e rughe in tutti i sensi, una vera nonna di campagna come nei libri di Alphonse Daudet.

Ci alziamo.

"Buongiorno signora."

"Oh! Ma come sono grandi! E robusti! Quello lì è il più giovane, scommetto che siete fratelli, vi somigliate tanto..."

Continua a parlare e intanto la collera mi cresce dentro: se c'è una cosa che non ho mai potuto sopportare è che mi dicano che somiglio a mio fratello. Non so perché, non è mica che sia più brutto di un altro, ma la cosa mi manda fuori dai gangheri, è un'offesa alla mia individualità. Basta quell'osservazione perché tutti i miei sospetti cadano su di lei. Ci scommetto che è lei la delatrice, ha un fare da ficcanaso che non inganna un esperto come Joseph Joffo. Ci ha visti entrare, viene a rendersi conto, tra due ore fa il suo rapporto alla Gestapo.

"Siete venuti a trovare la sorella maggiore, immagino."

Continua. Adesso fa domande. Non ci sono più dubbi.

Rosette ritorna con quattro uova.

"Ecco, signora Vouillard."

La vecchia ringrazia, fruga sotto il grembiule, estrae con difficoltà un portafogli-portamonete stretto da un elastico. Non le stacco gli occhi di dosso, è evidente che è piena di quattrini, lì dentro ci sono molti biglietti, il denaro dei nazisti.

"E resterete qui per un po'?"

Ehi, vecchia, adesso esageri.

"No, siamo venuti a salutare Rosette e ripartiamo per Roanne."

Stringe le uova in un gran fazzoletto.

"Be', arrivederci piccoli, a presto Rosette."

Ha proprio il fare da spia, trascina il passo per ritardare il più possibile il momento della partenza il che le permette di notare al passaggio qualche altro dettaglio supplementare. Non si potrà dire che non l'ho capita a fondo.

Rosette l'accompagna e ritorna.

Si siede con un sospiro e indica la porta con un gesto stanco.

"È molto sola quella povera donna, viene spesso per un motivo o per l'altro ma in realtà solo per chiacchierare un po'."

Ridacchio.

"Certo, certo."

"Inoltre, non si chiama Vouillard, non è il suo vero nome."

Sono sempre più sicuro di aver inchiodato la preda, tutte le spie hanno vari nomi, a volte hanno addirittura dei numeri.

"In realtà," continua Rosette "si chiama Martha Rosenberg."

La carriera di investigatore privato che consideravo da tre minuti si allontana da me per sempre.

La denuncia delle due ebree e del bambino ha sconvolto Martha Rosenberg che si è stabilita al villaggio nel 1941. I suoi documenti non sono in regola, non vive più.

Povera nonna. Le rivolgo tutte le mie scuse silenziose e riprendo il mio posto nella conversazione.

È dunque deciso, la cosa più saggia è partire per Aix. In fondo, non mi dispiace; dopo il mare, la montagna. Già che ci siamo, tanto vale vedere il paese, e poi sono contento di ritrovarmi con i fratelli.

"A mezzogiorno mangerete con noi, non avete nemmeno visto vostro cognato..."

Maurice scuote la testa. Se Rosette avesse fatto l'esperienza dell'arresto saprebbe chè in presenza di un pericolo, per minimo che sia, bisogna scappare, non perdere nemmeno un secondo, una frazione di secondo separa la vita dalla morte, la prigione dalla libertà.

Rapidamente ci riempie le sacche di calze, di panini. Non c'è più corriera ma ce ne andremo a piedi, anche questa volta. Adesso posso camminare a lungo, non ho più vesciche. La pianta dei miei piedi, la pelle dei calcagni si sono indurite. Non sento più lo stesso dolore di un tempo nei polpacci e nelle cosce, mi rendo conto dai polsi delle camicie e dall'orlo dei pantaloni che sono cresciuto.

Cresciuto, indurito, cambiato... Forse anche il cuore si è abituato, si è rodato alle catastrofi, forse è diventato incapace di provare un dolore profondo... Il bambino che ero diciotto mesi fa, quel bambino sperduto nel metrò, nel treno che lo portava a Dax, so che non è più lo stesso di oggi, che si è perduto per sempre in un bosco, su una strada provenzale, nei corridoi di un albergo di Nizza, si è sbriciolato un po' ogni giorno di fuga. Guardando Rosette che cuoce delle uova sode e dice parole che non sento, mi domando se sono ancora un bambino... Mi sembra che certi giochi non mi interesserebbero più oggi, nemmeno le biglie, una partita di pallone forse, ma non è detto... Eppure sono cose della mia età, dopo tutto non ho ancora dodici anni, dovrei averne voglia... eh, no. Forse ho creduto, fino ad ora, di uscire indenne da questa guerra, ed è forse questo l'errore. Non mi hanno preso la vita, forse hanno fatto di peggio, mi rubano la mia infanzia, hanno ucciso in me il bambino che potevo essere... Forse sono già troppo duro, troppo cattivo, quando hanno arrestato papà non ho nemmeno pianto. Un anno fa non ne avrei nemmeno sopportato l'idea.

Domani sarò a Aix-les-Bains. Se la cosa non va, se sorge un ostacolo qualunque, andremo altrove, più lontano, a ovest, a nord, a sud, non importa. Mi è indifferente. Me ne sbatto.

Forse in fondo non tengo più alla vita, solo che la macchina è in moto, il gioco continua, è la regola che la selvaggina corra sempre davanti al cacciatore e ho ancora fiato, farò di tutto perché non abbiano il piacere di prendermi. Attraverso la finestra, i campi tristi e già grigi dell'inverno sono spariti, le praterie piatte e slavate si sono sbiadite, mi sembra già di vedere le cime, le nevi, il lago azzurro e profondo, le foglie rosse dell'autunno, chiudo gli occhi e già entrano in me i fiori e i profumi della montagna.

XI

Il difficile sta nel non lacerare la carta e soprattutto nel salvare il colore sotto la cifra. Bisogna lavorare minuziosamente, al quarto di millimetro. L'ideale sarebbe avere una lampada molto forte e una lente da orologiaio, uno di quei cilindretti neri che si fissano all'occhio e si tengono lì inarcando un sopracciglio.

Tiro fuori la lingua, chino la testa fin sul tavolo e continuo il mio lavoro di precisione: la lama da rasoio gratta con leggerezza. Poco a poco la sbarra nera del 4 sparisce. E cosa resta quando si leva la sbarra trasversale della cifra 4? Si ottiene, semplicemente, la cifra 1.

A prima vista la cosa non sembra di grande interesse ma in quella fine d'anno 1943 il vantaggio è inestimabile: i buoni alimentari n. 4 danno diritto a delle razioni di farinacei, i buoni n. 1 rappresentano un chilo di zucchero. Il vantaggio è inestimabile. Quindi, se si dispone di una superficie piana, di una mollica di pane e di una vecchia lametta di rasoio, si può domandare a tutti quelli che si conoscono i loro buoni n. 4 e li si trasforma in buoni n. 1. Risultato: anche in quell'anno di pesanti privazioni si può morire di diabete.

Al villaggio incominciano a conoscermi. Mi fermano per la strada quando passo in bici e mi consegnano i preziosi fogli. Io li restituisco trasformati... In cambio di quel lavoro ricevo un po' di soldi e se le cose continuano così realizzerò degli utili quasi pari a quelli di Nizza.

Mi soffio sulle dita. Impossibile fare quel lavoro con i guanti, sarebbe come per un chirurgo operare a occhi chiusi. Eppure, in quel momento mi piacerebbe tanto averli, i guanti, perché nella camera ci sono... non ho il coraggio di andare a guardare il termometro appeso sopra il mio letto come un crocefisso a cui manchi la parte orizzontale.

In ogni caso il ghiaccio che ho rotto stamattina nella brocca di ceramica si è riformato in una pellicola più fragile in cui è rimasto preso, come un pesce morto, un pezzetto di sapone.

Seduto davanti al tavolo pieghevole da giardino che occupa metà della mia minuscola camera, tengo allo scoperto solo la testa e le braccia. Tutto il resto è sepolto nel copriletto; se a questo si aggiunge la giacca, due maglioni, una camicia, due magliette, si capisce che ero ancora votato all'accumulo di strati. Nel giallo stinto della stoffa pesante ho l'aria di un enorme bruco freddoloso.

È notte. Ho anche sonno e dovrei dormire, soprattutto perché domani il vecchio Mancelier picchierà col suo bastone alla mia porta alle quattro e mi par già di sentire in ogni fibra la prodigiosa difficoltà con cui mi strapperò al tepore delle coperte per tuffarmi nel freddo degli abiti gelidi sebbene li tenga sotto il materasso, dell'acqua gelata nella brocca e di quel mattino notturno nel quale pedalerò in un silenzio totale che sembra nascere dalla neve stessa. Davanti a me, il fanale della bicicletta proietta una macchia gialla e pallida che oscilla, luce anemica che non rischiara.

Poco importa, conosco il villaggio a occhi chiusi. Un grosso villaggio va detto, quasi una città di cui la ditta Mancelier (cartoleria-libreria) occupa il centro. Una delle case del centro, quanto meno, quella situata dal lato migliore della piazza da cui si vede tutto il massiccio, vasto circo spiegato, di cui la città costituisce il fondo. Anche d'estate, il sole sparisce presto dietro la linea della cresta. Abito un paese d'ombre, di biancore, di freddo.

Da due mesi che vivo a R., nuovi personaggi sono apparsi nella mia vita. I più importanti sono i Mancelier, i miei padroni. Facciamo un po' il ritratto di famiglia.

Al centro c'è il padre, ha i baffi e gli occhi di un signore con cui non è facile vivere, cinquant'anni suonati, un ginocchio che non si piega più e un'anca che si piega troppo. Questa duplice disgrazia spiega il perché del bastone a cui si appoggia. Si notano dei nastrini al suo occhiello: medaglia militare e croce di guerra (con palma, precisa sempre lui). Ferite e decorazioni gli vengono entrambe dalla prima guerra mondiale, '14-'18. Ha fatto la Marna, Craonne, les Eparges, Verdun in particolare agli ordini di Pétain che è sempre e ogni giorno di più l'idolo n. 1. Ci sono fotografie di Pétain in salotto. Una in cui il maresciallo è a cavallo, in bianco e nero, su un tavolinetto, un'altra dove è a piedi a colori, sopra la porta. Si esce e si ritrova Pétain in corridoio, di profilo e a testa nuda, se si entra in camera lo si ritrova di fronte e in kepì ma questa volta sotto forma di statuetta posata su un centrino sul marmo del tavolino da notte.

Ambroise Mancelier venera il maresciallo, pensa che la collaborazione con Hitler sia la sola possibilità di sopravvivenza della Francia marcita da anni di corruzione parlamentare e spiega i rovesci attuali della Germania come causati da una momentanea crisi all'interno dello stato maggiore tedesco.

Dettaglio importante, il mio venerato padrone ha dei nemici personali: gli ebrei. Dice di non poterne sopportare nessuno.

Quanto a me, ho l'impressione che, dopo due mesi, incominci a prendermi in simpatia. È vero che non ho niente a che fare con la razza maledetta, come tutti sanno.

Ma continuiamo la galleria.

Accanto a lui, Marcelle Mancelier. Basta guardarla per non avere voglia di descriverla. Non ha nessun segno distintivo, capelli brizzolati, porta un camice in negozio, un grembiule in casa, uno scialle nero in chiesa.

Grande lavoratrice, si occupa dell'aspetto amministrativo del negozio.

In piedi, dietro di loro, Raoul Mancelier, il figlio. È raramente in libreria. Abita in un quartiere abbastanza lontano e dove pratica il bel mestiere di impiegato del notaio. È un pétainista notorio, non nasconde le sue opinioni e ostenta in modo molto chiaro i suoi sentimenti filotedeschi.

E poi, accanto a loro, in piedi, c'è Françoise.

Françoise Mancelier.

Quando penso oggi a quegli anni è forse quel viso di ragazzina che mi sorge davanti per prima cosa, prima delle facce delle SS, della gente dell'Excelsior, prima ancora del viso di papà. Se durante quel tempo di fuga non avessi avuto la mia storia d'amore, sarebbe mancato qualcosa al quadro. Storia d'amore è forse troppo dato che niente avvenne, niente ebbe luogo, né baci, né giuramenti, niente... Come avrebbe potuto essere diversamente, del resto, Françoise Mancelier aveva un po' più di quattordici anni e io non ne avevo ancora dodici.

Come raccontare qualcosa che non ha storia?

Sentivo solamente, in negozio, in camera mia, per le strade, quella presenza bionda e sorridente che premeva di continuo sotto le mie palpebre. La vedevo soprattutto a tavola, se faccio il bilancio mi sorprendo che mi abbia parlato così poco: "Buongiorno Joseph", "Arrivederci Joseph", "Joseph, ti spiace andare dal droghiere, dal panettiere, alla fattoria..." ... D'inverno portava dei grossi berretti di lana grezza con un fiocco che ricadeva e dondolava contro la sua guancia. Una guancia rosa, molto rosa, come le guance dei bambini nelle pubblicità delle stazioni di sport invernali. E io, prigioniero della carenza dei miei dodici anni, io diventavo sempre più monosillabico nelle risposte a Françoise Mancelier, sentivo che non avrebbe mai potuto amarmi, che due anni di differenza erano troppi, che lei era una signorina e io un ragazzino.

E poi, avevo incominciato troppo male in quella famiglia per poter sperare di sposarla un giorno. Ero arrivato un sabato a R. dopo due giorni passati a Aix-les-Bains. Albert, Henri e la mamma che li aveva raggiunti, erano stati felici di vederci, ma cinque persone assieme era troppo pericoloso e allora Maurice era partito per R. dove un amico di Albert che aveva l'Hôtel du Commerce lo aveva assunto. Qualche giorno dopo Maurice aveva saputo che alla libreria Mancelier cercavano un fattorino e così ero andato lì anch'io. Ero stato assunto subito ma l'indomani stesso del mio arrivo, domenica, Ambroise Mancelier, nell'abito scuro che riservava alle sfilate dell'11 novembre e alle messe domenicali, mi aveva posato una mano ferma sulla spalla:

"Ragazzo mio" disse, "tu dormi sotto il mio tetto, mangi e lavori nella mia casa, fai dunque un po' parte della mia famiglia. Sei d'accordo su questo punto?"

"Sì, signor Mancelier."

Non riuscivo a capire dove volesse arrivare e presi quelle parole per un'introduzione a uno dei discorsi con cui abbeverava i suoi e che erano sempre variazioni sul tema "Lavoro-patria-famiglia" con l'inevitabile conclusione a gloria del governo di Vichy e del suo capo indiscusso Philippe Pétain.

Ma quel giorno non fu di quello che mi parlò.

"E se fai parte della famiglia, devi dividerne tutte le abitudini e ti renderai conto che quella che ci è più cara è di recarci tutte le domeniche mattina alle undici e un quarto a seguire il servizio religioso in chiesa. Sbrigati a vestirti."

Il rumore del suo bastone era appena iniziato che già intravidi la comicità della situazione, ma tre cose mi incitarono a obbedire: in primo luogo non si poteva contraddire un uomo come Ambroise Mancelier, poi ero curioso di assistere a una cerimonia cattolica e, infine, sarei stato per quasi un'ora nell'inebriante presenza della bellissima Françoise dalle belle gote.

In quattro e quattr'otto infilai il cappotto comprato a Aix-les-Bains e mi trovai in ginocchio in un banco accanto ad Ambroise che non si inginocchiava perché il suo ginocchio glielo impediva, e alla sua devotissima sposa. La mia amata era proprio davanti a me, il che mi permetteva di ammirare la sua nuca bionda e i polpacci rotondi. Imitai coscienziosamente le genuflessioni, i segni della croce dei fedeli e mi sentivo tutto sonnacchioso e intorpidito quando l'organo esplose e la folla si alzò.

Preferisco raccontare il seguito al presente, il che renderà l'avventura più anodina, le toglierà quell'aura di sacro che conferiscono i tempi passati, dall'imperfetto al passato remoto: il presente è il tempo senza sorprese, un tempo ingenuo, il tempo in cui si vivono le cose come arrivano, ancora nuove e vive, è il tempo dell'infanzia, quello che mi si addiceva.

Le vetrate sono rosse, la luce del mattino proietta sul pavimento di pietra le sagome scarlatte dei santi che sembrano sanguinare.

Sento il lento scalpiccio del gregge che esce a rivedere la città, i mormorii son già meno discreti.

Poco a poco le navate si svuotano, come al ristorante i chierichetti sparecchiano l'altare mentre l'organo scroscia. Mi piace l'organo, sembra una gigantesca e pesante cavalleria, miliardi di carri dalle ruote piene rotolano sopra le nostre teste, il suono si ripercuote e muore, tuono già decrescente; quanto teatro c'è in tutto questo.

Siamo tra gli ultimi, sembra che il flusso fatichi a scorrere. C'è un ingorgo vicino alla porta. Françoise è dietro di me. Nel chiacchierio trattenuto indovino il suo passo, più leggero, quasi scivolato.

Improvvisamente, davanti a me, una signora molto robusta e vestita di nero tuffa la mano in una specie di catinella fissata a un pilastro, si volta, mi studia e tende verso di me due dita tozze. Sono sorpreso perché non la conosco. Deve avermi visto passare alla mattina in bici, forse è uno dei trecento abbonati a cui distribuisco il giornale al mattino. In ogni caso, mi conosce.

Stringo calorosamente quella mano.

"Buongiorno, signora."

Perché Françoise scoppia a ridere? Perché il vecchio Mancelier che si è voltato agita le sopracciglia a un ritmo frenetico e inquietante? C'è persino uno spilungone, marito senza dubbio della signora grassa, che ride apertamente.

Sento che non era quello che dovevo dire, ma la cosa peggiore è Françoise. Non potrà mai più prendermi sul serio, come si può sposare un uomo che dice buongiorno a una signora che gli offre l'acqua santa? Per riscattarmi ci vorrebbe un'azione assolutamente mirabolante, un atto grandioso, inaudito, bisognerebbe che vincessi la guerra da solo o che la salvassi da un incendio, da un naufragio... Ma come salvare qualcuno da un naufragio in Alta Savoia? Forse una valanga! Ma la neve che copre le montagne non scende mai fino a qui. Devo proprio farmi una ragione: Françoise non sarà mai mia moglie, sono indegno di lei. È orribile.

Pasto dopo la messa. La signora Mancelier ha rimesso il suo grembiule, le pantofole con il fiocco e si affaccenda attorno ai fornelli. Françoise ha aperto la porta della credenza e tira fuori i piatti facendo dei rumori tintinnanti. Ci sono dei fiori blu dipinti sull'orlo e degli altri sul fondo. Quando la minestra è trasparente ho l'impressione che debbano affiorare e che li prenderò su con il cucchiaio, sarà una minestra di fiori, la zuppa al geranio.

Mancelier si è sistemato nella poltrona. Legge dei libri grossi, rilegati, dove titolo e autore spiccano in oro sulla copertina. Sono libri di generali, di colonnelli. Di tanto in tanto fa un nitrito di soddisfazione, ho l'impressione che colui che ha scritto somigli come due gocce d'acqua a colui che legge; per molto tempo, per me, tutti gli ufficiali superiori hanno avuto la faccia di Mancelier.

Il pasto incomincia con ravanelli dell'orto, totalmente vuoti. È, questo, motivo di costante stupore per il mio padrone. È l'unico del paese a possedere un orto che dà esclusivamente ravanelli vuoti. Eppure, sorveglia la crescita delle foglie, innaffia, concima la terra, sparge una quantità di prodotti biancastri in polvere che misura nel segreto della sua stanza, ma niente serve. La sottile pellicola rosa, una volta forata dai denti, nasconde solo il vuoto. Forse l'anno prossimo i ravanelli del vecchio Mancelier prenderanno il volo come minuscoli palloni.

Quel che mi sorprende è che non abbia ancora detto che se i ravanelli sono vuoti è colpa degli ebrei. È vero che è partito su un altro argomento: l'Europa.

"Vedi, Joseph, queste cose non le insegnano alla scuola pubblica, perché la scuola è diventata pubblica come una donna..."

Occhiata un po' inquieta verso sua moglie che non ha sentito, per cui riprende, rassicurato:

"Dunque, a scuola non ti insegneranno mai che quello che caratterizza i grandi uomini è l'avere un ideale. E un ideale non è un'idea, è un'altra cosa."

Non dice cosa e si serve abbondantemente di fagioli, raschiando con la forchetta per tirar su il massimo di condimento.

"È una cosa ben diversa. Ma bisogna sapere di che ideale si tratta. Ebbene, in politica, per un uomo che non è né turco, né negro, né comunista e che è nato in una nazione tra l'Atlantico e gli Urali, non ci sono molte scelte, ce n'è una sola: è l'Europa."

Netto, chiaro, perentorio, non c'è da discutere. Del resto non ne ho voglia, sono troppo occupato a guardare di nascosto Françoise... Non ha fame, la vedo che tamburella con la forchetta sulla bella tovaglia della domenica.

"Ora, chi voleva fare l'Europa? Un'Europa chiara e pulita, un'Europa capace di lottare contro i suoi avversari dell'ovest, dell'est o del sud? Non sono molti, nella storia. Sono... quanti sono, Joseph?"

Sussulto e lo guardo. Tende verso di me una mano solida con il pollice, l'indice e il medio alzati.

"Allora, quanti sono?"

"Sono tre, signor Mancelier."

"Benissimo, Joseph, giusto, sono tre."

Abbassa il pollice.

"Luigi XIV."

L'indice sparisce.

"Napoleone."

Il medio raggiunge gli altri.

"Philippe Pétain."

Manda giù un sorso di rosso per compensarsi della sua superba dimostrazione e riattacca di slancio.

"E lo straordinario è che questi tre uomini non hanno incontrato alcuna comprensione da vivi, la grande massa degli sporcaccioni e degli imbecilli..."

La signora Mancelier sospira alzando gli occhi al lampadario.

"Ti prego, Ambroise, modera i termini."

Ambroise batte in ritirata. Non ho mai visto un militarista tanto focoso battere in ritirata con la sua stessa rapidità.

"...la grande massa, dunque, si è sempre rivoltata contro questi uomini di genio. Hanno tagliato la testa al nipote del primo, imprigionato il secondo e so che il terzo ha dei nemici, ma quello è uno duro da cuocere, ha fatto Verdun e ricordati una cosa, piccolo, quando si è fatto Verdun si passa dappertutto."

Già non ascoltavo più, avevo finito i miei fagioli e aspettavo il dessert. Ambroise si rivolgeva soprattutto a me, era felice di avermi come nuovo ascoltatore perché né Françoise né sua madre nascondevano la loro noia per quei discorsi, non lo dicevano ma il loro atteggiamento era perfettamente eloquente. Al caffè arrivò Raoul con sua moglie. A quel punto la faccenda non poteva che prendere nuovo slancio, Raoul era più lucido di suo padre, non era più tanto sicuro, lui, della vittoria dei tedeschi, prevedeva delle difficoltà, dei gravi ostacoli, la "massa tecnologica americana" in particolare. Ho creduto a lungo che gli americani avessero inventato un'arma favolosa, un martello gigante, un congegno che faceva fuori gli eserciti tedeschi a divisioni intere.

"Se mi avessero dato retta" diceva Raoul, "ci saremmo alleati con Mussolini e Hitler fin dal '36, in tre nessuno poteva resisterci. Franco era con noi, si entrava in Inghilterra come in un pezzo di burro, dopo si occupava la Russia e si diventava i padroni, inoltre questo ci avrebbe evitato una disfatta."

La moglie di Raoul, una longilinea biondiccia con gli occhi sporgenti e la faccia da pecora, domandò:

"E perché non lo si è fatto?"

Ambroise Mancelier scoppiò allora in una risata che fece rovesciare il caffè nel piattino che teneva tra le dita.

"Perché, invece che essere governati da dei francesi che difendevano il loro suolo e i loro diritti, il governo era zeppo di ebrei."

Raoul alza un dito professorale:

"Attenzione, non c'erano solo loro."

Risuonavano parole che non capivo e che ritornavano di continuo: meteci, massoni, socialisti, fronte popolare ecc.

Françoise se ne era già andata da molto in camera sua a fare i compiti e io mi alzai, domandai il permesso di uscire e corsi fuori in strada.

Correvo con tutte le mie forze verso l'Hôtel du Commerce. In genere, Maurice mi aspettava scalpitando sul marciapiede, con le tasche piene di tutto quello che aveva potuto rubare in cucina. Si difendeva bene, aveva un intrallazzo molto complicato con un macellaio che gli rendeva parecchi soldi e con la mia faccenda dei tagliandi truccati il nostro patrimonio comune assumeva proporzioni interessanti.

Camminando, mi raccontava le notizie, lavorava con un capo cameriere che era nella Resistenza e ascoltava radio Londra, le notizie erano buone e i tedeschi continùavano a indietreggiare.

Un giorno, arrivato al limite della città, mi mostrò una montagna lontana, brumosa, nascosta tra i picchi.

"Laggiù" disse, "ci sono i partigiani. Sembra che siano numerosi, attaccano i camion e i treni."

Saltai per aria.

"E se ci andassimo?"

Era l'occasione sognata per conquistare Françoise, tornare colonnello, fucile in pugno, coperto di rose e portarla via in groppa, al triplo galoppo. E poi sarebbe stato divertente che la preda si trasformasse in cacciatore, giusto ritorno dell'ordine delle cose.

"No" disse Maurice, "non ci prenderebbero, siamo troppo giovani, ho domandato a un mio amico."

Un po' deluso, entrai nel campo di calcio e fino alle sei prendemmo a pedate il pallone.

In principio avevamo stentato a farci ammettere tra i ragazzi del paese. Loro andavano a scuola e noi no. Questo aveva creato dell'invidia e quindi dell'animosità. Poi mi avevano visto con la mia bici e la mia saccoccia a portare i giornali e, alla fine, i fratelli Joffo erano stati accettati.

Lo stadio era deplorevole, l'erba spuntava in ciuffi sparsi, calciavamo tra i radicchi selvatici, i pali non avevano rete, mancava la traversa in una delle porte, non restavano più che i pali, il che dava luogo a infiniti alterchi. Discutevamo per ore per decidere se la palla era passata troppo in alto o era entrata.

E poi era venuta la neve, la prima domenica di inverno, era stata puntuale all'appuntamento. Ne erano caduti trenta centimetri durante la notte e ci eravamo ritrovati, una decina di ragazzi, a pestare i piedi per riscaldarci. Impossibile giocare, il pallone si alzava e poi affondava nel biancore, non poteva più rimbalzare. Fu un colpo duro.

Il fastidio riguardava anche il mio lavoro, diventava impossibile andare in bici nella neve e la mia borsa era pesante, ricordo di aver a lungo meditato per fabbricarmi una slitta sormontata da una cassa di legno nella quale avrei messo i miei maledetti giornalacci, ma non ebbi l'occasione di realizzarla.

Natale 1943.

Soffio davanti a me e l'alito si diffonde nell'aria fredda in volute bianche. Maurice ha ricevuto per noi due un biglietto di Henri, stanno tutti bene, ci fanno gli auguri. Mio fratello ha lavorato fino a tardi, la notte, c'erano un gruppo di tedeschi e collaborazionisti che facevano un veglione, così cade di sonno, è andato a letto alle quattro. Mi passa delle tartine con il paté e tre quarti di un pane di burro dentro a una scatola da scarpe. Cammino per le strade vuote con le mie vettovaglie sotto il braccio. Dietro ai vetri, la gente sta ancora mangiando, si sente il tintinnio dei coltelli, rumori di bicchieri, di risa. Le strade sono tristi e io sono solo.

I miei passi mi hanno portato allo stadio, ci sono ritornato meccanicamente. All'orlo del campo la tribuna affonda sotto il peso della neve ma protegge ugualmente in parte i gradini di legno.

Quando attraverso, i miei piedi spariscono fino alla caviglia e se ne strappano con uno scricchiolio leggero che è l'unico a rompere il silenzio totale.

Mi siedo all'asciutto sui gradini, la parete mi ripara dal vento, sto quasi bene.

Allora, solo sulla tribuna, davanti a uno stadio vuoto e bianco di neve, circondato dalle Alpi, Joseph Joffo si ingozza di paté e di dolce alla crema caffè augurandosi da solo buon Natale. Sa che è una festa cattolica, ma non ha mai impedito a un cristiano di praticare lo Yom-kippur.

Soddisfatto il ventre, torno alla libreria, mi tolgo le scarpe nell'ingresso e salgo cautamente le scale, attento a non farmi pescare dal combattente di Verdun: sta ascoltando con compunzione il discorso di Philippe Henriot. Non ne ha mai mancato uno da quando c'è il governo di Vichy. Assente gravemente con il capo una dozzina di volte durante la trasmissione e quando Henriot ha terminato gira il bottone dell'apparecchio con un gesto largo e mormora immancabilmente: "Se pubblicassero questi discorsi in un libro, sarei il primo del paese a comperarlo."

Sono arrivato in camera dove mi pare che faccia più freddo che fuori. Sollevo il materasso e mi impadronisco del libro che ho sottratto in libreria, *Il viaggio in pallone*. Decisamente, la mia cultura infantile sarà sotto il segno della speranza.

In quel libro ci sono una quindicina di tessere n. 4. Vuol dire un sacco di sbarre trasversali da togliere. Mi avvolgo nel copriletto e avanti, al lavoro, lentamente per non lacerare la carta.

È già la terza persona che incontro e che ride alle mie spalle.

Che abbia un buco nei pantaloni?

Passo una mano di soppiatto e le mie dita incontrano il pesce di carta che mi sta appeso al centro della schiena.

È vero, dimenticavo la data: 1 aprile 1944.

Strano che i ragazzi si divertano a fare questi scherzi. La guerra c'è sempre, sempre più presente, e questo non impedisce loro di tirare i campanelli, di appendere pentole alla coda dei rari gatti sopravvissuti e che non sono stati trasformati in salmì.

Eppure va tutto male, male e bene al tempo stesso, per i tedeschi è la disfatta, domani sarà il crollo. Tanto più che a R. i partigiani sono in azione un po' dappertutto. Due giorni fa è stata la volta del deposito della stazione che è saltato, il vecchio Mancelier è piombato nel corridoio, furibondo, sferzando l'aria con il suo bastone, deciso a somministrare punizioni a quei giovani mascalzoni che sarebbero contenti solo se vedessero gli inglesi riportati in Francia per ridurre a zero il lavoro di Giovanna d'Arco.

Si agita molto, in questo momento, il vecchio Mancelier, lo sorprendo a guardare il ritratto di Pétain con un occhio che non è ancora critico ma non è già più totalmente ammiratore. Da questo capisco che gli Alleati avanzano, l'occhio di Ambroise è più rivelatore per me che radio Londra.

In ogni caso il tempo è bello e l'umore della popolazione di R. è decisamente risalito. Il panettiere mi ha dato una brioche in cambio del giornale e il totale delle mance ha avuto un'impennata.

Mi sento allegro e pedalo come un diavolo. Mi restano solo quattro giornali per l'Hôtel du Commerce e poi avrò terminato il mio lavoro del mattino. Sono in anticipo.

La porta dell'albergo sbatte alle mie spalle e saluto i clienti che sono seduti ai tavoli.

C'è anche il padrone che fa conversazione, un po' in dialetto e faccio fatica a capirlo.

"Ciao, Jo. Vuoi vedere tuo fratello?"

"Sì, volentieri."

"Scendi, è in cantina."

È il cigolio dei freni che mi fa voltare, malgrado la porta chiusa il rumore ha risuonato, stridulo.

Attraverso le tende ho visto i due camion che bloccano le strade di traverso.

"Guardate! "

Non c'è bisogno che glielo dica, tutti tacciono e guardano scendere i soldati neri con i berretti inclinati. Sono i più detestati, i cacciatori di resistenti, i miliziani.

Mitra sul ventre, ne vedo uno correre verso il vicolo Saint-Jean: conoscono il paese, devono sapere che si può scappare da quella parte passando per i prati.

Ce n'è uno al centro che fa dei gran gesti e ne vedo quattro che si dirigono verso di noi.

"Vengono qui" dice il padrone.

"Piccolo..."

Mi volto e guardo l'uomo che ha parlato: è uno dei clienti ma non l'ho mai visto, un tipo piccolo, abbastanza vecchio, vestito di velluto scuro, mi sorride tranquillo e viene verso di me.

Dalla strada non ci vedono.

Una busta cincischiata mi penetra nella sacca, se l'è tolta di tasca. Ci butta sopra il giornale che teneva in mano.

I miliziani spingono la porta.

Le labbra dell'ometto non si muovono, eppure parla. I suoi occhi non mi guardano più; ma è a me che si rivolge.

"Il signor Jean, al Cavallo Bianco."

La sua mano mi spinge verso la porta. Esco e cozzo contro due toraci scuri avvolti in bandoliere. Sono due tipi abbronzati, l'ombra dei berretti nasconde gli occhi.

"Mani in alto, svelti."

Il più magro balza come un felino, è un super atletico, con il fianco urta una brocca che cade a terra e la canna del suo mitra traccia dei zig-zag. Il padrone apre la bocca, vedo una mano abbronzata che lo afferra per il davanti della camicia e lo spinge contro il banco.

Il secondo miliziano mi guarda e fa un gesto alle sue spalle con il pollice.

"Togliti dai piedi, ragazzino."

Passo tra i due uomini neri. Recupero la mia bici sul marciapiede e mi metto in strada. Chi farà caso al piccolo fattorino dei giornali? Rifletto mentre pedalo. Chi è l'ometto vestito di velluto?

All'angolo della piazza mi volto.

È là, tra i due miliziani, tiene le mani sulla testa. È lontano, forse è una smorfia dovuta a un raggio troppo vivo di sole, ma ho l'impressione che sorrida e che il suo sorriso sia per me.

Al Cavallo Bianco, adesso, presto.

Conosco il caffè, ci infilo il giornale sotto la porta ogni mattina.

A quest'ora ci sono pochi clienti. Quando entro Maryse, la cameriera, pare sorpresa di vedermi, smette di asciugare il piano di un tavolino.

"Cosa fai qui?"

"Cerco il signor Jean."

La vedo sussultare. Pare inquieta, devono aver visto passare il camion della milizia e non è mai buon segno.

Maryse si passa la lingua sulle labbra.

"Cosa vuoi da lui?"

"Voglio vederlo, ho una commissione per lui."

Esita. I tre contadini seduti in fondo sbattono le carte sul tappeto verde che copre il loro tavolo.

"Vieni con me."

La seguo. Attraversiamo le cucine, il cortile e batte alla porta del garage. Batte in modo strano, dei colpi che formano una successione come un galoppo di cavallo e poi un altro colpo ben distanziato...

La porta scivola sui cardini. C'è un uomo lì, con gli stivali da caccia. Somiglia un po' a mio fratello Henri. Non dice niente.

Maryse mi indica.

"È il fattorino dei giornali, vorrebbe parlare al signor Jean."

"Cos'hai da dirgli?"

Ha una voce un po' gelida. Mi viene l'idea che sia meglio averlo amico che nemico.

"È un cliente del Commerce che mi ha affidato una commissione per lui."

L'uomo si fa avanti nella luce, ha l'aria improvvisamente interessata.

"Descrivilo."

"Un signore piccolo vestito di velluto, i miliziani lo hanno appena arrestato."

Le due mani dell'uomo si posano sulle mie spalle, due mani forti ma tenere.

"Fa' la tua commissione" dice.

Non è possibile, l'uomo mi ha detto al signor Jean e...

Maryse mi spinge con il gomito.

"Forza" mi dice, "è lui il signor Jean."

L'uomo mi guarda e io gli tendo la busta.

La lacera e ne tira fuori un foglio che non cerco

di leggere, sento che in questo campo occorre molta discrezione.

Jean legge, rimette la lettera in tasca e mi scompiglia i capelli.

"Ben fatto, piccolo" mi dice, "è Maryse che ci servirà di collegamento. Quando avrò bisogno di te sarà lei a fartelo sapere. Adesso rientra alla svelta."

Ed ecco come sono entrato nella Resistenza.

Per amore di verità devo dire che fu quello il mio unico e ben modesto contributo al combattimento della Francia libera. Aspettavo con impazienza che Maryse mi facesse cenno e passavo spesso davanti al Cavallo Bianco, ma la cameriera asciugava i suoi bicchieri e mi disdegnava con superbia. Oggi penso che dovevano avermi trovato troppo giovane e forse la presenza di Ambroise Mancelier li rendeva terribilmente diffidenti. Quanto a quest'ultimo, non usciva più, non ascoltava più la radio.

Il 6 giugno, giorno dello sbarco, fu certo il più lungo dell'anno e il più drammatico per il vecchio pétainista: il nemico tradizionale insozzava le spiagge di Normandia, un'armata di negri, di ebrei newyorkesi, di operai inglesi comunisti si lanciava all'attacco della dolce Francia, culla dell'Occidente cristiano. Il suo bastone martellava i corridoi e sua moglie non scendeva più in negozio. C'era stata qualche sfuriata con i clienti, il che stava a dimostrare che la temperatura era decisamente cambiata.

Un pomeriggio, mentre disfacevo una cassa di libri appena arrivata, era entrato il figlio del panettiere, aveva comprato un giornale e, tendendo il denaro, aveva indicato la vetrina in cui troneggiava un libro di foto a colori inneggianti alla gloria del maresciallo.

"Quanto costa?"

Ero rimasto di stucco perché lo conoscevo un poco, era un amico di Maurice e si diceva che aiutasse i franchi tiratori fornendo loro farina e pane. La signora Mancelier fingeva di sfogliare delle fatture.

"Quaranta franchi."

"Lo compero. Ma non lo porto via, lo lasci pure al suo posto in vetrina. Non la disturba?"

Non capiva più niente, la padrona, e così ha balbettato che non ci vedeva nessun inconveniente ma che non capiva perché lo volesse comperare dato che non contava di leggerlo.

Ha capito abbastanza presto.

Il ragazzo Mouron ha preso un'etichetta rimasta alla cassa e, con una matita rossa, ci ha scritto sopra in belle lettere stampatelle: VENDUTO.

Poi ha preso l'etichetta e l'ha appiccicata sulla copertina, proprio sulla cravatta di papà Pétain il Salvatore della Francia.

La padrona è diventata verde e ha detto:

"Preferisco metterglielo da parte, non posso tenere in vetrina un libro pagato."

Aveva usato un tono abbastanza secco e Mouron l'ha guardata.

"Allora non lo compero, non vale la pena che ci smeni quaranta franchi dato che tra qualche settimana lo avrò gratis."

Ha aperto la porta e prima di sbattersela alle spalle ha buttato lì:

"A molto presto, signora Mancelier."

Da allora feci praticamente tutto io in negozio. Fortunatamente i clienti erano rari, nel '44 non c'erano grandi lettori a R. A parte il giornale, gli illustrati per bambini che divoravo e portavo a bracciate a mio fratello, non vendevo nemmeno tre libri alla settimana.

Facevo anche le spese e, alla panetteria Mouron, il padre o il figlio mi servivano e mi ripetevano ogni volta: "Incomincia a farsela addosso, il vecchio Mancelier?" Tutti ridevano, nel negozio, anch'io ma ero ugualmente un po' imbarazzato: si trattava pur sempre del padre di Françoise. Era partita alla fine di giugno, Françoise, per andare da una zia a Roubaix. E io ero rimasto lì con il cuore gonfio tra quei due vecchi che non osavano più uscire di casa loro. Una sera si sentì un fracasso di vetri e scesi di corsa: un vetro della cucina era stato rotto. Mouron aveva ragione, il vecchio non avrebbe tardato a farsela nei pantaloni.

Uscivo ogni sera dopo i magri conti della giornata, andavo da Maurice e salivamo sul campanile della chiesa, un campanile tozzo dalle travi enormi. Di lì si poteva vedere la strada, la nazionale che si allontanava a zig-zag nella pianura e sopra ci correvano dei camion pieni di soldati. Risalivano dal sud, a volte c'erano dei lunghi convogli di ambulanze. Non avevamo più notizie da Aix-les-Bains, la posta non arrivava più, i treni saltavano in aria, non si partiva.

Maurice mi assicura di aver visto una sera, al Commerce, dei partigiani scesi da un'auto, indossavano giacche di cuoio, avevano delle pistole, scarpe chiodate, erano bene armati, molto ottimisti, dicevano che a volte era dura ma che ormai c'erano solo poche settimane ancora di sforzi.

Una sera ho portato fino all'Hôtel du Commerce un grosso pacco di libri sul portabagagli della mia bici, li avevo rubati sugli scaffali, erano destinati ai partigiani. Mi sorprendeva un po' che avessero il tempo di leggere ma Maurice mi spiegò che erano soprattutto per i feriti che venivano curati nelle grotte e che trovavano lungo il tempo.

Dopo l'arresto dell'ometto, i miliziani non sono più ritornati. Maurice mi ha detto, qualche settimana dopo, che lo avevano fucilato dietro il muro di una fattoria. La cosa mi ha fatto star male tutto il giorno, ho avuto quell'impressione di testa vuota che avevo provato a Nizza, quel sentimento che niente serve a niente e che i cattivi vinceranno sempre.

I tedeschi non escono più dal campo, c'è del va e vieni. Il panettiere passa la giornata sul suo tetto a sorvegliarli con il binocolo. Dice di aver visto arrivare dei carri, dei panzer.

Alla sera, tutto il villaggio è al corrente ed è il panico. Mouron è convinto che i tedeschi faranno di R. un campo fortificato per fermare l'avanzata alleata. In pochi secondi di discussione il nostro piccolo perimetro diventa l'ultimo bastione prima di Berlino, se liberano noi il III Reich crolla.

"Bisognerà vivere nelle cantine" dice un contadino, "e la cosa può durare. Ma loro se ne sbattono, gli americani, schiacciano tutto, mica badano dove mettono i piedi, che si crepi o no non sarà questo a fermarli".

Lo conosco quel piccoletto, una mattina su due sbraita perché il suo giornale non arriva abbastanza presto, è uno che incassa male.

Il vecchio Flandrin prima lo sgrida e poi annuncia che in comune hanno confezionato delle bandiere americane con l'aiuto della maestra, manca poco, si dice che siano a soli cinquanta chilometri.

Mio Dio, è proprio vero, finirà, hanno l'aria seria quando ne parlano, mi domando se ci credono davvero, se si rendono conto di cosa vuol dire: "sta per finire". Non oso ancora dirlo, oso appena pensarci per una specie di stupida superstizione, come se le parole fossero dei passeri e a dirle troppo forte si rischia di farle volare via, per sempre, verso il paese delle speranze irrealizzate.

Faccio i conti da solo nella libreria vuota. I Mancelier se ne stanno murati di sopra. Ambroise rasenta i muri, tre quarti del tempo non esce dalla sua camera. Non ascolta più la radio, da parecchio non sento più Philippe Henriot.

Dietro la saracinesca di ferro c'è la notte estiva. Un gruppo di giovani discute in piazza malgrado il coprifuoco. In lontananza un rumore oscuro, distante, che sembra nascere al di là delle montagne, è la guerra forse che viene fino a noi, è la valanga in cui speravo per salvare Françoise e che ci sommergerà tutti.

Ho sonno, è già tardi e sono in piedi dalle cinque. Del resto domani dovrò ricominciare, pedalare lungo le strade... A proposito, vado sempre più forte in salita, ancora qualche mese di questo regime e divento un campione ciclista.

Ecco, i conti sono terminati. All'inizio del quaderno c'è il superbo allineamento di cifre opera della signora Mancelier, le linee tirate con il righello, i riporti in rosso in cima alle pagine. Da qualche tempo i miei scarabocchi hanno preso il posto di quel bell'ordine. Cancello con la gomma una macchia e dopo la riga orizzontale che isola un giorno dall'altro, scrivo la data di domani.

8 luglio 1944.

"Jo!"

Mi sembra la voce di Maurice ma non è possibile perché a quell'ora dorme ancora e quando dorme Maurice dormo anch'io, dunque è tutto un sogno e...

"Jo! Svegliati in nome di Dio!"

Questa volta apro gli occhi. C'è un rumore lontano, un brontolio come se la montagna si avvicinasse.

Spingo le imposte socchiuse. La piazza è ancora vuota. Fa giorno ma il sole non è ancora apparso, è l'ora prima dell'aurora, l'ora in cui le cose e gli esseri scuotono le ultime brume della notte.

Sbatto le palpebre. Laggiù, Maurice alza la testa verso di me. È solo, l'unico essere vivente in quella piccola piazza.

"Cosa succede?"

Maurice mi guarda e sorride:

"Se ne sono andati."

Tutto così semplice, di una semplicità tale che ne fui quasi deluso. Mi aspettavo un po' più di spettacolo, di agitazione. Credevo che le guerre, gli inseguimenti finissero in modo spettacolare con gesti, agitar di braccia, pose splendide, invece niente.

Mi affacciavo alla finestra un bel mattino d'estate ed era finito, ero libero, non si cercava più di uccidermi, avrei potuto ritornare a casa, prendere dei treni, camminare per la strada, ridere, suonare i campanelli, giocare a biglie nel cortile di rue Ferdinand-Flocon. Mi sarei divertito ancora? No, a pensarci bene non mi sarei divertito più. Da qualche mese ero io che mandavo avanti la libreria ed era molto più divertente che tutto il resto.

Sono sceso e ci siamo avviati assieme per il villaggio. C'era un assembramento davanti alla panetteria: dei giovani in bici con il bracciale delle F.F.I.[1] e delle piccole pistole in cintura. Ne conoscevo qualcuno. Non erano veri, quelli lì, erano fioriti, proprio la mattina in cui i crucchi avevano fatto la valigia.

[1] Forces Françaises de l'Intérieur, formazioni partigiane.

E poi le strade si sono riempite, le bandiere sono apparse alle finestre: francesi, inglesi, americane. Poche americane perché quarantotto stelle bisogna farsele, ma ce n'erano, tutti si abbracciavano al Cavallo Bianco, al Commerce e io ero pazzo di gioia perché me l'ero cavata e quella mattina non c'erano giornali da distribuire. Sarebbero arrivati solo l'indomani, non erano più gli stessi: *Les Allobroges, Le Dauphiné Libéré,* altri ancora... Ne vendevo a centinaia, la gente correva verso di me, gettava le monete, non aspettava il resto, io riempivo la cassa, fu un turbine da cui oggi fatico a estrarre delle immagini, rivedo soprattutto il viso livido di Ambroise Mancelier appoggiato contro la tappezzeria a fiori del salotto e tutti attorno a lui, il figlio di Mouron per primo che gli aveva messo il pugno sotto al mento. Era venuta l'ora della resa dei conti, al pomeriggio tre ragazze erano passate per la strada tra una siepe di F.F.I., avevano il cranio rasato e delle croci uncinate dipinte sul viso: si diceva anche che il figlio di una vicina fosse stato fucilato; lo avevano trovato mentre cercava di nascondere la sua uniforme di miliziano. Adesso era la volta del vecchio pétainista.

Il primo schiaffo ha risuonato come un colpo di 6,35.

Arrivavo in quel momento e ho visto la testa del vecchio Mancelier cozzare contro il muro e quando ho visto le vecchie labbra che avevo sentito dire tante stupidaggini mettersi a tremare, mi sono intrufolato fino a raggiungere Mouron.

"Lascialo stare, in fondo mi ha nascosto per tanto tempo e poteva costargli caro nascondere un ebreo."

A ottenere il silenzio ci ero riuscito bene. Mouron, però, si è ripreso subito.

''D'accordo, sei ebreo, ma questo vecchio coglione lo sapeva?''

Mi volto verso il vecchio e i suoi occhi si riempiono di paura. Va' là, so cosa pensi, mi pare ancora di sentire le tue parole, ''sporchi giudei'', ''la canaglia giudaica'', ''un bel colpo di spugna su tutta questa roba'', ''quando ne avremo soppresso la metà, l'altra metà sarà costretta a riflettere''.

Be', vedi, ne avevi uno in casa di giudeo e autentico e il più bello è che sarà un giudeo a salvarti la pelle.

''Ma certo che lo sapeva!''

Mouron insiste.

''Questo non toglie che sia ugualmente un collaborazionista, quanto ci ha rotto con...''

Lo interrompono.

''Sì, ma forse era costretto a farlo per nascondere Joseph...''

Me ne vado. Se discutono è buon segno, non lo ammazzeranno. Non lo hanno ammazzato, lo hanno portato alla prigione di Annecy con sua moglie. Quando è salito sul camion tremava ancora in tutte le membra, ma io solo ho potuto sapere la vera causa del suo tremore. Dover la pelle a un ebreo dopo aver applaudito Henriot tutte le sere per quattro anni è il genere di cosa che è difficile da mandar giù.

Il più bello della storia è che adesso sono padrone della libreria, ho voglia di cancellare la scritta ''Libreria Mancelier'' e di metterci il mio nome, sarebbe più che giusto.

Quanti giornali ci sono adesso, ogni giorno ne escono di nuovi, tutti i fogli clandestini sono allo scoperto, la gente vuol sapere a che punto siamo e io sono diventato più importante del sindaco, del panettiere, sono il grande dispensatore di notizie del mondo, un ruolo di primo piano! Giornate di quindici ore e più, la mia cassa trabocca, il malloppo andrà agli eredi Mancelier ma per il momento ne sono io il responsabile e non posso addormentarmi.

E improvvisamente, su tutti i fogli, dei titoli enormi, su tutta la pagina, lettere come non avevo creduto ne esistessero in una tipografia:

PARIGI LIBERA

Era mattina presto, rivedo il camion che si allontana, tutto dorme ancora nel villaggio, ho quei grossi pacchi mal legati che ripetono tutti la stessa cosa e mi siedo sul marciapiede davanti a quello che è diventato il mio negozio.

L'acqua scorre nel canaletto sotto le mie gambe... è la Senna.

Accanto al mio tacco destro, quel monticello di terra, quella zolla, è Montmartre, dietro, accanto a quello stecco c'è la rue de Clignancourt e lì, proprio nel punto in cui comincia il muschio, c'è la mia casa.

Il cartello "negozio ebreo" è sparito, non riapparirà più, le imposte verranno aperte sopra al negozio, le prime bici usciranno, in basso ci deve essere un rumore che sale, che striscia sopra i tetti.

Sono già in piedi e mi butto per le scale, eccomi in camera mia. Sul letto la sacca è pronta e so che è l'ultima volta che la prendo.

Faticherò senz'altro a trovare un treno, ancor più a salirci ma niente può fermarmi.

Niente può fermarmi.

Ecco il genere di frase che non bisogna mai dire, neppure pensare.

Dalla libreria alla stazione non c'è molto, nemmeno un chilometro, un viale diritto, ombreggiato, con delle panchine su cui mai nessuno si siede e che, in autunno, si coprono di foglie morte.

Andavo spedito, fischiettando, mi pareva che in fondo al viale avrei trovato il metrò Marcadet-Poissoniers.

Non è stato lui ad apparirmi.

Sono arrivati in tre, con il bracciale, il cinturone un po' mollo come se avessero visto l'ultimo western, uno portava un fazzoletto annodato alla legionaria e stivali da caccia, armi in bandoliera, tre mauser tedeschi, i fucili più antipatici che ci siano al mondo.

"Vieni un po' qui, tu."

Mi fermo, stupefatto.

"Dietro-front, amico mio."

Non li conosco, non li ho mai visti al villaggio. devono venire da un'altra formazione, ad ogni modo non hanno l'aria di scherzare.

"Ma insomma, cosa succede?"

L'uomo con il fazzoletto sistema la tracolla del fucile e mi indica la direzione da cui vengo. Obbedisco.

Questa è la più bella. Perseguitato dalla Gestapo, inseguito durante tutta la guerra, mi faccio arrestare da dei resistenti francesi il giorno della liberazione di Parigi.

"Ma siete scemi! Mi prendete per un SS travestito o per cosa?"

Non rispondono. Sono suonate le F.F.I. della zona, ma non finirà così, mi sentiranno e...

Rieccomi nella piazza. Adesso c'è gente davanti al negozio e soprattutto dei tipi in giacca di cuoio, tutti armati, ce n'è uno giovane che tutti chiamano "capitano", un gruppo più lontano con delle carte da stato maggiore sulla capote di una camionetta.

Una delle mie guardie del corpo batte i tacchi davanti a un magrolino in borghese.

"Ecco, colonnello, lo abbiamo recuperato."

Mi si mozza il fiato, ecco che mi danno la caccia come ai crucchi.

Il magrolino mi guarda, ha un sopracciglio più alto dell'altro.

"Dove andavi?"

"Be'... a Parigi."

"Perché a Parigi?"

"Perché ci abito."

"E lasciavi andare tutto, qui?"

Con la mano aperta passa sopra al mucchio di giornali della libreria.

"Certo che lasciavo andare tutto."

Mi fissa e le sopracciglia tornano allo stesso livello.

"Credo che tu non capisca bene la situazione."

Con un gesto, mi fa entrare nella libreria.

Altri lo seguono e si sistemano, lo fanno per impressionarmi o è l'abitudine da un po' di tempo a questa parte, comunque si sistemano tutti in fila dietro al grande tavolo, il colonnello al centro.

Io sono dall'altra parte, accusato di fronte ai miei giudici.

"Tu non hai capito la situazione" riprende il colonnello, "tu sei responsabile della circolazione delle notizie nel villaggio, devi restare al tuo posto perché siamo ancora in guerra e il tuo ruolo è simile a quello di un soldato che..."

"Non volete che io ritorni a Parigi?"

Si è fermato un po' interdetto, ma si riprende in fretta. Semplicemente, scandisce:

"No."

Non faccio una piega. Vecchio mio, quelli della Gestapo non sono riusciti ad avere la mia pelle e non sarai tu a farmi paura.

"D'accordo, allora fucilatemi."

Quello grosso, in fondo alla fila, per poco non inghiotte il suo mozzicone.

Questa volta, il colonnello non trova niente da dire.

"Sono tre anni che ho lasciato casa mia, che siamo tutti separati, oggi che posso rientrare rientro e non sarete voi a impedirmelo."

Il colonnello posa le mani sul tavolo.

"Come ti chiami?"

"Joseph Joffo, sono ebreo."

Fa un respiro leggero come se temesse di ferirsi i polmoni aspirando troppa aria.

"Hai notizie della tua famiglia?"

"Vado a Parigi a prenderne."

Si guardano.

Il grosso tamburella sul tavolo con l'indice.

"Ascolta, non potresti restare per..."

"No."

La porta si apre. Questo lo conosco: è il signor Jean.

Sorride. Ho avuto ragione a pensare che è meglio essergli amici che nemici, me lo dimostrerà.

"Conosco questo ragazzo, ci ha reso dei servizi. Cosa succede?"

Il colonnello si è seduto, in fondo ha l'aria simpatica, se non fossero quelle sopracciglia che gli danno un che di diabolico sarebbe proprio una pasta d'uomo.

Rialza la testa.

"Vuole tornare a casa sua e questo ci crea dei problemi per il negozio."

Il signor Jean mi posa le mani sulle spalle come la prima volta che ci siamo incontrati.

"Vuoi andartene?"

Lo guardo.

"Sì!"

Sento che ce l'ho fatta. I miei giudici non hanno già più l'aria di giudici. È il sollievo che mi fa spuntare le lacrime, sono venute a tradimento, come per rendermi ridicolo.

È difficile impedirgli di scendere.

Ho ripreso la strada, erano una quindicina ad accompagnarmi, il cattivo con il fazzoletto mi ha portato la sacca, avevo male alla schiena a furia di ricevere manate.

"Vuoi un panino per il treno?"

"Credi che troverai posto?"

"Salutami la torre Eiffel."

Mi hanno lasciato un po' prima della stazione perché è arrivato un camion con degli altri partigiani che li ha portati via. Ho detto ancora arrivederci e ho spinto il cancello che dava accesso al marciapiede.

Su quel marciapiede c'erano migliaia di persone.

E Maurice?

Prima di andare verso la stazione l'ho visto, il suo padrone non ha voluto lasciarlo partire. È proprio una mania, ma inutile farsi cattivo sangue, se ne tirerà fuori alla svelta, lo conosco bene.

Nei libri che ho letto in seguito, gli autori dicono spesso che la "folla formicola". Sul marciapiede della stazione di R. non formicolava. Non ci sarebbe stato posto abbastanza. Una folla densa, tesa, i marciapiedi pieni fino all'orlo. Da dove venivano?

Da tutti gli angoli del dipartimento, forse da più lontano, anche loro dovevano essersi nascosti e adesso risalivano verso la capitale con fagotti, gabbie, a Parigi non dovevano avere da mangiare, c'erano sacchi di farina, cesti pieni di carne, galline legate per le zampe, tutto un esodo alla rovescia.

"Non riusciremo mai a salire tutti."

Mi volto.

È la signora dietro a me che ha parlato, le trema il mento, ha sulle mascelle due lunghi peli che tremolano un po'. Respira forte, ha una borsa sotto il braccio e una valigia enorme legata con la corda che scoppia come una mela al forno, un vero disastro in potenza.

"Lasciate passare, buondio!"

Mi metto in punta di piedi e riesco a vedere il capostazione che dà la scalata a montagne di fagotti, un'impresa da alpinista.

Si crea un movimento, quelli che sono sull'orlo del marciapiede inarcano le reni per non scendere sui binari.

Sento parlare attorno a me, c'è un ritardo, già un'ora, e non è tutto, molte linee non sono state ancora riparate.

L'essenziale sta nell'avvicinarsi e su tutta quella gente io ho il vantaggio di essere piccolo.

"Ahi!!"

Schiaccio un piede, il proprietario mi blocca prendendomi per la sacca e apre una bocca enorme come una galleria, ma io sono più rapido.

"Mi scusi, c'è il mio fratellino laggiù, si farà schiacciare."

Il tipo borbotta ma riesce a spostarsi di cinque centimetri e questo mi basta per guadagnarne venti. Davanti a me il muro di due bauli sovrapposti.

Lancio di sopra la sacca e attacco la scalata. Sono in cima, domino le teste, ho l'aria di voler fare un discorso.

"Scendi di lì, moccioso!"

"C'è il mio fratellino laggiù..."

Ho ripreso la mia voce dolce, una voce convincente. Questo mi permette di scendere l'altro versante dell'ostacolo. Adattarsi al terreno: arranco tra due paia di natiche. Quelle di destra non sembrano aver sofferto delle restrizioni. Piego a sinistra. Miracolo: un buco tra due gambe, mi ci infilo, striscio di sbieco e chi si trova in prima fila? Jo Joffo.

Impossibile sedersi, non riuscirei mai più ad alzarmi o morirei soffocato. Prevedo con timore la carica che ci sarà all'arrivo del convoglio. C'è una signora accanto a me. Sarebbe più esatto dire contro di me. Tacchi alti di legno, una borsona, la pettinatura in su, si è fatta bella e la sento che seguita a gemere dolcemente. Tenta di rivolgermi un faticoso sorriso.

"Spero che non durerà tanto."

Siamo rimasti lì due ore e mezza.

Il peggio è nelle ginocchia, ci sono due placche di legno che si piazzano davanti e dietro la rotula e stringono, in principio dolcemente e poi in modo da stritolare tutto.

Allora si rimane con una gamba alzata, ma quella che resta a terra è bloccata dal crampo in dieci secondi, allora si cambia e diventa una danza lenta, primitiva, degli orsi carichi e ciondolanti che...

"Eccolo."

La voce è corsa in un mormorio, una specie di onda si muove, vedo delle mani che afferrano maniglie di valige, dita che si torcono attorno alle cinghie dei sacchi da montagna, assembramenti, tutto un raccogliersi di oggetti attorno al loro proprietario.

Mi chino un po', non molto, non bisogna trovarsi sui binari.

Sì, l'ho vista, la locomotiva avanza, molto lenta, niente fumo nel cielo del mattino, non mi sono nemmeno accorto che è una bellissima giornata.

Mi butto indietro, mi infilo sotto la cinghia della sacca e aspetto, contratto, i muscoli doloranti, non bisogna perder tempo se vuoi rivedere Panama, piccolo Jo.

Il treno.

Zeppo.

Grappoli di corpi sembrano sul punto di rovesciarsi fuori dalle porte. Sarà spaventoso. Sento incominciare dietro di me la spinta. Avanzo insensibilmente malgrado la resistenza, il mio ventre sfiora i predellini che mi sfilano davanti.

"Attenti, laggiù..."

Ci sono grida, dei fagotti devono essere caduti tra le ruote, non guardo nemmeno, un secondo di distrazione e mi respingono.

Uno stridere di freni da spaccare i binari e il treno si ferma.

Le porte si aprono da sole e, brutalmente, vengo aspirato da una pompa, ci sono due tizi davanti a me, mi avvento come una bomba e ne supero uno, un colpo di reni e poso mezza scarpa sul primo predellino. Stringi i denti, Jo, spingo come un forsennato con tutto quello che ho, dietro di me premono da farmi schiattare le scapole.

Ho il petto stritolato e l'aria non entra più, mi divincolo di forza e eccomi davanti a un muro, sono caduto male: un tarchiatone, enorme, i muscoli si muovono sotto la stoffa, l'omaccione più grosso che abbia mai visto, sale un gradino, due, spinge ancora, entra e non si muove più, riempie la portiera.

Dietro si sentono pianti, grida di donna.

Vedo la mano del grosso che tasta per sbattersi

dietro la porta a filo delle natiche. Sono sul secondo gradino, quello sporcaccione non mi lascerà i dieci centimetri che mi servono per entrare. Vedo la sua mano, un pacco di muscoli che sta per richiudersi e in quel momento, violentemente, con un colpo di didietro mi respinge con tutte le sue forze sul marciapiede respingendo contemporaneamente anche la massa che mi soffoca.

Rimbalzo come una furia di testa e, crac, con tutti i denti della mascella mordo il forsennato nella carne della mano.

Il tipo sbraita, si gira a metà e io mi tuffo nel varco come un giocatore di rugby. Sono perfettamente orizzontale, sento la portiera richiudersi dietro di me, ho la testa su un avambraccio, il resto del corpo su un mucchio di valige e i piedi che sporgono dalla porta.

Mi occorreranno trenta chilometri buoni per riprendere la posizione verticale.

Il grosso che ho morsicato mi guarda con occhio cattivo ma non dice niente, gli conviene, il suo colpo di sedere è stato un'infamia, deve saperlo. E poi me ne infischio, il treno procede, adagio ma procede e ogni giro di ruota mi riavvicina, so che arriveremo: stasera, domani, tra otto giorni, sarò a casa mia.

Mentre io mi avventavo nel vagone come un chiodo in un'asse, il bravo Maurice non era rimasto inattivo. Aveva preferito la strada al treno. Quel ragazzo ha sempre avuto gusti precisi.

La faccenda fu condotta bene. Un amico del suo

padrone. L'auto non ha benzina. Maurice corre a casa sua: se c'è un posto per lui, fornirà la benzina di cui non ha nemmeno una goccia. Scende in cantina come un turbine, trova una bottiglia di vecchio cognac e ne riempie diciannove altre di tè leggero per ottenere il colore e fa gustare la buona al primo sergente che incontra in cambio di cinque taniche di benzina, quanto basta per il tragitto R.-Parigi.

Maurice raccoglie la sua roba e si fa incontro al suo padrone con la mano tesa nel doppio scopo di dirgli addio e riscuotere il suo salario. In pura perdita. E qui interviene l'affare dei formaggi.

A Parigi è la carestia o quasi e il formaggio è come un lingotto d'oro. Maurice protesta perché non lo si paga, riceve la promessa di un vaglia ma pensa di meglio.

"Se vuole" dice Maurice, "porto dei formaggi, li vendo a Parigi e le mando il ricavato."

Non occorre dire altro, il padrone ha capito. È un po' diffidente, sì, ma vale la pena di tentare. Quel ragazzo non è un malandrino, gli è sempre riuscito di non pagarlo, un buon panino imbottito di tanto in tanto per le quattro, una pacca affettuosa sulla spalla.

"Stai bene con noi, vero Maurice? Non hai da lamentarti, e poi c'è la guerra, i tempi sono duri per tutti e qui mangi a volontà, e poi non posso pagarti come Léon che ha diciassette anni e che è grande il doppio di te..."

Alla fine si decide.

"D'accordo per i formaggi."

Seguono tutta una serie di raccomandazioni riguardo il prezzo, i termini di pagamento, le precauzioni ecc.

Ed ecco come con venti bottiglie vuote, due scatole di tè e una bottiglia di cognac, Maurice Joffo ritorna alla capitale, comodamente sistemato sul sedile posteriore di un'auto un po' traballante, la testa posata su un cuscino di formaggi che rivendette in settimana e di cui il legittimo proprietario non sentì mai più parlare. Era pura giustizia.

"Marcadet-Poissoniers."

Tre anni prima ho preso il metrò in una bella sera per la stazione di Austerlitz, oggi ritorno.

La strada è la stessa, c'è sempre il cielo metallico tra le grondaie dei tetti, c'è quell'odore che vaga e che è quello di Parigi al mattino quando il vento smuove un po' le foglie dei radi alberi.

Ho sempre la mia sacca, la porto con più facilità di un tempo, sono cresciuto.

Mémé Epstein non c'è più. La sedia impagliata nel vano della porta è sparita anche lei. Il ristorante Goldenberg è chiuso. Quanti siamo a ritornare?

"Joffo-Parrucchiere."

Le stesse lettere ben scritte, piene ed eleganti.

Dietro la vetrina, malgrado il riflesso, scorgo Albert, sta pettinando.

Dietro di lui, Henri maneggia la scopa.

Ho già visto la mamma.

Ho visto anche che papà non c'è, ho capito che non ci sarà mai più... È finita con le belle storie raccontate la sera alla luce verde del paralume.

Alla fine, Hitler sarà stato più crudele dello zar.

Henri mi guarda, vedo le sue labbra agitarsi; Albert, la mamma si girano verso la strada, dicono parole che non posso sentire attraverso il vetro.

Mi vedo nella vetrina con la mia sacca.

È vero, sono cresciuto.

EPILOGO

Ecco tutto.

Oggi ho quarantadue anni e dei bambini. Tre bambini.

Guardo mio figlio come mi guardava, trent'anni fa, mio padre e mi viene una domanda, idiota forse, come tante domande.

Perché ho scritto questo libro?

Certo, è una domanda che avrei dovuto farmi prima di incominciare, sarebbe stato più logico ma le cose non avvengono spesso logicamente, mi è uscito come una cosa naturale, mi era forse necessario. Mi dico che lo leggerà più tardi e questo mi basta. Lo respingerà, lo considererà un insieme di ricordi stantii o, al contrario, ci rifletterà, adesso tocca a lui giocare questo gioco. In ogni caso, immagino di dovergli dire stasera, all'ora in cui entrerà nella sua camera a fianco della mia, ''Bambino mio, prendi la tua sacca e 50.000 franchi (vecchi) e parti.'' A me è successo, è successo a mio padre e mi invade una gioia senza limiti a pensare che a lui non succede.

Il mondo andrà meglio?

C'è un vecchio signore che ammiro molto: Einstein.

Ha scritto cose molto dotte, ha detto che tra cinque minuti passati sulla piastra rovente di una cucina e cinque minuti tra le braccia di una bella ragazza c'era, malgrado l'uguaglianza del tempo, l'intervallo che separava il secondo dall'eternità.

Guardando dormire mio figlio non posso che augurarmi una cosa: che mai provi il tempo della sofferenza e della paura come lo ho conosciuto io durante quegli anni.

Ma cos'ho da temere? Cose del genere non si riprodurranno più, mai più.

Le sacche sono in solaio e ci resteranno per sempre.

Forse...

BUR
Periodico settimanale: 28 luglio 1998
Direttore responsabile: Evaldo Violo
Registr. Trib. di Milano n. 68 del 1°-3-74
Spedizione in abbonamento postale TR edit.
Aut. N. 51804 del 30-7-46 della Direzione PP.TT. di Milano
Finito di stampare nel giugno 1998 presso
il Nuovo Istituto Italiano d'Arti Grafiche - Bergamo
Printed in Italy

ISBN 88-17-11364-6